서울 경기 인천 트레킹 가이드

천천히 한 걸음씩
반나절이면 충분한
도심 속 걷기 여행

진우석 지음

중앙books

컴컴한 어둠 속에서
꿩의바람꽃은 흰 등 켜고
봄이 왔음을 알린다
―――――――――――
　　　　　　천마산

가끔 북한산을 쳐다볼 일이다
수도 서울을 지키며
때때로 하늘에 불을 놓는다

북한산 보현봉

눈이 소복하게 쌓인 산은
어떨 때는 파도가 치는 것처럼 보인다
눈 감고 가만히 산 파도에 귀 기울인다

운악산

작가의 말

누구나 쉽고 즐겁게
트레킹을 즐기자

코로나를 겪으면서 등산과 트레킹을 즐기는 인구가 더욱 늘었다. 또 젊어졌다. 특히 '산린이(등린이: 등산 초보자)' 젊은 층이 많아졌다. 등산과 트레킹을 대하는 사람들의 인식에도 변화가 생겼다. 산은 '장비를 잘 갖추고 가는 곳'이라는 견고한 편견이 깨졌다. 편견을 깨는 데 레깅스를 입은 여성 산린이들의 역할이 컸다. 그들은 일상적인 편한 복장으로도 얼마든지 산에 갈 수 있다는 걸 웅변적으로 보여줬다.

이런 변화를 바라보면서 쾌재를 불렀다. 필자는 오래전부터 누구나 쉽고 즐겁게 트레킹을 즐기자고 주장했다. 등산보다 다양한 트레킹을 통해 취향에 맞는 길을 걸어보라고 권했다. 트레킹의 매력을 책과 강연 등을 통해 지속해서 알렸고, 그런 노력에 화답이 있는 것 같아 뿌듯하다.

<대한민국 트레킹 가이드>가 과분한 사랑을 받았다. 그 사랑에 힘입어 <서울·경기·인천 트레킹 가이드>를 내놓는다. 서울·경기·인천은 도심이라 산이 많지 않고, 트레킹하기 좋은 곳이 적을 것이란 편견은 그야말로 '편견'이다.

서울 지역은 아기자기한 산과 둘레길이 많고, 인천 지역은 트레킹과 백패킹하기 좋은 섬이 널렸다. 경기 북부 지역은 강원도가 부럽지 않을 정도로 산이 높고 깊다. 매력적인 트레킹 장소가 너무 많아 대상지를 고르는 게 힘들 정도였다.

책의 내용은 크게 계절과 테마로 나눈다. 먼저 봄·여름·가을·겨울 계절에 맞는 트레킹 코스를 소개한다. 계절의 변화를 느낄 수 있는 트레킹은 경이로움 그 자체다.

계절 트레킹만큼 행복한 걷기도 드물다. 테마는 일출·일몰, 산성, 둘레길, 역사·문화, 무장애 숲길 등으로 나누었다. 테마를 잘 활용하면 트레킹의 다양한 즐거움에 빠져들 것이다.

이 책을 쓰면서 고심했던 또 한 가지는 트레킹 코스다. 대상지의 진면목을 두루 감상할 수 있는 동선을 그렸다. 요즘은 '정상 인증'이 유행이라 최단 코스로 올라 사진을 찍고, 그냥 되돌아가는 사람들이 많다. 이왕이면 산의 아름다움을 두루 느낄 수 있는 코스를 걸어보라고 권하고 싶다.

산린이들은 정상에서 예쁘게 인증샷을 찍는 재미, 흠뻑 땀을 흘리는 쾌감, 잔잔한 성취감 등을 느낀다. 점점 그 매력에 빠지면 산의 자연스러운 아름다움이 보이기 마련이다. 그러면 점점 산에 집중하게 되고 자신도 모르게 노련한 트레커로 성장할 것이다. 이 책이 그런 변화의 길잡이 역할을 했으면 좋겠다.

필자가 산을 접한 지 벌써 30년이 넘었다. 학창 시절 지리산을 종주하면서 산의 매력에 흠뻑 빠졌을 때의 설렘과 환희, 두려움과 경이로움이 아직도 생생하다. 산의 평화와 축복, 걷는 자의 짜릿한 행복이 독자분들에게 전해졌으면 한다.

끝으로 산에서 만났던 모든 분, 선선히 사진 모델이 되어 주신 넉넉한 분들, 의기투합해 책 작업을 함께 한 문주미 편집자와 출판사 식구들에게 감사의 인사를 전한다.

정릉에서 북한산을 바라보며, 진우석

일러두기

서울·경기·인천 트레킹 가이드 이렇게 보세요

트레킹 코스 선택하기

코스 가이드에서는 트레킹 코스를 정할 수 있도록 주소, 전체 코스, 총 거리, 소요시간, 난이도, 트레킹 하기 좋은 시기, 원점 회귀 여부 등의 기본 정보를 소개합니다.

'매우 쉬워요, 무난해요, 조금 어려워요' 등 난이도를 5가지로 구분해 자신의 체력에 맞춰서, 혹은 함께 하는 사람과 어떤 분위기를 즐길지 등을 고려해 코스를 선택할 수 있도록 안내합니다.

책에서 소개하는 모든 트레킹 코스는 계절별, 테마별(일출·일몰, 산성, 역사·문화, 둘레길, 무장애 숲길, 섬 트레킹)로 분류해 자신에게 맞는 맞춤형 코스를 선택할 수 있습니다.

트레킹 코스 상세 정보 확인하기

출발점과 도착점은 어디로 잡을지, 어느 구간을 지나갈지, 몇 시간 걷는 코스인지, 휴식은 어떻게 취할지 등 지형과 구간을 미리 체크하고 준비할 수 있도록 코스별 데이터 정보를 소개합니다. 해당 코스의 구간별 고도표와 소요시간 등을 한눈에 볼 수 있도록 꼼꼼히 체크해두었습니다. 자신의 상황에 맞춰서 구간과 시간을 조절해 자신만의 트레킹 코스를 완성해 보세요. 마지막에는 간략 지도가 수록돼 있습니다. 코스 정보와 함께 보면서 동선과 위치를 확인하는 데에 활용하면 좋습니다. 또한 교통수단, 추천 맛집 등도 소개해 낯선 곳에서 편안하고 즐거운 트레킹이 되도록 도와줍니다.

트레킹 코스 눈에 담기

가고 싶은 코스를 정했다면 멋진 풍경 사진과 길목을 마음에 담습니다. 가슴이 뻥 뚫릴 것만 같은 정상에서의 조망, 하늘을 찌를 듯 쭉쭉 뻗어 올라간 나무, 나뭇잎 사이로 새어 들어오는 햇살, 눈꽃이 활짝 핀 숲속 등 사계절 각기 다른 아름다움을 뽐내는 트레킹 코스의 다양한 절경을 사진에 담아 소개합니다. 한 장 한 장을 넘기며 눈으로 보는 것만으로도 살랑살랑 마음이 동하는 기분을 느낄 수 있을 겁니다. 트레킹 코스에서 마주할 수 있는 주요 포인트들도 상세하게 사진으로 소개하며 명소에 얽힌 이야기를 추가해 읽는 재미를 더했습니다. 트레킹을 떠나기 전 읽어보면서 놓치지 말아야 할 장소는 어디인지, 어떤 포인트에서 사진을 찍으면 좋을지 파악해두면 트레킹의 추억을 깊이 아로새길 수 있을 겁니다.

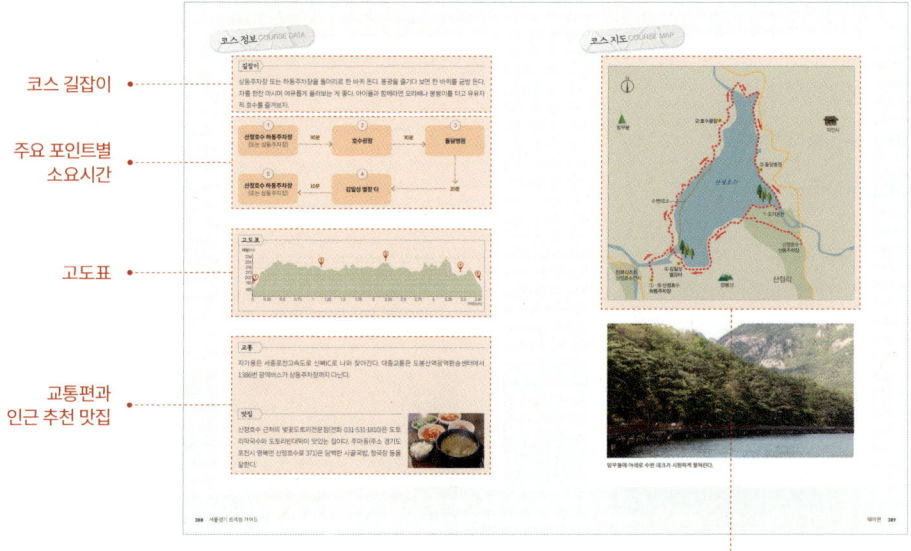

- 코스 길잡이
- 주요 포인트별 소요시간
- 고도표
- 교통편과 인근 추천 맛집
- 코스를 한눈에 볼 수 있는 지도

➡ 이 책에 실린 정보는 2021년 6월까지 수집한 정보를 바탕으로 하고 있습니다. 교통·주변 명소·식당 등의 운영 정보는 바뀔 수 있습니다.

➡ 인덱스(P.456)에서 지역별·난이도별로 트레킹 코스를 총정리해 두었으며, 상황에 맞는 코스를 탐색할 수 있습니다.

➡ 교통편, 식당은 출발 전 휴일인지, 예약이 가능한지 전화로 확인합니다.

➡ 코스 지도는 참고용으로, 트레킹 시작 전 탐방안내센터나 홈페이지 등에서 상세지도를 얻거나 내비게이션을 함께 이용합니다.

➡ '100대 명산'은 산림청에서 산의 가치와 중요성을 새롭게 인식하기 위해 선정한 100곳의 산입니다. '100대 명산'에 속하는 곳들은 별도로 표시해 두었습니다.

목 차

작가의 말 — 10
일러두기 — 12

준비편

트레킹을 떠나기 전에
❶ 계획 세우기 — 20
❷ 장소 정하기 — 22
❸ 장비 준비하기 — 26
❹ 트레킹 즐기기 — 28
❺ 트레킹 정보 얻기 — 29

SPECIAL PAGE
한눈에 보는 서울·경기·인천 트레킹 — 30

계절편

봄 | 싱그러운 봄내음이 가득, 꽃길 따라 걷는 트레킹

나도 바람꽃 하고 싶은 야생화 천국 **남양주 천마산** `무난해요`	34
바람난 여인들이 사는 계곡 **가평 화야산 큰골계곡** `쉬워요`	44
죽은 자와 산 자, 벚꽃과 신록 어우러지는 명당 **서울 망우산** `쉬워요`	52
꽃 피는 작은 산을 징검다리처럼 밟고 **서울숲 남산길** `쉬워요`	60
첩첩 암봉 사이사이 핀 진달래처럼 뜨겁게 **서울 도봉산 다락·포대능선** `조금 어려워요`	68
야생화와 철쭉과 연인하고 싶은 산 **가평 연인산 우정능선** `조금 어려워요`	76
황세줄나비와 팔랑팔랑 팔방미인 산을 날다 **군포 수리산** `조금 어려워요`	86

여름 | 더워야 물렀거라, 시원한 계곡으로 떠나는 트레킹

서울과 안양 시민의 가깝고 수려한 피서지 **서울·안양 관악산계곡·삼성천계곡** `무난해요`	96
백운산을 100대 명산에 올린 일등 공신 **포천 백운산 백운계곡** `무난해요`	104
가깝고 빼어난 유명한 계곡 **가평 유명산 유명계곡** `무난해요`	112
산새가 춤추고 사람은 즐거워 조무락조무락 **가평 화악산 조무락골** `쉬워요`	120
용추구곡 찾으며 세상 시름을 잊어보자 **가평 연인산 용추계곡** `쉬워요`	128

가을 | 오색 빛깔로 물든 단풍 따라 걷는, 낭만 트레킹

불쾌하게 돌아앉은 서울 북부의 수호신 **서울 수락산** `무난해요`	138
원효와 요석공주의 로맨스가 서린 단풍 명산 **동두천 소요산** `조금 어려워요`	146
치욕의 역사 딛고 거듭난 산성의 걸작 **광주 남한산성** `무난해요`	154
미술관 옆 동물원, 동물원 옆 '동물원 둘레길' **서울동물원 둘레길** `쉬워요`	162

겨울 | 새하얀 눈을 밟으며 즐기는, 눈꽃 트레킹

옹골찬 일곱 개 암봉과 회암사를 품은 산 **양주 칠봉산·천보산** `무난해요`	172
경기 북부와 임진강 굽어보는 검고 푸른 산 **파주·양주 감악산** `조금 어려워요`	180
기암과 조망 일품인 경기 소금강 **가평·포천 운악산** `조금 어려워요`	188
한북정맥이 풀어놓은 흰 비단 능선을 따라 **포천 백운산·국망봉** `매우 어려워요`	196

테마편

일출·일몰 | 해의 기운을 가득 담아 떠나는 해맞이·해넘이 트레킹

'한반도 배꼽'에서 맞는 성스러운 아침 **강화도 마니산** `무난해요` 206

'황량한 겨울산이 좋아진다면 나이 들었다는 거지' **가평 연인산·명지산** `매우 어려워요` 214

노을과 함께 사라지고 싶은 **안산 구봉도 낙조전망대** `쉬워요` 224

드넓은 암반에 누워 하늘을 보라! **의정부 사패산** `무난해요` 230

산성 | 유구한 역사의 숨결이 깃들어 있는 성곽 트레킹

돌로 쌓은 폐곡선을 따라가는 시간 여행 **서울 북한산성** `매우 어려워요` 238

호국의 함성 울리는 서울의 수호신 **고양 행주산성** `쉬워요` 248

강화도와 서울 지키는 한강의 요새 **김포 문수산성** `무난해요` 256

역사·문화·자연이 어우러진 강화도 보물 세트 **인천 강화산성** `무난해요` 264

권율 장군의 승리가 전해지는 예쁜 산성 **오산 독산성** `쉬워요` 274

이천시를 품은 순둥이처럼 착한 산 **이천 설봉산성·설봉산** `쉬워요` 282

영남대로 지키는 작지만 큰 산성 **안성 죽주산성·비봉산** `쉬워요` 290

역사·문화 | 우리가 미처 몰랐던 옛사람들의 흔적을 따라 걷는, 이야기 트레킹

슬프고 의연한 역사의 현장을 걷다 **서울 경희궁·서대문** `매우 쉬워요` 300

내일 향해 꿈꾸는 사람들의 터전 **서울 서촌** `쉬워요` 308

조선 왕조를 찾아가는 시간 여행 **서울 도심 고궁나들길** `매우 쉬워요` 320

전통과 예술의 향기가 흐르는 길 **서울 성북동길** `쉬워요` 330

뼈아픈 역사가 숨 쉬는 근대로의 시간 여행 **인천둘레길 12코스 성창포길** `쉬워요` 338

둘레길 | 사계절 내내 가볍게 걷기 좋은 길

고구려의 기상이 서린 짧고 굵은 길 **서울둘레길 2코스 용마·아차산** `무난해요`	348
자연의 위대함을 깨닫는 기적의 길 **서울 마포난지생명길 1코스** `무난해요`	358
강물과 친구하며 걷는 예쁜 길 **양평 두물머리길 1코스 물래길** `쉬워요`	366
수도권 최고의 산수유 꽃길 **이천 원적산 둘레길** `쉬워요`	374
다 함께 돌자 호수 한 바퀴 **포천 산정호수 둘레길** `매우 쉬워요`	382
시간 여행하는 화산 돌멩이와 친구하며 걷는 길 **포천 한탄강주상절리길 3코스 벼룻길** `쉬워요`	390

무장애 숲길 | 아이부터 노인까지 누구나 즐길 수 있는 길

누구나 쉽게 걸을 수 있는 서울의 보물산 **서울 안산자락길** `쉬워요`	400
칙칙폭폭~ 기차의 추억이 담긴 도심 공원 **서울 경의선숲길** `매우 쉬워요`	408
험한 관악산도 쉽고 만만하게 걷자 **서울 관악산 무장애 숲길** `매우 쉬워요`	414
찬란한 한성백제를 만나다 **서울 몽촌토성** `쉬워요`	422

섬 | 분주한 도심을 벗어나 대자연을 마주하는, 섬 트레킹

산에서 바다까지 트레킹에 최적화된 섬 **인천 무의도 국사봉·호룡곡산** `조금 어려워요`	432
바다 열리는 기적의 섬에 놓인 '아트 산책로' **화성 제부도 제비꼬리길** `쉬워요`	440
텅 빈 내 마음 위로하는 쓸쓸한 풍경들 **인천 강화나들길 11코스 석모도 바람길** `무난해요`	448

인덱스 456

준비편

트레킹을
떠나기 전에

1 계획 세우기

트레킹을 가고 싶은 마음이 생겼다면, 주저하지 말고 계획을 짜보자. 하나하나씩 필요한 것들을 생각하고 준비하도록 한다. 거창한 계획보다 부담 없이 가볍게 떠날 수 있게 짜는 것이 좋다. 좋은 사람들과 함께 자연을 누리는 기쁨을 만끽하는 기회가 될 것이다.

언제 ▶ 트레킹 일정 세우기

트레킹은 사계절 즐길 수 있는 운동이다. 봄이면 꽃구경, 여름엔 시원한 계곡, 가을엔 단풍놀이, 겨울엔 눈을 밟는 재미가 있다. 가고 싶은 마음만 있다면, 그리고 시간을 낼 수 있다면 사계절 언제든지 가볍게 떠날 수 있는 여행이다.

아무런 준비 없이 무작정 당일에 출발하는 것보다는 사전에 계획을 세우고 준비하는 것이 좋다. 특히 시설(숙소, 휴양림 등)이나 대중교통(비행기, 기차 등)을 이용해야 하는 트레킹이라면 적어도 한 달 전에는 미리 계획을 세우는 것이 좋다. 특히 대부분의 휴양림은 다음 달 예약을 미리 받고 조기에 마감될 때가 많다. 장비 준비와 체력 단련, 코스 숙지를 위해서 아무리 짧아도 일주일 정도는 여유를 갖고 트레킹 계획을 세우는 것이 좋다.

> **TIP 날씨에는 도전하지 마세요**
> 기상 예보는 필수! 눈이나 비가 많이 내린다거나 태풍이 예보된 때에는 계획을 미루는 유연함을 발휘해야 합니다. 산이 갑자기 사라지진 않을 테니 더 좋은 날로 다시 계획을 세우세요. 무리한 산행은 절대 금물입니다.

누구와 ▶ 트레킹 친구 정하기

산에 올라 탁 트인 조망을 바라보면 이루 말할 수 없는 상쾌함과 성취감이 있다. 갑갑한 도시 생활에 찌들어 가슴 한구석이 응어리진 듯하다면, 떠나자. 가족, 친구, 연인, 직장 동료 혹은 동호회 사람들 누구와 함께라도 좋다. 오르막과 내리막을 지나며 즐거운 추억을 공유할 수 있다. 가장 좋은 것은 길잡이 역할을 해줄 리더와 비슷한 페이스를 가진 사람들이 함께하는 구성이다.

여러 사람과 부대끼는 것도 싫고, 기분 전환할 겸 조용히 트레킹을 떠나고 싶은 사람이라면 과감하게 혼자 길을 나서 보자. 언제 나의 발걸음, 나의 숨소리에 집중해보겠는가. 멋진 풍경에 넋 놓고 한참을 시간 보내도 재촉할 이 없는 자유로움을 느낄 수 있다.

> **TIP 혼자 가는 산행에서 꼭 지켜야 할 것**
> 자연을 벗 삼아 떠나는 나 홀로 트레킹도 많죠? 하지만 혼자 떠날 때는 일기예보를 확인해야 할 뿐만 아니라, 만일에 대비해서 꼭 주변 사람들에게 자신의 목적지와 코스, 일정(시간)을 알려두도록 합니다. 만약 조난을 당하거나 어려움이 생기면 119로 구조 요청을 해야 합니다. 휴대폰 보조배터리를 꼭 챙겨가세요.

왜 ▶ 트레킹 목표와 테마 정하기

어떤 동기로 떠나고 싶은가. 목적에 따른 트레킹 코스를 탐색해보자. 트레킹은 등산과 다르다. 정상 등정만이 목적이 아니라 자연을 거닐면서 다양한 즐거움을 누릴 수 있다. 체력을 끌어올리기 위해서, 아름다운 자연을 사진에 담고 싶어서, 문화 유적을 발견하고 배우는 기쁨을 느끼고 싶어서, 산사에서 시간이 멈춘 듯한 유유자적함을 즐기고 싶어서, 일출을 직접 보고 싶어서 등.

트레킹을 하는 목적이 명확하다면 그만큼 성취감도 크다. 목적에 가장 적합한 장소를 찾아 자신의 상황에 맞게 코스를 계획해보자. 특별한 목적이 아닌 걷기를 위해서라면 피톤치드 가득한 숲길이나 조망이 좋은 곳을 선택한다.

어떻게 ▶ 트레킹 스타일 결정하기

달리기에 장거리, 단거리가 따로 있는 것처럼 트레킹을 즐기는 유형도 다르다. 언제, 누구와 어디로 갈지 정했다면 어떤 스타일로 트레킹을 즐길지 생각해보자. 2~3시간의 도심 속 트레킹, 5~6시간 정도의 당일 근교 트레킹, 산에 올라 안전한 곳에 잠자리를 펴고 밤을 보내는 비박 트레킹, 1박 이상의 중장거리를 걷는 종주 트레킹 등 일정과 숙박 여부를 결정하고, 트레킹 입구까지 어떤 방법으로 이동할지 교통수단도 고려해 정하자. 초보자들은 단숨에 중장거리 코스를 도전하기엔 좀 무리가 있다. 3~4시간 정도의 당일 산행을 통해 등산화, 배낭, 스틱 등 장비를 정확하게 사용하는 것에 익숙해진 후 걷는 거리와 시간의 난이도를 높여가는 것이 좋다.

2 장소 정하기

자신의 체력과는 맞지 않게 무리한 트레킹을 하면 상쾌한 기분은 잠시, 다음 날 각종 근육통으로 일상생활마저 방해가 된다. 그렇다고 너무 가벼운 산책은 재미가 없다. 다양한 기준으로 트레킹 코스를 선택하겠지만, 자신의 산행 능력도 고려해 선택해야 한다. 산행 능력에 따라 생각해볼 것은 걷는 시간, 걷는 거리, 자신의 체력 수준, 사람들이 많이 방문하는 곳인지 등이다.

A 초보 트레커

트레킹에 흥미를 갖기 시작한 트레커. 가고 싶은 코스 위주로 가되, 무리하지 않는 것이 중요하다. 왕초보라면 무장애 숲길부터 시작하는 것도 방법. 무장애 숲길은 보행 약자들도 편하게 걸을 수 있게 만든 길로, 휠체어와 유모차도 지날 수 있다. 트레킹에 아무 것도 모르는 초보가 무작정 걸으면서 자신을 점검할 수 있는 트레킹 코스이다. 역사·문화 코스는 산책 코스라고 할 수 있다. 부담 없이 걸으며 길이 들려주는 이야기에 빠져들기 적당하다. 둘레길과 산성(북한산성 제외) 트레킹 또한 초보자에게 제격이다. 특히 산성은 호젓하게 걸으며 트레킹의 매력에 빠지기 좋고, 둘레길은 지인과 함께 도란도란 이야기 나누며 걷기에 제격이다.

초보 트레커 | 만만 코스

➡ **무장애 숲길**
서울 경의선숲길(P.408), 서울 관악산 무장애 숲길(P.414), 서울 몽촌토성(P.422) 등

➡ **역사·문화**
서울 경희궁·서대문(P.300), 서울 서촌(P.308), 서울 도심 고궁나들길(P.320), 서울 성북동길(P.330), 인천둘레길 12코스 성창포길(P.338) 등

➡ **둘레길**
양평 두물머리길 1코스 물래길(P.366), 이천 원적산 둘레길(P.374), 서울둘레길 2코스 용마·아차산(P.350), 포천 산정호수 둘레길(P.382) 등

낭만 트레킹 코스

바람을 느끼며 사부작사부작 걷기 좋고, 드라마틱한 풍경을 선물하는 코스를 가족·연인과 함께한다면 더 없이 좋겠죠. 분위기에 취하더라도 트레킹 예절은 반드시 지키도록 합니다.

TIP

추천 코스

안산 구봉도 낙조전망대(P.224), 의정부 사패산(P.230), 서울 망우산(P.52), 서울숲 남산길(P.60), 화성 제부도 제비꼬리길(P.440), 인천 강화나들길 11코스 석모도 바람길(P.448), 가평 석룡산 조무락골(P.120), 서울·안양 관악산계곡·삼성천계곡(P.96), 가평 연인산 용추계곡(P.128) 등

B 트레킹 매력에 빠진 트레커

트레킹 매력에 빠져 좀 더 난이도 높고 재미있는 코스를 찾고 있는 트레커. 산을 타는 재미에 어느 정도 익숙해지면, 오히려 조심하고 갖춰야 할 것들이 많다. 사실 초급자보다도 중급자에게 더 많은 사고가 발생한다. 확실한 실력 향상을 위해서 종합적인 단련이 필요하다. 정기적으로 등산을 하는 것이 가장 좋고, 자신의 취향을 충족시킬 트레킹 코스를 설계해 보길 추천한다. 등산 스틱과 GPS 애플리케이션 등을 자유자재로 활용할 수 있도록 훈련해보자.

중급 트레커 | **추천 코스**
서울 수락산(P.138), 양주 칠봉산·천보산(P.172), 군포 수리산(P.86), 포천 백운산 백운계곡(P.104), 파주·양주 감악산(P.180), 가평·포천 운악산(P.188) 등

C 산 좀 타본 트레커

당일 산행은 문제없고 중장기 트레킹에 도전하는 트레커. 필요에 따라 등산 장비를 원활하게 사용하고, GPS 트랙을 자유자재로 사용해 산에서 길을 잃을 염려가 없다. 어려운 상황도 주체적으로 극복할 수 있는 수준을 갖추는 것이 목표다. 앞으로 계곡 트레킹, 종주 트레킹, 심설 트레킹 등 난이도 높은 트레킹과 암벽 등반, 설상 등반 등에 대한 충분한 훈련이 필요하다.

마니아 트레커 | 추천 코스
서울 북한산성(P.238), 인천 무의도 국사봉·호룡곡산(P.432), 가평 연인산 우정능선(P.76), 포천 백운산·국망봉(P.196) 등

TIP

트레킹에 맞는 체력 키우기
산길에서 쓰는 근육은 평소에 쓰는 근육과 다릅니다. 아무런 준비 없이 트레킹을 하면 너무 힘들고 피곤해서 다시는 하고 싶은 마음이 안 생길지도 모르죠. 일주일 전부터 체력을 단련하는 것이 좋습니다.
첫째, 되도록 걷고 걸으세요. 엘리베이터보다는 계단을 이용해 지구력을 키웁니다.
둘째, 매일 아침 굳은 몸을 스트레칭으로 풀어주세요. 간단하게 10분이라도 투자해보세요.
셋째, 코스 시간에 맞춰서 활동량을 늘려보세요. 몇 분 걷고 몇 분 쉬면 좋은지 자신의 심폐 능력을 파악해두면 좋습니다.
넷째, 새 트레킹화와 스틱 등 장비에 익숙해지는 시간을 가지세요.
다섯째, 고급 코스에 도전한다면 암벽 타는 기술이나 로프 워크 기술 등도 연마해둡니다.

3 장비 준비하기

코로나를 겪으면서 사람들의 등산 스타일이 바뀌었다. 과거에는 '남산 가는 데 장비는 히말라야 원정 수준'으로 갖추고 다녔다면, 이제는 편안한 복장으로 일상적으로 너도나도 산에 가는 시대가 됐다. 요즘 젊은 여성들 사이에서 유행하는 레깅스는 장비에 대한 편견을 깨는 큰 몫을 했다. 레깅스나 츄리닝을 입고도 얼마든지 산행이 가능하다. 중요한 건, 자신의 등산 수준에 맞는 장비를 갖추는 것이다. 산행 코스가 어렵다면 그에 맞게 스틱, 중등산화, 기능성 의복 등을 준비해야 한다.

① 등산화

산책 수준의 가벼운 트레킹을 즐기는 초보자라면 운동화도 괜찮다. 하지만 굴곡이 있는 산길을 걷는다면, 등산화는 필수다. 발이 불편하면 1km도 걷기 힘들다. 거친 길이 이어지는 장거리 코스에서는 꼭 중등산화를 신어야 한다. 발목까지 올라오는 중등산화는 기복이 심한 지형과 눈, 비, 얼음, 바위 등 악조건 속에서 발과 발목을 효과적으로 보호한다. 등산화를 고를 때는 '방수 및 투습 기능이 있는가?', '외피가 튼튼한가?', '바닥 창은 탄력 있고 미끄러지지 않는가?' 등을 꼼꼼하게 점검해 선택한다. 트레킹화(경등산화)는 거친 환경에서 발과 발목을 완벽하게 보호하지 못한다. 하지만 길 컨디션이 좋고 당일 트레킹이라면 선택해도 괜찮다. 최근에는 중등산화와 트레킹화의 중간쯤인 미트컷 등산화도 많이 나온다.

> **TIP**
>
> **등산화 간단 관리법**
> 고어텍스류 등산화는 발수제(방수제 X)를 뿌려주면 기능이 유지되고, 수명이 오래간다. 발수제는 스프레이 형태의 닉왁스(nikwa) 등이 있다.
> ① 산행 후 구두솔과 물티슈 등으로 먼지를 털어낸다. 흙이나 먼지가 많이 묻었으면 세척제를 발라 흐르는 물에 씻어낸다.
> ② 발수제를 골고루 뿌려주고 그늘에서 말린다.

② 스틱

스틱은 등산 전문가뿐만 아니라 초보자와 관절이 약한 중장년층에게 꼭 필요한 장비다. 스틱은 다리가 받는 하중을 20~25% 분산시키고, 급경사 지대와 눈길에서 균형을 잡기도 쉬워 안전산행에 많은 도움이 된다. 스틱을 사용할 때에는 한 손에 하나씩, 두 개를 사용해야 한다. 스틱은 나사를 돌리는 방식과 플립형이 있다. 나사형은 비교적 고장이 잘 나기에 플립형을 추천한다.

③ ▶ 배낭

배낭은 신체의 일부처럼 중요하며 착용감과 기능을 갖춰야 한다. 장비의 운반 역할 외에도 신체 보호와 방풍·보온 효과도 있다. 배낭은 기본적으로 가볍고 튼튼해야 한다. 등판과 멜빵시스템이 인체공학적으로 설계되어 몸에 자연스럽게 밀착되고 하중을 등과 어깨에 고르게 분산시켜야 한다. 반드시 직접 메 보고 선택한다. 배낭 밑단이 허리 아래로 내려가 엉덩이에 걸려서는 안 된다. 배낭은 크기에 따라 소형(당일, 20~40ℓ), 중형(1박, 40~60ℓ), 대형(1박 이상, 60ℓ 이상)으로 나눌 수 있다.

TIP — 배낭 꾸리기
- 장비들을 디팩(D 모양으로 생긴 수납 가방)이나 잡주머니를 사용해 몇 개의 덩어리로 정리하면 편리하다.
- 가벼운 것은 아래로 무거운 것은 위쪽이나 중간쯤에 넣는다. 무거운 부위가 어깨선 아래부터 허리뼈 위에 놓이는 것이 좋다.
- 자주 사용하는 물건은 배낭 뚜껑 주머니나 양쪽 옆 주머니에 넣는다.
- 배낭 바깥에 물컵이나 장식품을 매달지 않는다.
- 배낭커버를 챙겨 우천에 대비한다.
- 무게가 좌우 대칭이 되도록 하여 기울어지지 않게 꾸린다.

④ ▶ 의류

상의는 속옷, 중간 옷(셔츠), 겉옷(재킷)의 3단계를 염두에 두면 편리하다. 3가지를 기본으로 날씨에 따라 벗고 입으면 된다. 속옷과 중간 옷은 땀이 잘 마르지 않는 면 소재는 안 좋다. 속건성과 신축성 기능이 있어야 한다. 겉옷은 방풍, 방수, 투습 기능을 갖춘 게 좋다.

⑦ ▶ 선글라스

햇볕이 강할 때는 꼭 선글라스를 껴야 한다. 선글라스는 눈을 보호하고, 피부 노화와 백내장을 예방한다. 특히 눈이 많은 곳에서는 필수다.

⑤ ▶ 모자

머리로 빼앗기는 열은 전체 체열 손실의 절반이나 될 정도로 많다. '손발이 시리면 모자를 써라'라는 말이 있듯이, 체온을 유지하려면 가장 먼저 모자를 써야 한다. 산행 중에 땀이 나서 더우면 수시로 모자를 벗어 체온을 조절한다.

⑥ ▶ 장갑

체온 유지 및 손을 보호하고 햇볕에 타는 걸 막아준다. 손가락은 혈액순환의 끝부분에 있기 때문에 체온을 유지하기 어려워 발가락과 함께 동상 위험이 가장 크다. 젖은 장갑을 끼고 추위에 노출되면 동상에 걸릴 위험이 더욱 커지므로 장갑은 항상 말라 있어야 한다. 여벌의 장갑을 갖추는 게 좋다.

4 트레킹 즐기기

트레킹은 자연과의 만남, 사람과의 만남이 복합된 활동이다. 트레킹 예절은 자연 생태계를 보호하고, 다른 사람에게 피해를 주지 않는 것을 그 목적으로 한다. 등산로에서는 특수한 상황이 아니면 한 줄로 걷는 것이 자연과 인간에 대한 기본예절이다. 소수인 산행팀과 마주칠 때는 오르는 사람이 우선이라는 원칙 대신 양보해 주는 배려가 필요하다. 큰 소리로 떠들면서 걷는 것은 삼가고 특히 술에 취한 산행은 타인에게 피해를 줄 뿐 아니라 사고의 원인이 될 수 있으므로 절대 금해야 한다.

❶ 인사하기
산행 중에는 마주치는 사람들과 "안녕하세요." "반갑습니다." "수고하세요." 등 가벼운 인사말을 주고받도록 하자. 단체산행 중에는 모든 사람이 일일이 인사하는 것이 불편하다. 선두에 선 사람이 인사말을 하고 뒷사람은 가볍게 목례 정도만 하면 된다.

❷ 추월할 때는 양해 구하기
좁은 산길에서 예고 없이 추월할 경우 신체나 배낭 등의 접촉으로 중심이 흐트러져 사고를 일으킬 수 있다. 앞서가는 사람에게 먼저 양해를 구하는 것이 바람직하다.

❸ 올라오는 사람에게 양보
내리막을 걷는 사람보다 오르막을 걷는 사람이 페이스 조절이 힘들고 시간적으로 촉박하다. 오르막을 걷는 사람에게 길을 양보하는 것이 예절이다.

❹ 휴식할 때 길을 막지 말자
산행 도중 휴식할 때 타인의 통행에 지장을 주어서는 안 된다. 통로에 휴식공간이 없을 때에는 공간이 있는 곳을 찾아 이동해야 한다.

❺ 소음 금지
다른 사람이 싫어할 수 있고, 야생동물에게 피해를 주는 소음은 좋지 않다. 특히 라디오에서 나오는 기계음은 야생동물에게 피해를 주게 되며, '야호'하고 크게 외치는 소리도 타인에게 불쾌감을 주거나 야생동물에게 스트레스를 줄 수 있으므로 삼간다.

❻ 지정된 탐방로로 다니기
피치 못할 상황을 제외하고는 반드시 지정된 탐방로로만 다닌다. 계단이 싫다고 길옆으로 다니면 자연훼손을 유발하게 되고 사고의 원인이 되기도 한다.

> **안전한 트레킹을 위한 등산 안전 십계명**
> ❶ 산행은 아침 일찍 시작해 해지기 한두 시간 전에 마친다.
> ❷ 하루 산행은 8시간이 적당하며 체력의 3할은 항상 비축한다.
> ❸ 일행 중 체력이 가장 약한 사람을 기준으로 산행을 한다.
> ❹ 산에서 무게는 적이다. 꼭 필요한 장비만 넣어 최소 무게로 배낭을 꾸린다.
> ❺ 배낭을 잘 꾸리고 손에는 절대 물건을 들지 않는다.
> ❻ 등산화는 발에 잘 맞고 좋은 것을 신는다.
> ❼ 산행 중 과식은 금물, 조금씩 자주 먹는다.
> ❽ 산에서는 아는 길도 지도를 확인한다.
> ❾ 길을 잘못 들었다고 판단되면 재빨리 돌아선다.
> ❿ 장비 손질을 항상 잘 해두고 산행 기록을 남긴다.

5 트레킹 정보 얻기

산림청
산림청에서 운영하며 우리나라 휴양림, 수목원, 숲길과 둘레길, 100명산, 산림생태탐방 등 관련된 모든 정보를 제공한다.
▶ 홈페이지 www.forest.go.kr

숲나들e
산림청과 전국 지자체에서 운영하는 우리나라의 모든 자연휴양림의 숙소를 예약할 수 있다.
▶ 홈페이지 www.foresttrip.go.kr
▶ 애플리케이션 iOS · 안드로이드(무료)

한국등산·트레킹지원센터
건전한 등산 문화의 확산과 국민의 등산 활동을 지원하기 위하여 설립됐다. 금강소나무숲길, DMZ펀치볼둘레길, 백두대간트레일 등 탐방을 예약할 수 있고, 숲길 걷기 원정대 등을 운영한다.
▶ 홈페이지 www.komount.kr

국립공원
우리나라 23개 국립공원 정보를 한눈에 알 수 있는 국립공단의 홈페이지. 실시간 탐방 통제 정보, 등산로 정보 등을 제공한다. 국립공원 100경, 사진공모전, 실시간 영상 보기 등 국립공원의 모든 걸 알 수 있다.
▶ 홈페이지 www.knps.or.kr

산길샘
네이버, 카카오맵, 국토부, 구글, OSM 등 다양한 지도를 지원하는 GPS tracker다. 직관적으로 설계해 사용하기 편리하다. 공공 개발 프로그램으로 자신이 만든 트랙을 내보내기 할 수 있다.
▶ 애플리케이션 iOS · 안드로이드(무료)

국립공원관리공단 예약통합시스템
전국 모든 국립공원의 야영장, 대피소, 탐방로, 탐방프로그램 등 시설물과 프로그램을 예약 및 결제할 수 있다.
▶ 홈페이지 www.reservation.knps.or.kr

두루누비(코리아둘레길)
해파랑길, 남파랑길, 서해랑길, DMZ 평화의 길 등 코리아둘레길 걷기여행의 길잡이. 코리아둘레길 노선 정보를 중심으로 교통 · 숙박 · 음식 · 문화시설 등 주변 관광정보를 제공한다. GPX 파일을 받을 수 있고, 따라가기를 통해 각 노선을 걸을 수 있다.
▶ 홈페이지 www.durunubi.kr
▶ 애플리케이션 iOS · 안드로이드(무료)

트랭글(tranggle)
아웃도어 GPS 애플리케이션. 등산, 자전거, 걷기 등으로 이동한 시간, 거리를 측정하는 기능은 기본. 트랙 정보를 다른 이용자와 공유할 수 있고, 또 누적 이동거리와 활동 점수로 랭킹을 매겨 운동 동기를 부여한다. 친구·클럽 메뉴를 통해 함께 트레킹을 떠날 수 있다.
▶ 애플리케이션 iOS · 안드로이드(무료)

한눈에 보는
서울·경기·인천 트레킹

❶ 남양주 천마산	P.34	
❷ 가평 화야산 큰골계곡	P.44	
❸ 서울 망우산	P.52	
❹ 서울숲 남산길	P.60	
❺ 서울 도봉산 다락능선	P.68	
❻ 가평 연인산 우정능선	P.76	
❼ 군포 수리산	P.86	
❽ 서울·안양 관악산계곡·삼성천계곡	P.96	
❾ 포천 백운산 백운계곡	P.104	
❿ 가평 유명산 유명계곡	P.112	
⓫ 가평 화악산 조무락골	P.120	
⓬ 가평 연인산 용추계곡	P.128	
⓭ 서울 수락산	P.138	
⓮ 동두천 소요산	P.146	
⓯ 광주 남한산성	P.154	
⓰ 서울동물원 둘레길	P.162	
⓱ 양주 칠봉산·천보산	P.172	
⓲ 파주·양주 감악산	P.180	
⓳ 가평·포천 운악산	P.188	
⓴ 포천 백운산·국망봉	P.196	
㉑ 강화도 마니산	P.206	
㉒ 가평 연인산·명지산	P.214	
㉓ 안산 구봉도 낙조전망대	P.224	
㉔ 의정부 사패산	P.230	
㉕ 서울 북한산성	P.238	
㉖ 고양 행주산성	P.248	
㉗ 김포 문수산성	P.256	
㉘ 인천 강화산성	P.264	
㉙ 오산 독산성	P.274	
㉚ 이천 설봉산성·설봉산	P.282	
㉛ 안성 죽주산성·비봉산	P.290	
㉜ 서울 경희궁·서대문	P.300	
㉝ 서울 서촌	P.308	
㉞ 서울 도심 고궁나들길	P.320	
㉟ 서울 성북동길	P.330	
㊱ 인천둘레길 12코스 성창포길	P.338	
㊲ 서울둘레길 2코스 용마·아차산	P.348	
㊳ 서울 마포난지생명길 1코스	P.358	
㊴ 양평 두물머리길 1코스 물래길	P.366	
㊵ 이천 원적산 둘레길	P.374	
㊶ 포천 산정호수 둘레길	P.382	
㊷ 포천 한탄강주상절리길 3코스 벼룻길	P.390	
㊸ 서울 안산자락길	P.400	
㊹ 서울 경의선숲길	P.408	
㊺ 서울 관악산 무장애 숲길	P.414	
㊻ 서울 몽촌토성	P.422	
㊼ 인천 무의도 국사봉·호룡곡산	P.432	
㊽ 화성 제부도 제비꼬리길	P.440	
㊾ 인천 강화나들길 11코스 석모도 바람길	P.448	

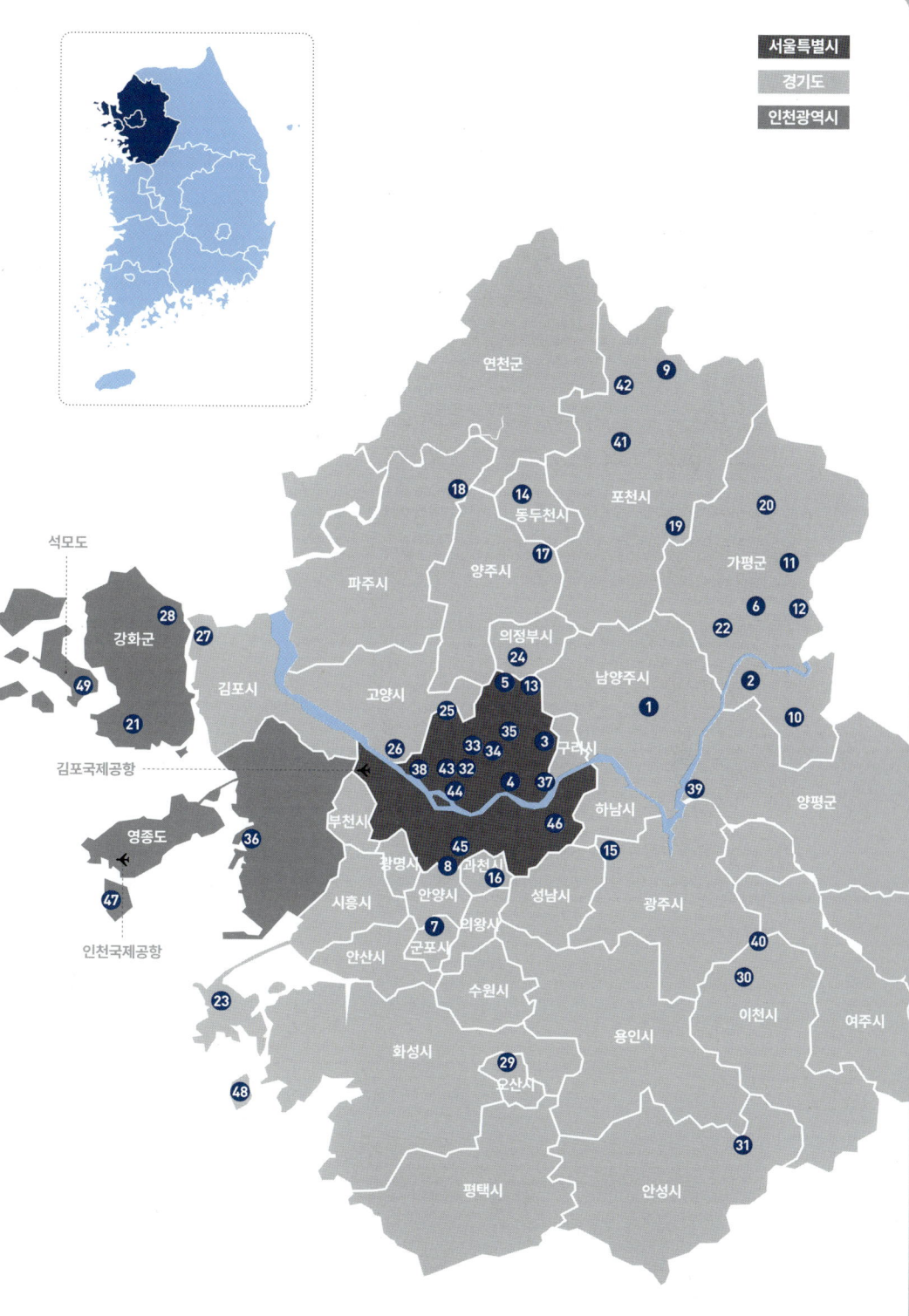

계절편 | 봄

싱그러운
봄내음이 가득

꽃길 따라 걷는 트레킹

나도 바람꽃 하고 싶은 야생화 천국
남양주 천마산 _{군립공원} 100대 명산

코스 가이드 COURSE GUIDE

주소	경기도 남양주시 화도읍 일대
코스	호평동 천마산주차장(수진사 입구) > 천마의집(천마산야영교육장) > 팔현계곡 > 호평동 천마산주차장
총 거리	9km
시간	4시간
난이도	무난해요
좋을 때	봄(야생화)
원점 회귀	○

너도바람꽃은 천마산을 대표하는 야생화다.
곳곳에 너도바람꽃 군락지가 있다.

1. 호평동 천마산주차장. 오른쪽 뒤로 천마산 정상이 고개를 내밀었다.
2. 천마의집 사거리. 정상, 팔현계곡, 돌핀샘(천상의 화원) 등으로 가는길이 갈린다.
3. 천마산에서 다양한 야생화를 만날 수 있는 팔현계곡.
4. 팔현계곡 초입에서 호평동 천마의집 방향을 알리는 이정목.

서울 근교의 대표적인 명산 천마산(812.4m)은 1983년 군립공원으로 지정됐다. 산세는 주봉을 중심으로 북동쪽은 험하고, 서쪽은 완만하다. 웅장한 육산이지만 정상 일대에 암릉이 발달해 조망이 시원하다. 천마산은 수도권에서 가장 풍부한 야생화 군락지로 유명하다. 풍부한 식생은 일제 강점기부터 알려져 활발한 식물 조사가 이뤄졌다. 대표적 군락지는 팔현계곡 일대와 돌핀샘 아래의 일명 '천상의 화원' 등이다.

교통 편리한 호평동 들머리

천마산 야생화 트레킹의 출발점은 ①호평동 천마산주차장이다. 호평동은 천마산을 찾는 가장 많은 사람이 이용한다. 버스정류장과 주차장이 있고, 여러 식당이 자리하지만 번잡하지 않다. 주차장에 차를 세우고 트레킹을 시작한다.

수진사 갈림길을 지나 천마산계곡으로 들어서면 호젓한 숲길이 이어진다. 산새는 지저귀고, 졸졸 물소리가 들린다. 야생화를 찾아가는 길이 말할 수 없이 행복하다. 그 마음을 알았는지, 길섶에서 생강나무 노란 꽃이 반갑게 인사를 건넨다. 가까이 다가서니 알싸한 냄새를 풍긴다. 천마산 관리사무소와 상명대 천마산수련원을 지나니 바리케이드가 길을 막는다. 천마의집까지 포장된 임도가 이어져 있는데, 여기서 차량 출입을 막는다. 바리케이드 옆으로 계곡길이 이어진다.

천마산은 여러 계곡마다 수량이 풍부하다. 식생이 워낙 좋아 사철 맑은 물이 흘러내린다. 계곡 주변에 하나둘 야생화가 보이기 시작한다. 솜털이 뽀송뽀송한 노루귀와 샛노란 복수초가 반갑다. 하지만 계곡 주변의 야생화는 예전에 비해 많이 줄었다. 운동시설이 설치된 ②쉼터 주변에는 잣나무가 울창하다. 잣나무 아래 벤치 아래서 책을 읽는 어느 주민의 모습이 아름답게 보인다.

'천상의 화원'에서 만난 너도바람꽃과 복수초.

벤치를 지나자 점현호색, 큰괭이밥, 꿩의바람꽃 등이 눈에 들어온다. 현호색은 종류가 다양하지만 천마산에는 우리나라 특산종인 점현호색이 많다. 꽃이 이쁘고 점이 박힌 잎이 신비롭다. 계곡길이 끝나면 다시 임도를 만난다. 임도를 따라 200m쯤 가면 너른 공터가 나온다. 벤치가 있어 쉬는 사람도 많다. 이곳이 사거리인 ③천마의집(천마산야영교육장)으로 천마산 등산로의 핵심 지역이다. 정상, 팔현계곡, 돌핀샘(천상의 화원)으로 가는 길이 갈린다. 아쉽게도 이정표는 정상 코스에만 있다. 그러나 네이버지도나 카카오맵에는 여러 등산로가 표시되어 있으니 이를 참조하면 길 찾기가 어렵지 않다.

천마의집 사거리에서 낙엽송 숲길로

우선 '←1.82km 등산로 입구, 천마산 정상 1.24km→'라고 쓰인 이정목을 찾자. 길가에 있어 눈에 쉽게 띈다. 이정목 바로 왼쪽으로 완만하게 내려가는 길이 보인다. 여기가 ④팔현계곡 갈림길이다. 나중에 팔현계곡에서 이 길로 올라올 것이다. 이정목에 30m쯤 가면 오른쪽으로 쉼터 벤치가 보이고, 왼쪽으로 울창한 낙엽송이 보인다. 자세히 보면, 낙엽송 사이로 길이 나 있다. 그곳이 돌핀샘(천상의 화원)으로 가는 길이다. 두 곳 모두 이정표가 없으니 주의 깊게 살펴봐야 한다.

낙엽송 숲길로 들어서면 호젓한 숲길에 휘파람이 절로 난다. 나무 사이를 굽이굽이 걷다 보면 마치 미지의 세계로 가는 것 같다. 15분쯤 가면 '노랑앉은부채꽃'을 보호하자는 안내판이 붙어 있다.

천남성과에 속하는 앉은부채는 땅바닥에 바투 붙어 자라고, 부채와 비슷한 꽃 덮개가 둥근 도깨비방망이 모양의 꽃대를 감싸고 있어 특이하다. 꽃 덮개가 외부로부터의 추위를 막아주어 다른 꽃보다 일찍 핀다. 꽃이 시들 무렵인 4월에는 잎이 배추만큼 크게 자란다. 앉은부채는 다른 산에서는 찾아보기 어렵지만 천마산에는 흔했다. 팔현계곡 일대에 많았는데, 예전에 비해 개체 수가 줄어 안타깝다. 노랑앉은부채는 더욱 귀하고 찾아보기 어렵다.

천마산계곡을 오르면서 만나는 쉼터. 울창한 잣나무 숲이 일품이다.

노랑앉은부채 안내판에서 다시 호젓한 숲길을 따르다가 올괴불나무를 만났다. 사람 키 정도의 올괴불나무의 꽃은 가지에 거꾸로 매달리는데, 꽃술 끝이 마치 보라색 신발을 신고 있는 것 같다. 그래서 '토슈즈 신은 발레리나'란 별명이 붙었고, 발레리나들이 춤추는 듯한 형상을 하고 있다.

노랑앉은부채 안내판에서 호젓한 숲길과 능선을 두루 거쳐 약 40분쯤 가면 팔현계곡 갈림길이 나온다. 여기서 팔현계곡으로 내려가는 길이 나오고, 여기서 ⑤천상의 화원은 10분쯤 더 올라야 한다. 천상의 화원 위치는 돌핀샘 아래로 200~300m쯤 아래 지점이다. 제법 넓은 산비탈이고 볕이 잘 든다. 3월 중순부터 4월 초순까지 카메라를 든 사람들이 서성거린다면, 그곳에 꽃이 있다는 뜻이다. 하나둘 보이던 너도바람꽃과 복수초가 점점 많이 눈에 띤다.

'천상의 화원'과 팔현계곡의 야생화들

대세는 너도바람꽃이다. 바람꽃은 변산바람꽃, 너도바람꽃, 나도바람꽃, 꿩의바람꽃, 홀아비바람꽃 등 종류도 많고 생김새도 다양하다. 꽃 색깔은 모두 눈처럼 희다. 바람꽃 종류 중에서 가장 먼저 피는 너도바람꽃은 10cm 안팎의 작은 키에 손톱만 한 흰 꽃이 피는데, 꽃잎에 작은 구슬 같은 노란 꿀샘이 앙증맞게 달려 있다. 3월 중순쯤 천상의 화원에는 너도바람꽃이 압도적이고, 복수초도 제법 많다.

실컷 꽃구경을 했으면, ⑥팔현계곡을 따라 내려오면서 야생화를 찾아보자. 거칠어 보이는 계곡 상류는 내려갈수록 수량이 많아지고, 계곡 풍광도 수려해진다. 군데군데 핀 꿩의바람꽃, 현호색, 만주바람꽃, 처녀치마, 미치광이풀, 금괭이눈, 앉은부채 등을 찾아보는 재미가 쏠쏠하다. 재밌는 건 꽃들이 대개 계곡 주변에서 핀다는 점이다.

팔현계곡을 거의 다 내려와 처음 만나는 농장 앞에서 길이 갈린다. 고맙게도 ⑦'호평동 3.05㎞' 이정목(호평동 갈림길)이 보인다. 이정목 따라 왼쪽으로 방향을 틀면, 숨어 있는 작은 계곡이 나온다. 부드럽고 완만한 이 계곡길이 천마산의 숨은 보석이다. 시종일관 완만한 오르막길이라 걷기에 부담이 없다. 졸졸 물소리 들으면서 30분쯤 걸으면 ⑧천마의집 사거리가 나오고 트레킹의 출발지였던 ⑧호평동 천마산 주차장이 나온다.

이제 쉬운 하산길만 남았다. 벤치에 앉아 쉬고 있으니 오늘 봤던 어여쁜 꽃들이 하나둘 떠오른다. 새삼 봄의 생명력과 야생화의 아름다움에 경의를 표한다. 산자락에 꽃을 찾아다니는 이런 멋진 봄날이 또 있을까.

큰괭이밥

노루귀

복수초

만주바람꽃

꿩의바람꽃

금괭이눈

올괴불나무꽃

코스 정보 COURSE DATA

길잡이

천마산의 대표적 야생화 군락지는 팔현계곡과 돌핀샘 아래쪽 '천상의 화원'이다. 두 곳을 모두 둘러보게 코스를 짜는 게 좋다. 정상을 다녀오고 싶으면, 천상의 화원에서 돌핀샘을 거쳐 오르내리면 된다. 자가용으로만 접근할 수 있는 팔현계곡을 들머리로 하려면, 다래산장 ▶ 팔현계곡 ▶ 돌핀샘 왕복 코스를 이용하자. 필자가 천마산을 찾았을 때는 2021년 3월 중순이었다. 이맘때면 천마산은 너도바람꽃이 대세를 이룬다.

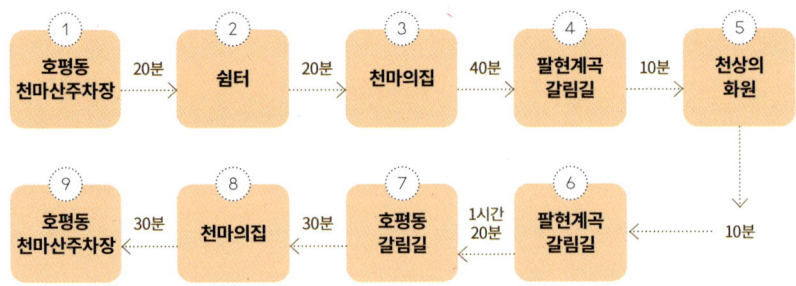

교통

자가용은 신경춘로 호평IC로 나와 찾아간다. 대중교통은 경춘선 평내호평역에서 내려 165번 버스를 타면 호평동 등산로 입구로 갈 수 있다.

맛집

호평동 주차장 근처에 몇 개의 식당이 자리하는데 대부분 맛집이다. 두부 만드는 집(전화 031-595-9933)은 직접 만든 두부로 내놓은 두부전골이 일품이고, 만둣국, 콩국수 등도 잘한다. 회사랑(전화 031-591-5600)은 등산객보다 주민들이 더 많이 찾는 맛집이다. 저렴한 가격에 싱싱한 활어회를 먹을 수 있다.

코스 지도 COURSE MAP

드론으로 본 천마산과 호평동 일대. 사진 오른쪽으로 천마산 정상의 뾰족한 봉우리가 보인다.

바람난 여인들이 사는 계곡
가평 화야산 큰골계곡

화야산 큰골계곡에서 야생화 얼레지의 자태를 감상할 수 있다.

코스 가이드 COURSE GUIDE

주소	경기도 가평군 청평면 삼회리 일대
코스	삼회1리 화야산주차장 > 큰골계곡 > 화야산장 > 삼회1리 화야산주차장
총 거리	4.5km
시간	2시간 30분
난이도	쉬워요
좋을 때	봄(야생화-얼레지), 여름(계곡)
원점 회귀	○

가평의 화야산(755m)은 북한강을 끼고 있는 산이다. 용문산에서 북서쪽으로 뻗은 산줄기의 끝 지점에 고동산, 화야산, 뾰루봉 등이 솟아 있다. 화야산은 인적이 뜸했지만 최근에 큰골계곡의 광대한 얼레지 군락이 알려졌다. 덕분에 천마산, 예봉산 세정사계곡, 연인산 등과 함께 수도권 최고의 야생화 명소로 자리 잡았다. 또한 국내 아웃도어 브랜드 블랙야크의 '명산100명산+'로 선정되어 사계절 산꾼들이 심심치 않게 찾아온다.

1. 큰골계곡은 이름처럼 호쾌한 계곡이 장관이다.
2. 오래된 세월의 흔적이 남은 운곡암 일주문과 운곡암.
3. 트레킹 출발점인 화야산 주차장. 화장실도 갖추었다.
4. 삼회1리 마을회관 앞에서 계곡으로 들어오면 멀리 화야산 줄기가 보인다.

삼회1리 화야산주차장에서 출발

화야산 큰골계곡 야생화 트레킹의 출발점은 ①삼회1리 화야산주차장이다. 북한강로 삼회1리 마을회관 앞에서 화야산 방향으로 깊숙이 들어가야 한다. 도로가 매우 좁으니 주의해야 한다. 규모가 큰 강남금식기도원 앞을 지나 300m쯤 더 가면 제법 넓은 화야산주차장이 나온다. 평일임에도 주차장이 가득 찼다. 주차장 앞에 화장실도 있다.

주차장을 나서면서 본격적인 트레킹이 시작된다. 조금 걷다 보면 규모가 큰 계곡에 눈이 휘둥그레진다. 큰골계곡이란 이름에 고개 끄덕여진다. 화야산에 이렇게 장쾌한 계곡이 있을 줄 누가 알았을까. 얼레지가 아니었으면 몰랐으리라.

시원한 계곡 소리를 들으며 10분쯤 가면 ②운곡암이 나온다. 새로 지은 건물 옆에 오래된 대웅전 건물이 고풍스럽고, 누렁이의 졸린 얼굴이 정겹다. 운곡암을 지나면 물소리는 더욱 커진다. 바위가 많고 크고 작은 소와 담이 있다는 뜻이다. 여름철에는 인적 뜸한 물놀이 장소로 제격이다.

계곡을 따라 봄빛 속을 걷는 기분이 삼삼하다. 길은 계곡을 이리저리 휘돌고 그때마다 계곡의 징검다리를 건넌다. 계곡 옆으로 하나둘 꽃사진을 찍는 사람들이 보이더니, 어떤 곳에서는 여러 사람이 엎드려 있다. 꽃이 워낙 작아 엎드리거나 쭈그려 앉아야 꽃 사진을 찍을 수 있다.

수량 풍부하고 수려한 큰골계곡

우선 계곡을 따라 화야산장 위쪽까지 올라갔다가 내려오면서 야생화들을 영접하기로 했다. '농업회사법인 새곳'에서 세운 이정표 번호가 9번에서 시나브로 1번으로 줄어들자 삼거리의 ③화야산장이 나왔다. 현재 산장은 운영하지 않는다. 여기서부터 야생화 관찰에 들어간다.

삼거리에서 정상 방향으로 발걸음을 옮기자 큰골계곡은 절골계곡으로 이름을 바꾼다. 작고 호젓한 계곡이 이어진다. 계곡 옆 돌무더기들이 흩어진 지대에서 먼저

5. 운곡암에서 화야산장까지 서너 번 계곡을 건넌다.
6. 삼거리인 화야산장.
7. 노루귀 삼형제.
8. 큰골계곡에 자리한 버들강아지도 꽃이 폈다.
9. 얼레지 잎이 마치 자궁처럼 꽃봉오리를 보호하고 있다.
10. 귀엽고 예쁜 얼레지 꽃봉오리.
11. 얼레지 꽃잎은 점점 위로 말려 올라간다.
12. 뾰루봉 등산로 입구 뒤편 계곡에 들바람꽃 자생지가 있다.

노루귀가 고개를 내민다. 뽀송뽀송한 솜털이 귀엽다. 노루귀는 잎이 노루의 귀처럼 생겨서 붙은 이름이다. 손톱보다 작은 꽃은 청색, 흰색 등 다양하고 예쁘다.

계곡을 좀 더 오르면서 꽃을 관찰한다. 하나둘 보이던 꿩의바람꽃이 곳곳에 자리한다. 바람이 조금 차서 그런지 고개를 숙이고 있다. 마치 추운 날에 사람이 목을 움츠리는 것 같다. 쭈그리고 앉아 흰 꽃을 톡톡 건드려본다. 꿩의바람꽃 사이로 얼룩얼룩한 게 보인다. 얼레지의 잎이다. 자세히 보니 꽃봉오리를 매달고 있다. 얼레지 꽃봉오리 뒤로 꿩의바람꽃이 바람에 흔들린다. 날이 더 따뜻해지면 절골 초반부까지 얼레지가 만개한다.

이제 내려가면서 얼레지들을 찾아보기로 한다. 다시 화야산장 앞에서 계곡 쪽을 둘러본다. 묵은 낙엽을 뚫고 얼레지 하나가 꽃 피웠다. 자세히 둘러보니, 얼레지들이 제법 많다. 반쯤 꽃피는 것, 꽃봉오리만 있는 것, 꽃봉오리에서 꽃잎이 한 개만 열린 것 등 그야말로 각양각색이다. 생김새와 꽃이 열린 정도, 크기 등 어느 하나 같은 게 없다. 사람만 모두 다른 게 아니다.

얼레지들을 관찰하다가 재밌는 걸 발견했다. 태아같이 작은 꽃봉오리가 둥그렇게 말린 잎 속에 들어 있는 모습이다. 잎 하나가 그렇게 자궁처럼 꽃봉오리를 보호하고 있었던 것이다. 시간이 지나면 꽃봉오리는 어머니 품 같은 잎을 나온다.

야생화의 여왕, 얼레지

화야산장 근처 계곡에서 조금 내려가니 얼레지들이 더욱 많이 보인다. 군락을 이룬 곳들도 제법 많다. 보통 큰골계곡 얼레지는 4월 중순 이후 절정을 이룬다. 조금 일찍 왔더니 꽃이 많지 않다. 시나브로 기온이 따뜻해지면 얼레지들이 계곡을 가득 메우리라.

얼레지는 백합과로 다른 야생화에 비해 꽃과 잎이 크고 색감이 화려하다. 꽃말은 '질투' 또는 '바람난 여인'이다. 질투는 얼레지가 우아하면서도 크고 아름다워 다른 야생화로부터 질투를 받는다고 해서 붙은 이름이다. 바람난 여인은 꽃이 활짝 피면 꽃잎이 뒤집어지는데 그 모습이 치마폭처럼 발랑 뒤집혀 있다고 해서 그리 부른다. 얼레지 덕분에 화려하고 우아한 봄날이 간다. 올라왔던 계곡을 따라 내려가 ④운곡암을 지나 ⑤삼회1리 화야산주차장에 닿으면서 트레킹이 마무리된다. 트레킹 후에는 뽀루봉 등산로 입구(뽀루봉식당) 뒤편 계곡에 들바람꽃 군락지가 있으니 이곳에 들러 들바람꽃의 화사한 흰빛을 만나보자.

코스 지도 COURSE MAP

코스 정보 COURSE DATA

길잡이

야생화가 많은 큰골계곡과 절골계곡 일부를 둘러보는 코스다. 걷는 시간만 2시간 30분쯤 걸리고, 여기에 야생화를 구경하는 시간을 추가해야 한다. 화야산장에서 화야산 꼭대기까지는 1.9㎞, 1시간 20분쯤 걸린다. 길이 험하니 각오해야 한다. 버스를 타고 왔으면 삼회1리 마을회관 정류장에서 주차장까지 30분쯤 걸어야 한다.

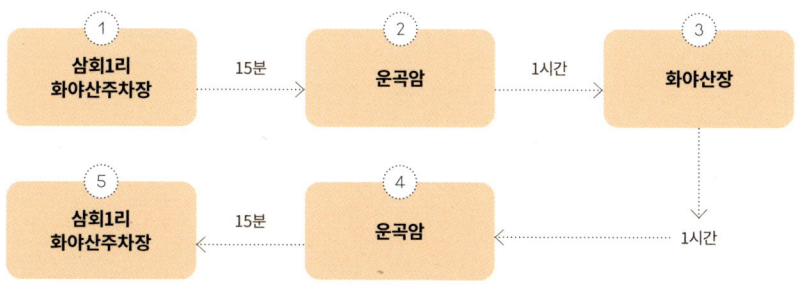

고도표

※3*: 화야산 산장에서 하산 시작.

교통

자가용은 경춘로 또는 서울양양고속도로 서종IC로 나와 찾아간다. 버스는 지하철 잠실역에서 7000번 버스가 07:10~21:00, 1일 11회 운행하며, 청평과 가평 등을 운행한다. 경춘선 청평역을 이용하면, 청평터미널까지 10분쯤 걸어야 한다. 청평버스터미널에서 30-2번 버스가 06:40~19:20, 1일 6회 다니며, 삼회1리 마을버스정류장까지 10분쯤 걸린다. 청평터미널 문의는 031-585-7242.

맛집

화야산 사기막골에 자리한 은행나무이장님댁(전화 031-585-7668)은 50년 넘은 집으로 직접 두부를 만들고 청국장과 된장 등을 띄운다. 두부젓국찌개가 맛있고, 닭볶음탕도 괜찮다.

죽은 자와 산 자, 벚꽃과 신록 어우러지는 명당
서울 망우산

코스 가이드 COURSE GUIDE

주소	서울시 중랑구 망우동, 경기도 구리시 교문1동 일대
코스	망우리공원 주차장 > 구리(한강)전망대 > 망우전망대 > 망우리공원 주차장
총 거리	4.7km
시간	2시간
난이도	쉬워요
좋을 때	봄(벚꽃과 신록), 가을(단풍)
원점 회귀	○

박인환 묘소 일대가 망우산의 최고 명당처럼 느껴진다.
묘소 앞으로 화사한 봄 풍경과 북한산 일대가 시원하게 펼쳐진다.

1. 북한산과 도심이 한눈에 펼쳐지는 망우전망대.
2. 망우리묘지 공원 입구에는 이곳에 잠든 유명 인사 사진이 걸려있고, 사잇길을 알리는 안내도가 바닥에 그려져 있다.
3. 유관순 열사 분묘 합장 묘지비.
4. 예봉산과 검단산, 그리고 한강 조망이 일품인 구리(한강)전망대.
5. 능선길과 둘레길이 갈리는 지점. 여기서 아차산으로 갈 수 있다.

망우산에는 묘지공원인 망우리공원이 자리한다. 예전 이름인 '망우리공동묘지'란 어감 때문에 왠지 찾기가 꺼려지지만, 산세가 부드럽고 산책로가 잘 나 있어 주민들에게 인기가 좋다. 망우산은 서울둘레길 2코스가 산허리를 타고 가지만, 이렇게 쓱 지나가기에는 아까운 산이다. 봄철 산벚꽃과 신록이 어우러진 봄 풍경은 어디에서도 볼 수 없는 절경이다. 공원에 자리한 애국지사와 예술가들의 묘지를 둘러볼 수 있어 의미 있고, 산정의 전망대에서 한강과 북한산, 서울 도심 등을 조망하는 맛이 일품이다.

망우리공원 주차장에서 출발

①망우리공원 주차장은 누구나 무료로 이용할 수 있어 편리하다. 금방 만차가 되므로 되도록 아침 일찍 세우는 게 좋다. '망우(忘憂)'란 이름은 태조 이성계에서 내려온다. 조선을 건국하고 한양으로 도읍을 옮긴 이성계는 자신이 죽어서 묻힐 건원릉의 묏자리를 정하고 돌아가는 길에 어느 고개에서 쉬었다. 이때 "걱정할 것 하나도 없다. 모든 근심을 덜었다"라고 말해서, 이성계가 머문 고개를 '망우리'라고 불렀다고 한다. 이런 유래 덕분인지 훗날 망우산에 대규모 묘지가 들어섰고, 망자들이 편안하게 쉬고 있다.

주차장을 나오면 곧바로 트레킹이 시작된다. 주변으로 산벚꽃과 신록이 우거져 꽃동산에 들어가는 느낌이다. 화장실을 지나면 ②갈림길이 나온다. 갈림길 가운데에 망우리공원에 묻힌 애국지사와 예술가들의 사진과 사잇길 안내판이 있다. 사잇길은 산 자와 죽은 자의 사이를 걷고, 망우리공원 사이사이를 걸으며 애국지사와 예술가들의 흔적을 찾아본다는 의미다. 길림길에서 시계 방향으로 돈다. 왼쪽 길로 들어가 오른쪽 길로 나오게 된다. 트레킹 코스는 둘레길, 능선길, 사잇길 등을 골고루 둘러본다.

왼쪽 길의 초입에 유관순 열사 묘역이 자리한다. 유관순 열사는 순국 후 이태원 공동묘지에 묻혔다. 이후 망우리 묘지로 이장되는 과정에서 유관순 열사 분묘를 포함해 무연고 2만8,000여 기를 함께 화장하고 현재 위치에 합장했다. 합장비에 꾸벅 고개를 숙이고 길을 나선다.

망우산 둘레길은 묘지 관리를 위해 낸 포장도로다. 산허리를 한 바퀴 돌며, 차가 다니지 않는 산책길이다. 가로수로 심은 벚나무가 역광 속에 빛나고, 산비탈에는 산벚나무가 환하다. 그 빛 속에서 한 가족이 강아지를 데리고 산책하는 모습이 아름답기 그지없다. 망우산에는 유독 벚나무가 많다. 둘레길 모퉁이를 크게 돌면 능선으로 오르는 갈림길이 나온다. 여기서 능선으로 올라서야 한다. 여기가 사잇길로 안내판이 있다.

6. 벚꽃과 신록이 어우러진 돌레길.
7. 평안남도에서 태어나 제주와 부산 등을 전전하다 망우산에 잠든 이중섭의 묘지.
8. 박인환 묘소가 있음을 알리는 박인환 시비. 그의 유명한 시 구절이 적혀 있다.

한강과 도심 조망이 일품인 전망대

사잇길이자 능선길은 둘레길처럼 순하긴 마찬가지다. 흙길이라 발바닥 촉감이 좋다. 능선 양편으로 이름 모를 망자의 무덤들이 있다. 볕 잘 드는 자리에 송촌 지석영(1855~1935) 묘소가 보인다. 지석영은 서양 의학의 종두법을 연구해 조선의 아이들을 천연두의 위험에서 구해냈다. 묘소에서 좀 더 능선을 타면 갑자기 시야가 넓게 열리면서 ③구리(한강)전망대가 나타난다.

전망대에 서자 한강이 유장한 곡선을 그리면서 하류로 흘러간다. 그 뒤를 남양주의 예봉산, 하남시의 검단산 등이 병풍처럼 둘러싸고 있다. 묵은 체증이 시원하게 뚫릴 정도로 시원한 조망이다. 전망대를 지나면 망우산 꼭대기가 나오는데, 정상에는 흔한 정상석 하나 없다. 누군가 나무에 걸어놓은 '망우산 282m' 푯말이 전부다.

정상을 지나 만나는 2층 구조의 ④망우전망대가 정상 역할을 한다. 전망대에 오르면 강북의 북한산~도봉산~수락산이 스카이라인을 그리고, 사람들이 사는 도심 지대가 펼쳐진다. 빽빽한 아파트 숲 사이로 나지막한 초안산이 섬처럼 떠 있는 모습이 신기하다. 282m 높이에 불과한 망우산이 이처럼 멋진 전망을 보여줄지 몰랐다.

전망대에서 내려와 다시 능선을 따르면 곧 ⑤갈림길을 만난다. 둘레길과 능선길이 합류하는 지점이다. 여기서 아차산과 망우리공원 주차장으로 가는 길이 갈린다. 주차장으로 가는 둘레길이 서울둘레길 2코스다. 산책하는 주민들과 서울둘레길을 걷는 사람들로 제법 북적북적하다. 산벚꽃과 신록이 어우러진 황홀한 길을 걷다 보면, 애국지사와 예술가들의 무덤을 만난다. 안내판을 따라 이중섭 묘소에 내려가 인사를 드렸다. 평안남도 평원 출생인 이중섭은 원산, 부산, 제주 등에서 살다가 이곳에 묻혔다. 천재의 기구한 삶이 안쓰럽다.

⑥박인환 묘소는 꼭 들러보자. 둘레길에서 조금 내려가면 만난다. 묘소가 가까워지면 노래가 들린다. 박인환 묘소에는 특별하게도 음향 시설을 설치했다. 박인환의 시에 노래를 붙인 박인희의 '세월이 가면', '목마와 숙녀' 등이 흘러나온다. 묘소 앞에 앉아 노래를 듣다 보면 가슴이 찡해진다. 묘소 앞에 펼쳐진 봄 풍경은 왜 이토록 서럽게 아름다운지…. 박인환 묘소에서 이어진 사잇길을 따르면 다시 ⑦망우리공원 주차장을 만나면서 트레킹이 마무리된다.

코스 정보 COURSE DATA

길잡이

본문에 소개한 코스는 망우산 둘레길과 능선의 사잇길 일부가 섞여 있는 코스다. 벚꽃과 신록이 어우러진 둘레길과 능선에서 빼어난 조망이 어우러진 멋진 길이다. 벚꽃이 피는 시기에 맞춰 가면 황홀한 봄나들이를 즐길 수 있다. 시간 여유가 되면 서울둘레길 2코스를 따라 아차산까지 걸으면 더욱 좋다.

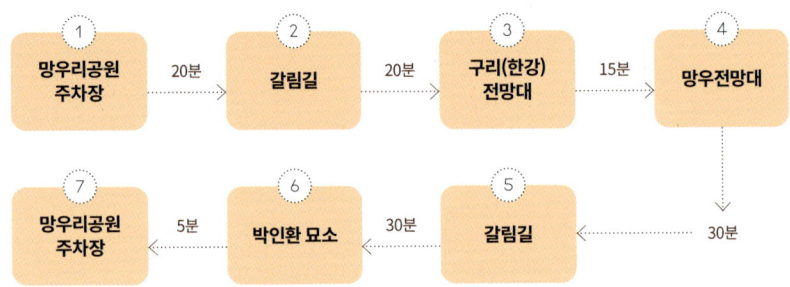

교통

자가용은 망우리공원 주차장에 차를 세운다. 주차비는 무료다. 대중교통은 경의중앙선 상봉역 앞에서 165번, 270번 등을 타고 동부제일병원·망우리공원(중) 정류장에 내린다. 정류장에서 주차장까지 12분쯤 걸어야 한다.

맛집

망우리고개 동쪽 교문동의 메밀랑(전화 031-554-7080)은 메밀 요리를 잘하는 집이다. 막국수와 메밀 소바 등이 맛있고, 메밀전 등으로 뒤풀이하기에도 좋다. 송가네두부촌(전화 0507-1466-7818)은 숨은 맛집으로 두부 요리를 잘한다.

코스 지도 COURSE MAP

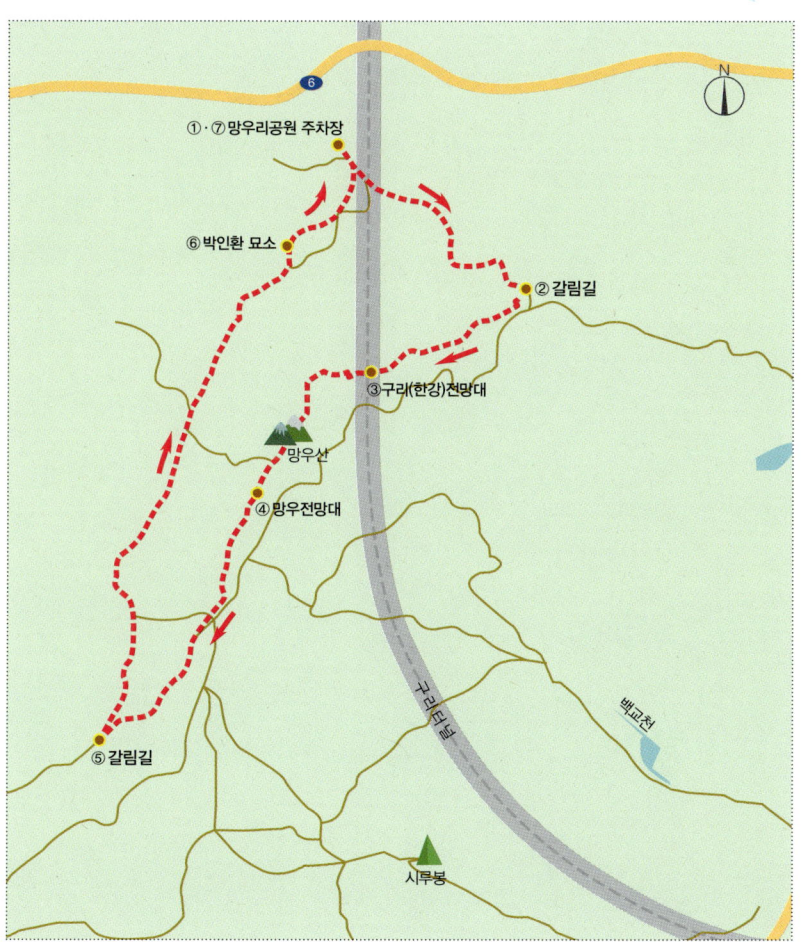

계절편 59

꽃 피는 작은 산을 징검다리처럼 밟고
서울숲 남산길

서울숲 가족마당의 살구나무 군락지. 꽃이 만개하면 주변이 온통 화사하다.

코스 가이드 COURSE GUIDE

주소	서울시 성동구·중구 일대
코스	서울숲 > 응봉산 > 대현산 > 매봉산 > 국립극장
총 거리	7.5km
시간	3시간
난이도	쉬워요
좋을 때	봄(살구꽃, 목련, 벚꽃), 가을(단풍)
원점 회귀	×

서울숲 남산길은 서울숲에서 남산까지 이어진 둘레길이다. 도심 지역을 걸을 것 같지만, 응봉산·대현산·매봉산 등을 징검다리처럼 밟고 남산으로 건너간다. 사계절 부담 없이 산책할 수 있으며, 특히 봄철 서울숲의 살구꽃과 목련, 응봉산의 개나리, 매봉산과 남산의 벚꽃이 피면서 환상적인 봄 풍경을 선사한다. 도시락을 싸들고 소풍처럼 서울 도심 꽃길을 만끽해보자.

1. 서울숲의 상징인 군마상. 과거 경마장이 있었음을 알려준다.
2. 용비교에서 바라본 응봉산과 그 아래를 지나는 지하철. 응봉산이 개나리로 물들었다.
3. 응봉산의 시원한 조망. 서울숲과 한강이 시원하게 펼쳐진다.
4. 응봉산 가는 능선이 개나리로 가득하다.

서울 대표 공원으로 자리한 서울숲에서 출발

개장 15년이 넘은 서울숲은 이젠 서울의 대표 공원으로 자리 잡았다. 풍성한 나무들은 봄이면 꽃피고, 여름이면 짙은 그늘을 만들고, 가을에는 화려한 단풍을 선사한다. 서울숲을 찾는 사람은 풍성한 숲에서 지친 심신을 달래고 활기를 얻는다.

서울숲 남산길의 출발점은 서울숲이다. 지하철 수인분당선 서울숲역 3번과 5번 출구 사이로 난 길을 따르면 ①서울숲 2번 출입구로 입장한다. 서울숲의 상징인 '군마상'이 반겨준다. 경마 장면을 역동적으로 표현한 조형물로, 예전에 이곳이 경마장이었음을 알려준다. 경마장이 생기기 전에는 '뚝섬'이었다.

뚝섬은 동쪽에서 흘러오는 한강과 북쪽에서 내려온 중랑천이 만나는 곳에 만들어진 거대한 퇴적평야 지대다. 지대가 낮아 홍수가 나면 물길에 고립되고, 마치 섬처럼 보여 '뚝섬'으로 불렀다. 어릴 적 뚝섬유원지에서 수영하고 배를 탄 기억이 있다. 당시 서울 시민이 즐겨 찾는 명소였다. 뚝섬유원지에 서울경마장이 생겨 운영되다가 2005년 6월, 영국의 하이드파크와 뉴욕의 센트럴파크를 꿈꾸는 서울숲으로 탈바꿈했다.

봄철 서울숲의 인기 장소는 군마상에서 조금 더 가면 나오는 ②가족마당이다. 너른 잔디밭이 깔려 있는데 여기에 살구나무 군락지가 있다. 50여 그루의 살구나무들이 구름처럼 꽃을 피웠다. 꽃이 핀 주변은 후광처럼 환하다. 꽃그늘 아래에서 아장아장 걷는 아이와 엄마의 모습이 보기 좋다. 살구나무 맞은편에는 목련 10여 그루가 있다. 목련 아래 벤치가 있어서 그 아래 앉아 목련꽃과 살구나무꽃을 번갈아 보는 호사를 누릴 수 있다.

가족마당에서 서쪽으로 더 가면 연못이 나온다. 분위기 좋은 연못 주변으로 데이트를 즐기는 연인들이 많다. 연못 앞의 커뮤니티센터에 화장실이 있어 이용할 수 있다. 커뮤니티센터를 지나면 9번 출입구가 나오고, 성수대교 북단교차로를 만난다. 여기서 이정표를 따라 길 건너 용비교 방향으로 간다.

봄이면 개나리로 물드는 응봉산

③용비교는 차들이 쌩쌩 달리지만, 도보 전용 도로가 있어 걱정할 필요 없다. 용비교를 건너면서 바라보는 응봉산은 온통 노랗다. 개나리가 만개해 노랗게 칠한 수채화 풍경이다. 응봉산 아래로 경의중앙선 은색 지하철이 긴 궤적을 그리며 지나가는 모습이 이국적이다.

용비교를 건너면 응봉산으로 오르는 길이 나온다. 정상으로 가는 계단길과 능선길은 온통 개나리들이 점령했다. 그 길을 따르면 온몸이 노랗게 물들 것 같다. 응봉산 꼭대기의 널찍한 공터에는 팔각정이 있다. ④응봉산은 조선 초기에 임금이 여기서 매를 놓아 사냥했다고 해서 매봉으로도 불린다.

팔각정에서 바라보는 조망은 거침이 없다. 건너온 서울숲과 용비교, 중랑천과 한강, 강변북로와 성수대교, 그 너머의 강남 지역이 한눈에 펼쳐진다. 이 풍경은 밤에 더욱 아름다워 야경 촬영 명소로 유명하다.

팔각정에서 길은 북쪽으로 나 있다. 화장실 뒤쪽으로 전망 쉼터가 있다. 이곳 벤치에 앉으면 중랑천이 흘러오며 멀리 아차산 능선이 펼쳐진다. 구름다리를 건너면 독서당공원이 나오고, 대현산 영역으로 들어선다. 논골사거리를 통과하면 ⑤대현산 배수지공원을 만난다. 공원에는 육상 트랙처럼 생긴 산책로를 걷는 주민들이 많다.

잠시 도심 지역을 통과하면 대경중학교 앞을 지나 다시 공원으로 들어선다. 이번에는 ⑥응봉근린공원이다. 계속 작은 산이 이어지는 모습이 신기하다. 작은 산들은 도심의 허파 역할을 톡톡히 한다. 공원 정상에는 의외로 제법 큰 공터가 펼쳐진다. 운동시설에서 열심히 운동하는 주민들의 모습이 보기 좋다.

다시 호젓한 숲길을 따르면 남산타운 아파트 옆을 지난다. 이 길엔 학생들이 많다. 학생들이 책가방 메고 벚꽃 가득한 길을 지나는 모습이 평화롭기 그지없다. 완만한 오르막은 ⑦매봉산공원 정상에서 끝난다. 정상의 팔각정에 오르자 '와~' 하며 탄성이 터진다. 유장하게 흘러가는 한강이 잘 보이고, 출발했던 서울숲과 응봉산 등이 한눈에 펼쳐진다. 왼쪽으로는 북한산과 도봉산이 서울 도심을 병풍처럼 두르고 있다. 이런 조망 명소가 있는 줄 몰랐다. 가히 서울 최고 조망 중 하나라 해도 과언이 아니다. 풍성한 벚꽃 또한 일품이다.

숨겨진 조망 명소 매봉산 팔각정

팔각정에서 한참 쉬며 조망을 즐기다 마지못해 일어났다. 다시 발걸음을 옮기면 완만한 내리막이 이어진다. 버티고개에 닿기 전에 전망대가 나오는데, 여기서 남산이 잘 보인다. 남산의 품에는 벚꽃과 신록이 어우러져 봄의 정취를 물씬 풍긴다.

⑧버티고개는 조선 초기부터 중기까지 도적 떼가 많았다는 기록이 <조선왕조실록>에 나온다. 이 일대에 소나무가 무성해 도적들이 숨기 좋아 관아에서 소나무를 베었다는 기록도 있다. 버티고개는 남산과 매봉산을 이어준다. 도로는 한남동과 약수동이 연결된다.

5. 응봉근린공원은 벚꽃 산책로. 풍성한 벚꽃이 일품이다.
6. 매봉산 팔각정에서 본 북한산 조망. 도심과 북한산이 어우러진다.
7. 응봉근린공원의 너른 정상.

버티고개 생태통로를 따라 걸으면 서울한양도성 남산 구간을 만난다. 널찍한 산길을 따라 휘파람 불며 도성 구간을 따르다 보면, ⑨국립극장 앞에 닿으면서 트레킹이 마무리된다. 길이 끝나면 뭔가 아쉬워 자꾸 뒤를 돌아보게 된다. 서울숲부터 징검다리처럼 작은 산들을 거쳐 남산까지 온 게 신통방통하다. 남산 구간은 선택이다. 벚꽃 가득한 남산길을 어찌 걷지 않을 수 있을까.

버티고개로 내려가는 길. 남산 일대 봄 풍경이 그윽하다.　　종착점인 남산공원의 국립극장 입구.

코스 지도 COURSE MAP

코스 정보 COURSE DATA

길잡이

서울숲과 남산을 연결하는 작은 산들을 잇는 코스다. 도심 속 작은 산들이 도심의 허파 역할을 해줌을 알 수 있다. 언제 걸어도 좋지만, 특히 봄철 살구나무꽃, 개나리, 벚꽃 등이 필 때 싱그러운 봄기운을 만끽하며 걷기 좋다. 벚꽃 필 무렵에는 발걸음이 절로 남산으로 이어진다. 카카오맵에서 '서울숲남산길'을 검색하면 루트를 한눈에 볼 수 있다.

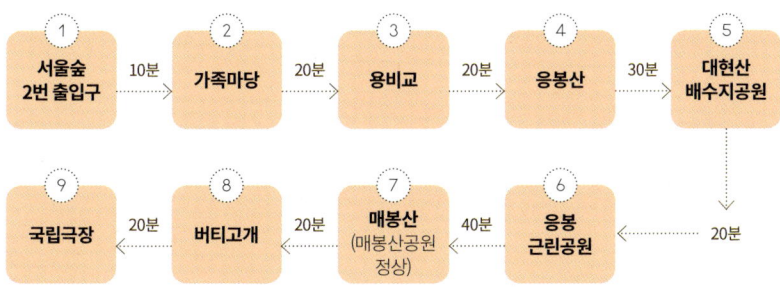

교통

자가용은 서울숲 주차장을 이용한다. 들머리와 날머리가 다르니 대중교통을 추천한다. 수인분당선 서울숲역 3번과 5번 사이로 난 길을 따르면 서울숲 2번 출입구로 입장한다.

맛집

도심을 지나는 구간이 많지 않아 대현산 배수지공원에서 가까운 지하철 5호선 신금호역 근처 식당을 이용하는 게 좋다. 스시옥(전화 02-2252-8493)은 이 동네 주민들에게 인기 좋은 초밥집이다. 사시미도 싱싱하고 초밥도 맛있다. 미소김밥(전화 02-2232-3561)은 참치김밥과 계란말이김밥이 괜찮다.

첩첩 암봉 사이사이 핀 진달래처럼 뜨겁게
서울 도봉산
다락·포대능선 국립공원 100대 명산

코스 가이드 COURSE GUIDE

주소	서울시 도봉구 도봉동 일대
코스	도봉산탐방지원센터 > 은석암 > 신선대 > 도봉산탐방지원센터
총 거리	7.5㎞
시간	4시간
난이도	조금 어려워요
좋을 때	봄(진달래, 산벚꽃), 사계절
원점 회귀	○

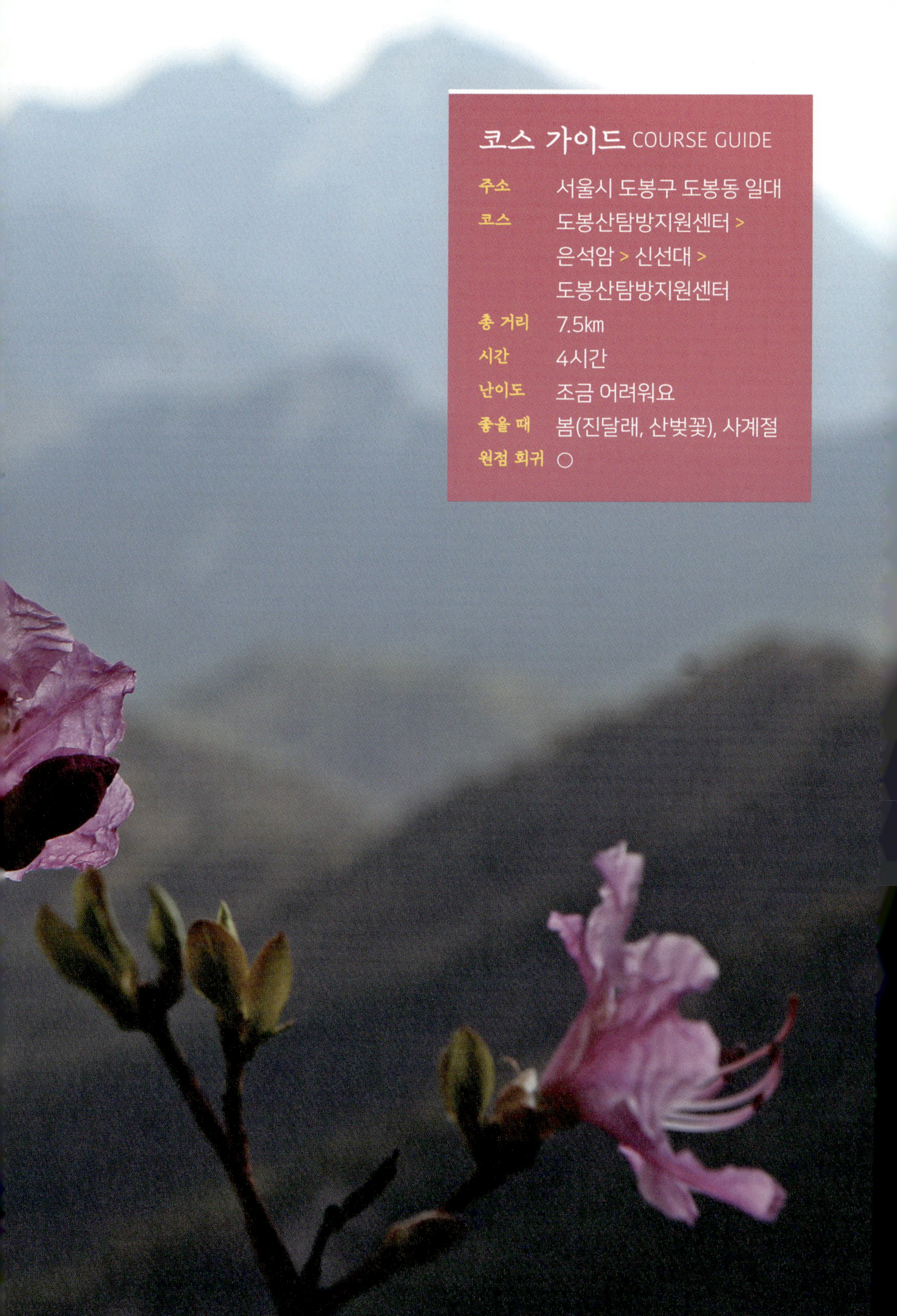

도봉산 암봉에 핀 진달래. 뒤로 북한산이 병풍처럼 펼쳐져 있다.

북한산에 진달래능선이 있다면, 도봉산에는 다락능선이 있다. 진달래는 북한산처럼 군락으로 피진 않지만, 눈에 잘 안 띄는 산비탈을 가득 메운다. 특이한 건 암봉 사이사이에서 붉디붉은 꽃잎을 피운다는 점이다. '진달래' 하면 왠지 애잔하고 여리여리하게 느껴지지만, 도봉산 진달래는 강인하고 꼿꼿한 느낌을 준다. 도봉산 다락능선과 포대능선 일대의 진달래 트레킹으로 봄의 강인한 생명력과 암릉의 아름다움을 감상해보자.

1. 수석 전시장처럼 바위들이 들어찬 은석암.
2. 다락능선의 최고 전망대. 도봉산의 주요 봉우리들이 병풍처럼 펼쳐진다.
3. 도봉산탐방지원센터 근처 계곡 옆에 자리한 도봉동문 각자. 우암 송시열의 글씨로 알려졌다.
4. 다락능선에 들어서면 능선과 산비탈을 진달래가 가득 메운다.

도봉산탐방지원센터에서 다락능선으로

북한산과 도봉산을 묶어 북한산국립공원이라 부른다. 도봉산으로써는 좀 억울한 이름이다. 도봉산을 찾는 인구가 북한산보다 많다. 그래도 도봉산은 성내거나 서운해하지 않는다. 그저 묵묵히 찾아온 사람들을 넉넉하게 품어줄 뿐.

북한산보다 도봉산을 더 좋아하는 산꾼을 일명 '도봉산파'라고 부른다. 도봉산파가 봄철이면 흐뭇하게 즐기는 코스가 다락능선이다. 다락능선에 진달래가 많은 걸 아는 사람은 많지 않다. 도봉산 진달래 트레킹은 ①도봉산탐방지원센터를 기점으로 다락능선, 포대능선 등을 거쳐 원점 회귀하는 코스가 무난하다.

도봉계곡은 도봉산 트레킹 코스 중 가장 많은 사람이 찾는 곳이다. 신선대, 다락능선, 와이계곡, 천축사 등 다양한 명소가 이어진다. 버스정류장에서 식당과 장비점이 몰려있는 상가촌을 지나면 도봉산탐방지원센터를 만난다. 지원센터 앞쪽에서 길이 갈리는데, 다리 옆에 우암 송시열이 쓴 '도봉동문' 각자가 새겨진 바위가 있다. 여기가 도봉서원 또는 도봉산의 입구라는 뜻이다.

각자 바위 앞으로 거대한 북한산생태탐방원 건물이 버티고 있다. 탐방원은 건물이 너무 커 도봉산의 조망을 가린다. 좀 아담하게 지었으면 하는 아쉬움이 남는다. 탐방원 앞에 광륜사가 있다. 광륜사는 676년 신라 의상대사가 창건한 유서 깊은 절이다. 하지만 임진왜란 때 불타 사라졌다. 구한말에 신정왕후 조대비의 별장이 들어섰고, 흥선대원군이 사용했다고 한다. 그리고 지금은 광륜사가 자리 잡았다.

광륜사에서 조금 가면 북한산국립공원 도봉분소가 나오고, 여기서 길이 갈린다. 다락능선으로 가려면 도봉계곡에서 벗어나 북한산둘레길 도봉옛길을 따라야 한다. 이정표가 잘 나와 있어 걱정 없다. 잠시 도봉옛길을 따르다가 언덕에서 '자운봉 3.2 ㎞' 이정표를 따라 다락능선으로 향한다. 여기서 은석암까지 완만한 능선길이다.

②은석암은 수석 전시장처럼 크고 작은 바위들이 옹골차게 들어섰다. 동굴 같은 산신각에는 산신 동상이 빙그레 웃고 있다. 은석암에서 다시 능선을 타고 오르면 다락원 방향에서 올라온 길과 합류하고, 다시 급경사를 조금 오르면 의정부시 호

원동에서 올라온 길과 만난다. 여기서부터 포대가 있는 주능선까지 800m쯤 다락능선이 펼쳐진다.

진달래 가득한 다락능선은 도처가 전망대

하나둘 보이던 진달래가 산비탈에 가득하다. 능선 길섶에도 제법 펴 연분홍빛이 가득하다. 진달래 보는 재미에 힘든 것도 스르르 사라진다. 망월사 조망이 열리는 바위, 주능선 조망이 열리는 바위가 연달아 나온다. 약속이나 한 듯 조망이 열리는 바위틈에는 진달래가 뿌리를 내리고 짙은 연분홍 꽃을 활짝 피웠다.

③다락능선은 도처가 전망대다. 가장 멋진 조망이 열리는 곳은 커다란 암반 위다. 이곳에 오르면 와~ 탄성이 먼저 터지고, 도봉산의 주능선에 솟구친 선인봉, 만장대, 자운봉 등이 역동적으로 펼쳐진다. 예로부터 도봉산이 작은 금강산이라 불렸고, 옛 선비들이 '푸른 하늘에 깎아 세운 만 길 봉우리'라 예찬했다는 것에 고개가 절로 끄덕여진다.

전망대부터 포대까지는 급경사로 쇠난간을 잡고 기다시피 올라야 한다. 717봉인 ④포대는 예전에 군사 시설인 포대가 자리해 그렇게 불렸다. 포대에 널찍한 데크 전망대가 자리한다. 포대부터 신선대까지 이어진 암릉이 포대능선이다.

포대를 내려오면 악명 높은 ⑤와이계곡이 펼쳐진다. Y자로 깊숙이 내려갔다가 다시 올라가는 길이다. 쇠난간을 잡고 기어오르면서 악~ 소리가 절로 난다. 거의 낭떠러지 수준의 험준한 산비탈에도 진달래가 뿌리를 내렸다. 와이계곡에서 올라오면 드디어 만장대, 자운봉, 신선대가 병풍처럼 펼쳐진다. 만장대는 암벽 등반하는 사람만 오를 수 있고, 자운봉은 사람은 못 가고 새만 오를 수 있다. 신선대는 걷는 사람의 전유물이다. 따라서 자운봉이 가장 높지만, 신선대가 정상 역할을 한다.

⑥신선대에 오르자 젊은 사람들이 많다. 특히 레깅스를 입고 정상 기념 촬영에 몰두하는 젊은 여성들이 눈에 띈다. 산의 축복과 즐거움이 그들에게도 가득하길 바란다. 하산은 신선봉에서 곧장 내려가도 되는데, 이 길은 매우 가파르다. 신선봉은

뒤로 난 능선을 따르다가 내려가는 길을 택한다. 진달래가 배웅하는 능선을 따르다 보면, 왼쪽으로 암봉이 나오는데, 위험 구간이라 출입을 통제한다. 예전에는 통제 구역이 아니었고, 산사진 전문가들은 이곳에서 고풍스러운 소나무들과 암봉들이 어우러진 사진을 찍었다. 그리고 이름을 '에덴동산'으로 붙였다. 아직도 가끔 에덴동산을 찾는 오래된 산꾼들이 있다.

도봉계곡에는 산벚꽃이 가득

멀리 북한산이 부챗살처럼 펼쳐진 모습을 진하게 바라보고, 주봉 갈림길에서 하산길에 오른다. 가파른 길은 점점 순해지고, 산허리를 부드럽게 돈다. ⑦마당바위에서 신선대에서 직접 내려오는 길과 만난다. 마당바위에서 조금 내려오면 수려한 선인봉을 배경으로 자리한 ⑧천축사가 나오고, 한국등산학교가 강의장으로 사용하는 도봉대피소를 연달아 만난다.

호젓한 계곡길에는 산벚꽃이 활짝 폈다. 능선에서 내려다봤을 때 유독 계곡 주변만 희끗희끗했는데, 산벚꽃 때문이었다. 산벚꽃은 너도나도 계곡에만 자리한다. 맑은 계곡의 청정수를 마시며 건강하게 자라 눈부시게 흰 꽃을 피워냈다. 덕분에 마음까지 환해져 내려오면 도봉서원 터를 만난다.

5. 다락능선 암봉에 뿌리를 내린 진달래는 유독 붉다.
6. 신선대에 올라서면 도봉산 최고봉 자운봉이 자태를 뽐낸다.
7. 와이계곡이 끝나면 만장대, 자운봉, 신선대가 나타난다. 맨 오른쪽 사람이 서 있는 곳이 신선대다.
8. 도봉계곡으로 내려오는 길에 만나는 마당바위.
9. 도봉계곡에 산벚꽃이 가득해 봄 정취를 만끽할 수 있다.

도봉서원은 1573년 정암 조광조(1482~1519)를 향배하기 위해 건립됐다. 유희경, 송시열, 김수항 같은 선비들이 도봉서원을 찾았고, 도봉계곡에서 풍류를 즐겼다. 도봉서원은 2012년 해체하고 복원하다가 불교 유물이 쏟아져 나와 현재 중단된 상태다. 옛 사찰 자리에 서원을 세운 까닭이다.

도봉서원 터 앞에 시인 ⑨김수영의 시비가 서 있다. '풀이 눕는다~'로 시작하는 그의 대표작 '풀'을 읽어보고 발걸음을 재촉한다. 어두워지면서 물소리는 더욱 커진다. 터벅터벅 걸어 ⑩도봉산탐방지원센터를 만나면서 트레킹이 마무리된다.

코스 지도 COURSE MAP

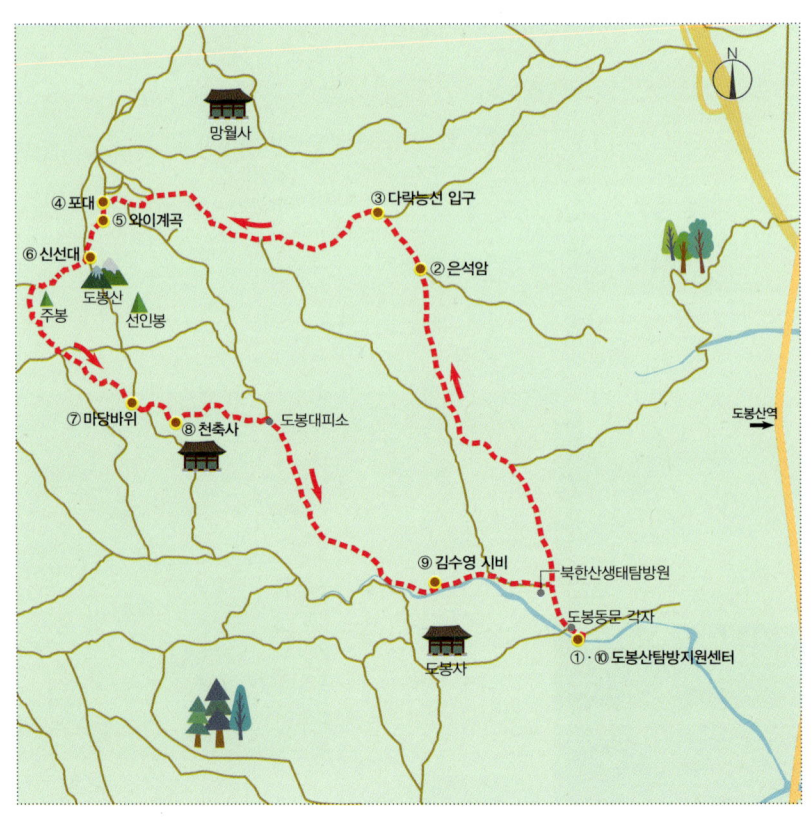

코스 정보 COURSE DATA

길잡이

산림이들은 대개 도봉계곡을 통해 신선대 최단 코스로 오르내린다. 이 길보다는 본문에 소개한 다락능선 ▶ 신선대 ▶ 천축사 등을 둘러보는 코스가 도봉산의 절경을 감상하기에 제격이다. 특히 봄철 다락능선의 진달래와 도봉계곡의 산벚꽃을 즐길 수 있어 금상첨화다. 포대능선에 자리한 와이계곡은 주말이면 포대 ▶ 신선대 방향으로 일방통행이 시행된다.

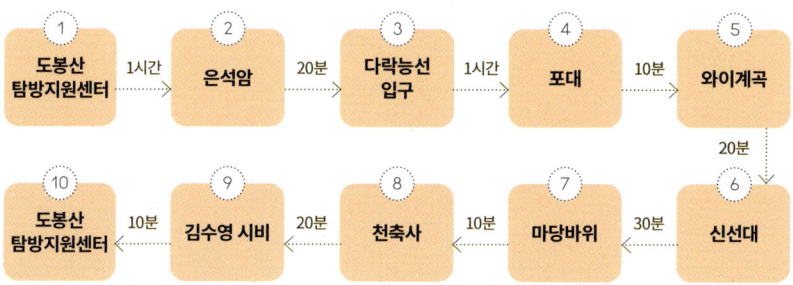

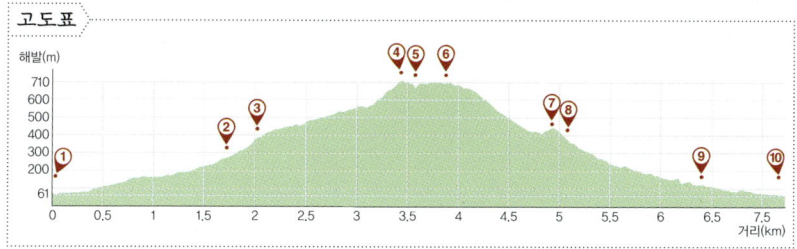

교통

자가용은 버스 종점 옆에 자리한 도봉산공용주차장에 차를 세우면 된다. 대중교통은 지하철 1호선 도봉산역에서 도봉산입구 버스정류장까지 10분쯤 걸린다. 4호선 이용 시 쌍문역에서 141번, 142번 버스를 타고 종점인 도봉산 입구에 내리면 된다.

맛집

도봉산 입구의 상가 거리에 저렴하고 맛있는 식당들이 있다. 도봉산 두부(전화 02-956-1999)는 산꾼들의 단골집으로 두부삼합, 두부전골 등을 잘한다. 그 밖에 평창메밀 도봉점(전화 02-930-4178), 행주산성지리산어탕국수 도봉산점(전화 02-955-0066) 등이 있다.

야생화와 철쭉과 연인하고 싶은 산
가평 연인산
우정능선 도립공원 100대 명산

코스 가이드 COURSE GUIDE

주소	경기도 가평군 조종면, 가평읍 일대
코스	마일리 국수당 주차장 > 우정봉 > 연인산 > 마일리 국수당 주차장
총 거리	12km
시간	6시간 20분
난이도	조금 어려워요
좋을 때	봄(야생화, 철쭉), 여름(계곡) 가을(단풍)
원점 회귀	○

연인산 남쪽 사면의 철쭉 군락지. 철쭉이 만개하면 붉은색과 나무들의 연초록빛이 어우러져 장관을 이룬다.

1. 연인산 남사면의 품. 주목과 나무들의 연초록빛으로 가득하다.
2. 마일리 국수당 주차장. 여기에 차를 세우고 출발한다.
3. 우정고개는 오거리다. 능선길과 임도길이 갈린다.
4. 우정고개에서 연인산까지 푹신한 능선이 이어진다.
5. 마일리 이응섭 할아버지가 키운 복주머니난.

> 연인산은 압도적이다. 유순한 산세, 풍부한 식생,
> 용추계곡을 필두로 한 계곡 등 자원이 국립공원 부럽지
> 않다. 특히 봄철 방대한 야생화 군락은 꽃의 천국으로
> 통하는 천마산이 꼬리를 내릴 정도로 풍성하다. 연인산은
> 철쭉이 좋기로 유명하다. 정상 남쪽 사면의 광범위한
> 철쭉밭은 연초록 새순들과 어울려 장관을 이룬다.
> 특이하게도 철쭉이 만개할 무렵에도 홀아비바람꽃, 얼레지,
> 큰애기나리 등 이른 봄꽃을 함께 만날 수 있다.

우정능선의 들머리 마일리

출발점은 ①마일리 국수당 주차장이다. 마일리는 연인산 남서쪽 깊은 품에 자리한 마을이다. 많은 사람이 찾는 가평읍 북면 백둔리 들머리의 정반대 쪽에 자리한다. 교통이 불편하고, 연인산까지 무려 6km를 가야 하기에 찾는 사람이 적다. 대중교통으로 오면 마일리 버스 종점에서 내린 후, 마일리 국수당 주차장까지 1.6km쯤 걸어야 한다. 국수당은 국가의 안녕을 비는 제사를 올리던 성황당이 있었다고 해서 붙은 이름이다. 주차장에서 트레킹을 시작한다.

마을 도로를 조금 오르면 마지막 민가가 나오고, 산길이 시작된다. 민가에서 나온 이웅섭 할아버지가 집에 신기한 게 있다고 구경하라고 한다. 마당에 들어서니, 맙소사! 화단에 귀한 복주머니난이 가득하다. 붉은색 탐스러운 복주머니를 달고 싱그러운 초록 잎을 장식처럼 두른 모습이 사랑스럽다. 할아버지가 오래전에 산에서 하나를 가져와 40여 개체로 키웠다. 할아버지와 할머니 부부가 취나물 키워 산꾼들에게 팔며 사는 모습이 보기 좋다.

야생화를 보러 가는 길에 귀한 복주머니난을 만나니 행운이 따르는 느낌이다. 등산로는 계곡을 따라 이어진 임도를 따른다. 투박한 길은 오를수록 거칠어진다. 바위들이 흩어져 있어 걷기가 쉽지 않다. 1시간쯤 발품을 팔면 우정고개에 올라붙는다.

연인산은 가평군에 의해 새롭게 태어났다고 해도 과언이 아니다. 1999년 가평군에서 알려지지 않은 봉우리에 '연인산'이란 세련된 이름을 붙였다. 그리고 우정능선, 소망능선, 연인능선, 장수능선 등의 이름으로 불렀다. 이름이 좀 어색하면서도 친근하게 느껴진다. 이름을 바꾸고 산을 개발한 이후 연인산을 찾는 등산객이 더욱 많아졌다.

6. 연인산 정상. 큼직한 정상 비석 뒤로 명지산과 화악산으로 이어지는 산줄기가 일품이다.
7. 예전 화전민들이 살았던 숲정이 쉼터. 연인산의 부드러운 품이 펼쳐진다.
8. 연인능선을 따라 내려오면 만나는 전패고개. 여기서 이정표 뒤의 임도를 따르면 우정고개가 나온다.
9. 우정고개로 가는 부드러운 임도.

기화요초 만발한 우정능선

②우정고개에 오르면 예상외로 널찍한 공간이 나온다. 반대편으로는 널찍한 2개의 임도가 나온다. 그중 왼쪽 임도로 돌아오게 된다. 가야 할 길은 왼쪽 능선길로 우정능선이라 부른다. 오른쪽은 칼봉산 가는 길이다.

능선에 들어서 푹신푹신 흙길을 만나자 발바닥이 좋아한다. 연인산까지 부드러운 육산을 밟게 된다. 이 길이 하이라이트다. 부드러운 육산은 풍성한 야생화를 키워냈다. 두어 번 가파른 오르막이 있지만, 우정봉까지 전체적으로 부드러운 능선이다. 길에는 손톱보다 작은 꽃마리가 한창이다. 애기나리, 큰애기나리, 풀솜대, 미나리냉이 등이 자꾸 발걸음을 붙잡는다.

③우정봉 오르는 길은 가파르다. 대신 뒤를 돌아보면 조망이 열린다. 그동안 걸어온 능선이 보인다. 빽빽한 나무들로 뒤덮인 울창한 숲이다. 저런 숲길을 걸어온 것이다. 우정봉을 지나면 다시 부드러운 능선이 이어진다. 군데군데 야생화들이 자꾸 자신을 보라고 유혹한다. 이른 봄꽃인 홀아비바람꽃, 홀아비꽃대, 얼레지, 피나물 등이 아직도 싱싱하게 핀 모습을 보고 입이 쩍 벌어졌다. 철쭉산행에 이런 봄꽃을 볼 수 있는 건, 경이로운 일이다. 그만큼 식생이 좋다는 뜻이다.

하늘이 열리면서 널찍한 헬기장을 만났다. 여기서 연인산은 불과 600m다. 가벼운 발걸음으로 빠르게 다가서자 연인능선 갈림길이 나온다. 여기서 올려다본 연인산의 품은 연초록으로 화사하다. 산사면 여기저기에 철쭉이 자리 잡고 꽃을 피웠다. 철쭉의 붉은빛과 나무들의 연초록빛이 어우러진다. 이때가 산이 가장 아름다울 때다.

철쭉과 연초록 새순 어우러진 연인산의 품

대망의 ④연인산 정상에 섰다. 조망이 넓게 열린다. 북쪽으로 명지산과 화악산으로 흘러가는 산줄기가 장관이다. 정상에 선 사람들은 정상 비석 옆에서 기념 촬영을 한다. 비석 앞 '사랑과 소망이 이뤄지는 곳'이란 글씨가 반갑다. 한동안 정상에서 풍광을 즐기고, 바람을 느끼고, 철쭉을 바라봤다.

하산은 정상에서 직접 이어진 장수능선을 따라가다가 연인능선으로 갈아타도 되지만, 왔던 길을 조금 내려와서 '연인능선' 이정표를 따라가는 게 좋다. 그 길로 내려서면 거대한 물푸레나무 아래에 벤치가 놓인 그림 같은 풍경을 만난다. 여기가 숲정이 쉼터다. 옛 화전민들이 살았던 터다. 쉼터 옆에 연인샘이 있다. 샘에서는 사철 맑은 물이 퐁퐁 솟지만, 먹지 말라는 안내판이 붙어 있어 안타깝다.

샘에서 나온 물이 산허리를 적시며 용추계곡으로 흘러간다. 쉼터에서 조금 내려가자 박새 군락지가 나온다. 박새와 어우러진 숲은 원시적 느낌을 물씬 풍긴다. 연인능선을 따르는 하산길은 연인샘에서 내려온 계곡을 따른다.

중간중간 '용추계곡' 이정표만 보이고 '마일리' 이정표가 없어 불안하지만, 이 길이 맞다. 거친 계곡길이 끝나면 푹신푹신한 잣나무 숲이 이어진다. 이어 ⑤전패고개 갈림길을 만난다. 여기도 '마일리' 이정표는 없다. 용추계곡 말고 반대편 임도를 따라야 한다. '후고구려 궁예가 패전 후에 일시 이곳에 군대를 주둔시키고 쉬어갔다 해서…' 전패고개가 궁예와 얽힌 지명이라는 안내판 뒤로 이어진 임도를 따르면 된다.

임도로 들어서자 휘파람이 절로 난다. 길은 순하다. 이렇게 구렁이 담 넘듯 부드럽게 우정고개까지 이어진다. 길섶에는 단풍나무가 가로수처럼 많다. 가을철 단풍이 기대된다. ⑥우정고개에서 한숨 돌리고, 조심조심 거친 길을 내려온다. 종착점인 ⑦마일리 국수당 주차장 근처 미리 봐둔 계곡에서 등산화 끈을 풀었다. 뜨거운 발을 계곡에 담그자 나도 모르게 '아~ 차가워!' 하며 탄성이 터진다.

10. 철쭉
11. 얼레지
12. 홀아비바람꽃
13. 홀아비꽃대 군락

계절편 **83**

코스 정보 COURSE DATA

길잡이

연인산의 야생화와 철쭉을 함께 보려면, 마일리 국수당을 들머리로 해 우정능선을 따르는 게 좋다. 마일리는 대중교통이 불편해 차량을 이용하길 권하고 원점 회귀 코스를 추천한다. 마일리 들머리로 우정능선을 거쳐 연인산까지 능선을 밟고, 연인능선과 전패고개를 거쳐 마일리로 돌아오면 능선과 계곡을 두루 거친다. 대중교통을 이용하면 하산 선택지가 많아진다. 소망능선과 장수능선 또는 아재비고개에서 백둔리로 내려올 수 있다.

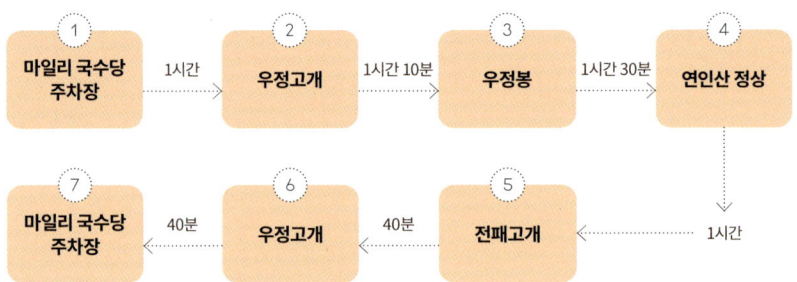

고도표

교통

자가용은 마일리 국수당 주차장에 차를 세운다. 사설이라 주차료를 받는다. 버스 이용자는 우선 가평 현리터미널로 온다. 여기서 74-2번 마을버스를 타고 마일리 종점에 내린다. 버스는 07:40 · 10:40 · 14:10 · 18:20 운행한다. 마일리에서 현리로 나가는 버스는 07:50 · 10:55 · 14:25 · 18:35에 있다.

맛집

현리터미널에서 가까운 농부의 뜰(전화 031-585-9894)은 담백한 맛이 일품인 집이다. 장선희 대표가 각종 요리대회에서 수상했으며, 친절하게 손님을 맞는다. 소고기버섯전골이 대표 메뉴고, 강된장비빔밥은 혼밥하기에 제격이다.

코스 지도 COURSE MAP

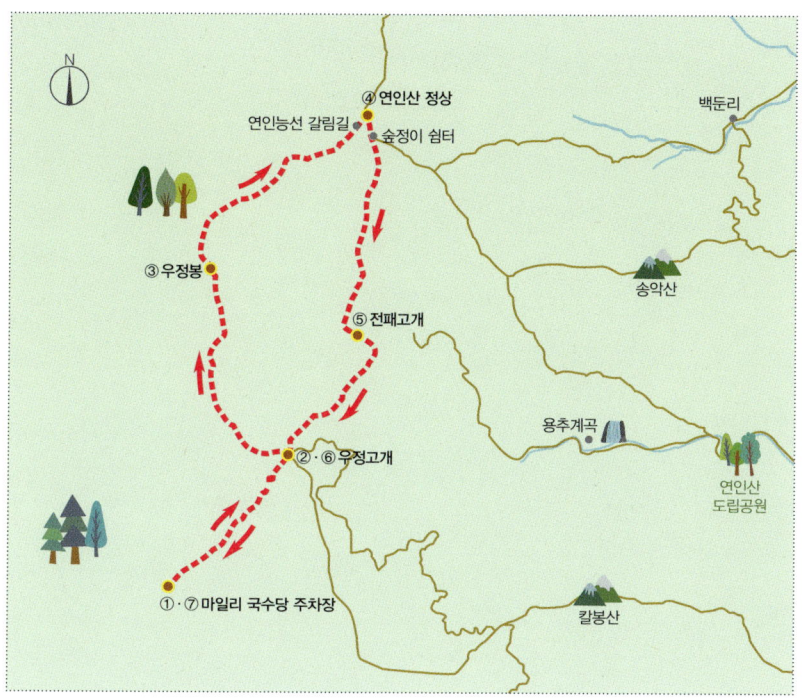

우정봉 직전 펼쳐지는 조망.
걸어온 능선이 빽빽한 숲으로 가득한 걸 볼 수 있다.

황세줄나비와
팔랑팔랑 팔방미인 산을 날다
군포 수리산 도립공원

100대 명산

코스 가이드 COURSE GUIDE

주소	경기도 안양시·군포시·안산시·시흥시 일대
코스	병목안시민공원 > 태을봉 > 수암봉 > 병목안시민공원
총 거리	11km
시간	5시간
난이도	조금 어려워요
좋을 때	봄(야생화, 신록), 가을(단풍)
원점 회귀	○

'태을봉전망데크'에서 만난 황세줄나비.
나비와 함께 수리산 봄의 정취를 만끽했다.

경기도 안양시, 군포시, 안산시, 시흥시에 두루 걸친 수리산은 수도권 남부를 대표하는 명산이다. 정상인 태을봉(489.2m)의 후덕한 풍모와 독수리가 비상하는 수암봉의 모양새가 빼어나다. 수리산은 수도권 남부에서는 드물게 식물 군락이 풍성하다. 특히 변산바람꽃의 자생지로, 봄철 많은 야생화 애호가를 설레게 한다. 하지만 워낙 많은 사람이 찾아 변산바람꽃 개체 수가 많이 줄었다. 변산바람꽃이 피는 시기에는 방문을 자제하고, 5월 우거진 신록을 감상하는 종주 트레킹을 추천한다.

1. 병목안시민공원에서 관모봉과 태을봉이 보인다.
2. 두 개의 석탑이 세워진 수리산둘레길 갈림길. 울창한 숲이 펼쳐진다.
3. 넓은 공터가 펼쳐진 태을봉 정상.
4. 관모봉 정상. 관악산과 안양 도심이 펼쳐진다.
5. '태을봉전망데크'에서 장쾌한 수리산 능선이 조망된다.

안양, 군포, 안산, 시흥시가 품은 산

1989년 군포시에 개발된 산본신도시가 비교적 쾌적한 환경을 갖춘 것은 전적으로 수리산 덕분이다. 성남시의 남한산성, 가평군의 연인산에 이어 2009년도 경기도 세 번째 도립공원으로 지정됐다. 수리산을 품은 군포, 안양, 안산, 시흥시의 주민들은 '도심 속 녹색 섬' 수리산의 혜택을 톡톡히 누린다.

트레킹 출발점은 ①병목안시민공원이다. 병목안은 수리산의 U자형 산세 덕분에 붙여진 이름이다. 병목처럼 좁지만, 안으로 들어가면 너른 공간이 펼쳐진다. 병목안시민공원은 본래 1930~1980년까지 경부선 철도와 수인선 철도 등에 쓸 자갈을 채취하던 채석장이었다. 2006년 공원으로 말끔하게 탈바꿈했다.

공원을 가로지르는 길 앞쪽으로 관모봉과 태을봉이 우뚝하다. 범접할 수 없이 우락부락하게 보인다. 계곡에 자리한 병목안캠핑장을 지나면 깊은 숲으로 들어선다. 단풍나무와 서어나무를 비롯한 활엽수들이 짙은 그늘을 드리운다.

큰 돌탑이 서 있는 곳이 ②갈림길이다. 수리산둘레길은 여기서 갈라진다. 돌탑 사이로 들어서면 다시 풍성한 숲이 펼쳐진다. 풍성한 숲은 봄철에는 다양한 야생화를 키워낸다. 야생화 철이 지나 아쉽지만, 덕분에 5월의 싱그러운 숲을 만날 수 있다.

태을봉과 관모봉 갈림길부터가 고비다. 관모봉 방향으로 발걸음을 옮기면 가파른 경사가 끝없이 이어진다. 중간중간 거친 숨을 진정시키면서 20분쯤 오르자 능선에 올라붙는다. 쉬어가라는 듯 벤치가 놓여 있다. 잠시 숨을 돌리고 관모봉으로 향한다. 능선 합류점에서 불과 110m 거리다. 태극기가 휘날리는 관모봉은 안양 도심이 가장 가까운 봉우리다.

③관모봉 정상은 조망이 시원하게 열린다. 동쪽으로 안양 도심과 수리산을 관통하는 수도권제1순환도로 등이 잘 보이고, 멀리 관악산과 청계산이 병풍처럼 두르고 있다. 남쪽으로는 가야 할 태을봉이 봉곳 솟았다. 여기서 본 태을봉은 후덕하면서도 기품이 있다.

기우제 지내던 신성한 태을봉

태을봉으로 발걸음을 옮긴다. 다시 울창한 숲길이다. 수리산의 능선은 대부분 울창한 숲이다. 덕분에 어렵지 않게 태을봉에 닿았다. 수리산에서 가장 높은 ❹태을봉은 정상에 펑퍼짐한 공터가 있고, 거대한 정상비가 놓여 있다. 비석에는 '안양천과 수리산이 산태극 수태극의 형세와 같아서 태을풍수의 명당처로 꼽혀 산 이름이 자연 태을봉이 되었다'라고 쓰여 있다. 태을봉은 예로부터 기우제를 지냈던 신성한 장소다.

태을봉에서 조망은 잡목에 가려 보이지 않지만, 동쪽으로 100m쯤 가면 '태을봉전망데크'가 있으니 꼭 들러보자. 가야 할 방향이 아니라서 그냥 지나치는 사람이 대다수다. 전망 데크에 서면 산본동의 아파트 단지들이 시원하게 내려다보이고, 서쪽으로 태을봉에서 병풍바위를 거쳐 수리봉과 수암까지 이어지는 역동적 산세가 압권이다.

조망을 감상하는데, 나비 몇 마리가 주변을 팔랑팔랑 날았다. 그중 황세줄나비 한 녀석이 가까이 가도 날아가지 않았다. 나비 날갯짓을 하염없이 바라보니, 마치 나비와 함께 팔랑팔랑 수리산을 날아다니는 기분이다.

다시 태을봉으로 돌아와 능선을 잇는다. 위험한 병풍바위를 우회해 한동안 내려갔

다가 다시 오르막을 오른다. 칼바위에서 앞쪽으로 슬기봉과 수리봉이 시원하게 나타나는데, 정상 지대는 군부대가 꿰차고 있다. 슬기봉 앞의 ⑤슬기쉼터를 지나면, 산허리를 따라 군부대를 우회한다. '수암봉 가는 길' 이정표를 따르면 된다.

우회길은 군부대로 이어진 시멘트 도로와 만난다. 도로를 잠시 내려오면 ⑥꼬깔쉼터가 보인다. 도로를 따라 계속 내려오면 병목안시민공원으로 하산할 수 있다. 꼬깔쉼터에서 다시 산길로 올라붙는다. 군부대에서 설치한 철조망을 따라 울창한 소나무 숲을 한동안 걸으면 오거리에 닿는다. 오거리에서 수암봉은 불과 300m 거리다.

수리산 이름을 낳은 수암봉

⑦수암봉(398m)은 수리산의 여러 봉우리 중에서 낮은 편이지만, 정상의 풍모와 역사는 태을봉에 버금간다. 예전에는 독수리바위 봉우리라는 뜻인 취암봉으로 불렸고, 대동여지도 <안산군조>에 '수리산은 안산 고을 동쪽 5리에 있는데, 태을산이라고도 말하고 또 견불산이라고도 말한다. 깎아지른 듯 높이 솟은 독수리 바위봉이 있는데, 이 고장 방언으로 독수리를 일컬어 수리라고도 한다'라고 적혀 있다. 수리산이란 이름은 바로 여기서 따왔다.

정상 조망은 장쾌하다. 멀리 관악산부터 그동안 걸어온 능선이 한눈에 잡힌다. 정

6. 칼바위 앞에서 본 슬기봉과 수리봉의 품.
7. 꼬깔쉼터. 뒤로 난 산길을 오르면 수암봉에 닿는다.
8. 수암봉 정상 옆의 넓은 전망 데크. 뒤로 수리봉이 보인다.
9. 수암봉의 노을. 시화호로 해가 진다.
10. 태을봉의 가을 풍경. 울창한 활엽수가 온통 붉게 물든다.

상 남쪽에는 안산시에서 만든 넓은 데크 전망대가 있다. 여기서는 서해안고속도로와 물왕저수지 등 안산시 일대가 시원하게 펼쳐진다. 이 데크 전망대 덕분에 수암봉을 찾는 사람이 크게 늘었다. 수암봉은 숨겨진 노을 명소다. 안산 시화호 방향으로 지는 노을이 일품이다.

하산은 오거리로 다시 내려와 수리산유원지의 제3산림욕장 방향을 따른다. 호젓한 잣나무 숲길이 이어진 걷기 좋은 숲길이다. 졸졸 흐르는 개울을 따라 내려오면 ⑧제3산림욕장을 만나면서 도로를 만난다. 이제 도로를 따라 ⑨병목안시민공원으로 내려가면 된다. 수량이 풍부한 계곡에 배낭을 내려놓고, 발을 담가본다. 먼 길 걸어온 피로가 시원하게 흘러내려간다.

코스 지도 COURSE MAP

코스 정보 COURSE DATA

길잡이

경기 남부 4개 시에 걸친 수리산은 다양한 등산 코스가 있는데, 안양의 병목안시민공원 들머리가 대표적이다. 관모봉, 태을봉, 슬기봉, 수암봉 등 대표적 봉우리를 장쾌하게 종주하고 원점 회귀할 수 있어 인기가 좋다. 수암봉을 생략하면 꼬깔쉼터에서 병목안시민공원으로 내려올 수 있다.

교통

자가용은 병목안시민공원 공영주차장에 차를 세운다. 대중교통은 지하철 1호선 안양역에서 52번, 10번 버스를 타며, 15분쯤 걸린다.

맛집

병목안시민공원에서 가까운 두루터(전화 031-445-2299)는 만두전골로 일가를 이룬 맛집이고, 슬기동도토리수제비(전화 031-442-9836)는 도토리수제비가 별미다.

더위야 물렀거라

시원한 계곡으로 떠나는 트레킹

서울과 안양 시민의 가깝고 수려한 피서지

서울·안양
관악산계곡·삼성천계곡

100대 명산

코스 가이드 COURSE GUIDE

주소 서울시 관악구 신림동·
경기도 안양시 만안구
안양동 일대
코스 관악산유원지 입구 >
제4야영장 > 무너미고개 >
안양예술공원
총 거리 7km
시간 3시간
난이도 무난해요
좋을 때 봄~가을
원점 회귀 ×

울창한 숲과 시원한 계곡이 어우러진 관악산계곡.

서울의 조산朝山인 관악산(632m)은 전형적인 화산火山이다. 서울, 과천, 안양 등 어느 곳에서 바라봐도 불꽃처럼 펼쳐진 웅장한 산세를 볼 수 있다. 주릉, 팔봉능선, 육봉능선 등 관악산이 거느린 산줄기는 예외 없이 바위가 발달해 어느 등산로를 택하든 험한 암릉을 만난다. 하지만 예상외로 시원한 계곡이 흐르는 부드러운 길을 숨기고 있는데, 그곳이 무너미고개다. 험준한 관악산이 무너미고개를 품은 모습은 마치 무뚝뚝한 사내가 애틋한 순정을 가슴 고이 간직한 것처럼 느껴진다.

1. 관악산계곡은 화강암 암반이 펼쳐진 수려한 계곡이 이어진다. 2. 들머리인 관악유원지 입구. 평일이나 주말이나 사람들이 그득하다. 3. 무너미고개와 연주암 방향이 갈리는 제4야영장. 4. 옛 수영장을 고쳐 만든 관악산 호수공원. 5. 관악산계곡 일대에는 물가에서 탁족을 즐기는 사람들이 많다.

서울대학교 정문 옆 관악유원지가 출발점

관악산의 계곡들은 예로부터 시민들의 단골 피서지였다. 무더운 여름에는 먹거리와 돗자리를 바리바리 싸 들고 계곡에 발을 담갔으며, 아이들은 수영하며 더위를 피했다. 대표적인 곳이 서울 쪽은 관악산계곡이고, 안양 쪽은 삼성천계곡이다. 두 계곡은 무너미고개로 연결되기에 여름철에는 두 계곡을 잇는 트레킹이 제격이다.

출발점은 서울대 정문 옆의 ①관악산유원지 입구이다. 관악산유원지는 시원한 계곡과 호수공원, 다양한 등산로가 펼쳐져 등산객뿐 아니라 시민들도 즐겨 찾는 곳이다. 절의 일주문처럼 거대한 문을 지나면 호젓한 숲길이 이어진다. 먼저 서울둘레길이 오른쪽으로 갈라지고, 왼쪽으로 서울시 테마산책길인 '관악산 계곡 나들길' 이정표가 보인다.

이 길은 관악산계곡을 따르는 길이다. 아담한 징검다리를 건너면서 계곡길이 시작된다. 수량이 풍부해 물에 풍덩 뛰어들고 싶다. 주말이라 곳곳에 작은 텐트를 치고 더위를 피하는 시민들이 많다.

한동안 계곡을 따르다 다시 징검다리를 건너자 ②관악산 호수공원이 나온다. 호수공원은 옛 수영장 부지에 약 800평 규모로 조성된 인공호수다. 정자에서 내려다보는 공원의 모습이 그럴듯하다. 호수공원을 지나면 더욱 빼어난 계곡이 이어진다. 계곡 옆으로 평상, 벤치 등이 놓여 있어 쉬기 좋다. 계곡을 오를수록 시원하게 발 담근 사람들이 많아진다. 모두 근심이 사라진 편안한 표정이다.

관악산과 삼성산이 연결되는 무너미고개

너른 암반과 설악산 흔들바위처럼 둥근 바위가 있는 곳은 폭포와 넓은 소가 어우러진다. 관악산계곡을 통틀어 가장 빼어난 지점이다. 이곳을 지나 좀 더 오르면 널찍한 공터인 ③제4야영장에 닿는다. 예전에 야영장으로 사용한 곳으로 지금은 야영할 수 없다.

제4야영장 앞에서 길이 갈린다. 사람들은 대부분 왼쪽인 연주대 방향으로 간다.

무너미고개로 이어지는 길을 따르면 인적도 뚝 끊겨 호젓하기 그지없다. 삼막사 길이 갈라지는 삼거리 약수터에서 목을 축이고 15분쯤 더 가면 무너미고개 정상에 닿는다. 관악유원지에서 여기까지 가파른 길 하나 없이 그야말로 구렁이 담 넘듯 고갯마루에 올랐다.

④무너미고개는 관악산과 삼성산(478m)이 연결되는 꼭짓점이다. 지도를 보면 관악산과 삼성산은 남북으로 평행선처럼 우락부락한 암릉을 늘어뜨리면서 슬그머니 오른손과 왼손을 내밀어 서로 맞잡고 있다. 관악산은 알아도 삼성산을 모르는 사람이 많은데, 아우 격인 삼성산은 삼막사를 품은 명산으로 관악산을 더욱 돋보이게 한다. 마치 북한산이 옆에 있는 도봉산 덕분에 더욱 화려해 보이는 이치와 같다.

고개 정상은 참으로 볼품없다. 옛사람들이 오가며 쌓아놓은 서낭당 돌무더기도, 잠시 숨을 돌린 작은 공터도 없다. 이곳을 통해 관악산과 삼성산이 연결된다는 것이 놀라울 뿐이다. 어쩌면 두 산이 만나면서 서로 자신을 낮추었기에 그런 것이 아닐까.

고개에서 5분쯤 내려오면 징검다리가 놓인 널찍한 계곡을 만난다. 안 보이던 사람들이 여기에 많다. 계곡에 담 담그며 도란도란 이야기를 나누고 있다. 가히 탁족의 성지다. 징검다리를 건너면 삼거리다. 왼쪽 길은 팔봉능선, 오른쪽 큰길이 하산 코스다. 길은 여전히 순하다. 짙은 향기에 고개를 들어보니, 때죽나무가 작고 앙증맞은 꽃들을 대롱대롱 달고 있다.

서울대 관악수목원 후문으로 하산

물소리가 크게 나는 곳에서 계곡으로 들어간다. 화강암 바위들이 흩어진 수려한 계곡이 나타난다. 너른 암반에 앉아 여유롭게 막걸리를 마시는 늙수그레한 아저씨에게 말을 붙여봤다. 안양에 사는 데 가끔 이곳을 찾아 쉬었다가 간다고 한다. 계곡 풍광 빼어난 이곳이 아저씨의 아지트였다. 그의 아지트에서 등산화를 풀고 발을 담갔다. 피로가 스르르 풀린다.

다시 계곡을 따른다. 울창한 숲길을 내려오면 ⑤서울대학교 관악수목원 후문을

6. 구렁이 담 넘듯 은근슬쩍 무너미고개를 넘는다.
7. 무너미고개를 넘으면 삼성천계곡 상류가 나온다. 여기는 아는 사람들만 찾는 탁족의 성지다.
8. 삼성천계곡 상류는 수량이 풍부하고 계곡 풍광이 절경이다.
9. 서울대학교 관악수목원. 수목원을 통해 하산할 수 있어 더욱 좋다.
10. 안양예술공원의 '나무 위의 선으로 된 집' 작품.

만난다. 예전에는 문이 굳게 닫혀 있었지만, 지금은 수목원 개방 시간에는 문을 열어 준다. 수목원 구경은 덤이다.

후문을 통과하면 울창한 단풍나무 터널이 반긴다. 가을철 단풍 풍광이 기대된다. 수목원은 길가의 나무에 이름을 붙여 놨다. 버즘나무, 느릅나무, 처진올벚나무, 황벽나무, 갈참나무…. 만나는 나무의 이름을 불러주다 보면 수목원 정문을 만난다. 정문을 통과하면 ⑥안양예술공원이 나온다. 계곡 주변에 다양한 예술작품을 감상하며 트레킹을 마무리한다.

코스 지도 COURSE MAP

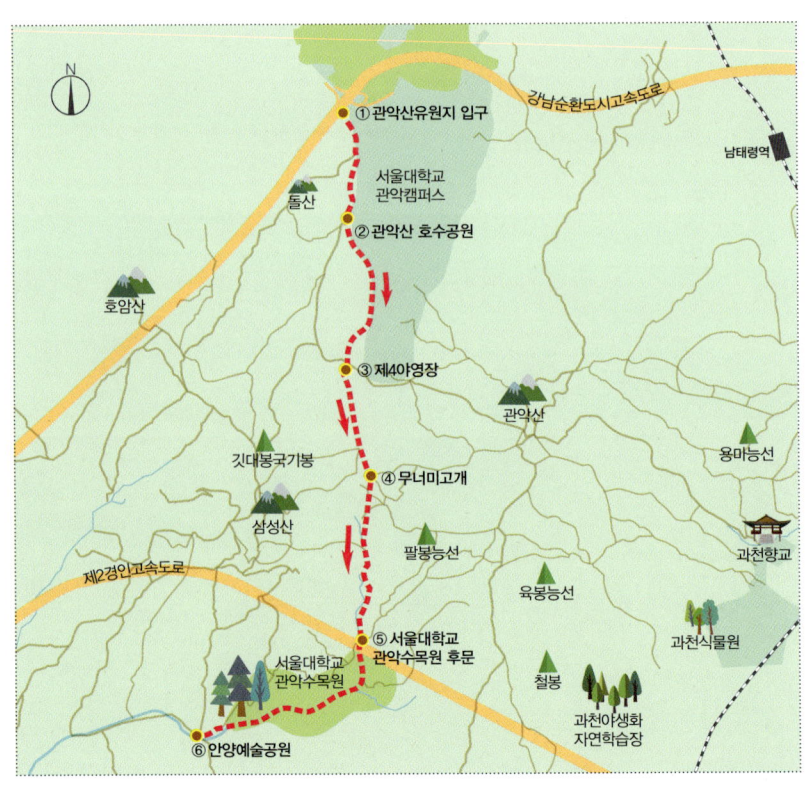

코스 정보 COURSE DATA

길잡이

무너미고개로 이어지는 두 개의 계곡을 잇는 코스다. 험준한 관악산에서 이렇게 순한 길이 있는 게 신기하다. 관악산계곡에는 사람들이 많은 편이고, 무너미고개를 넘으면 인적이 뜸하다. 무너미고개 아래 삼성천계곡 상류는 아는 사람들만 찾는 탁족의 성지라 할 만하다. 관악산 정상으로 가려면 제4야영장에서 약 2km, 1시간쯤 걸린다.

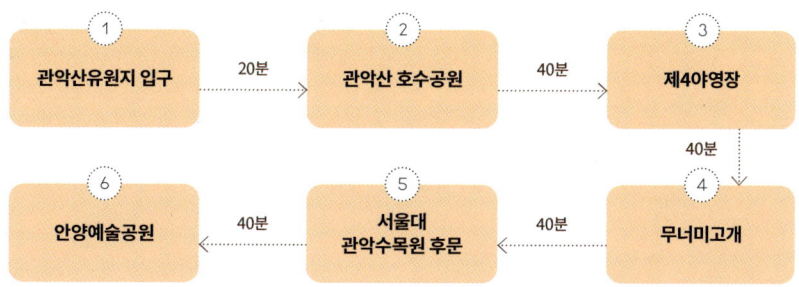

교통

자가용은 서울대학교 노상주차장 등에 세운다. 대중교통은 지하철 2호선 서울대입구역에서 5515번, 750A번 버스 등을 이용해 서울대학교 정류장에 내린다.

맛집

안양예술공원에는 음식문화거리가 있다. 김경진 순녹두 빈대떡집(전화 031-474-0337)은 30년 전통의 빈대떡집으로 안양시민축제에서 빈대떡으로 수상하기도 했다. 빈대떡을 비롯한 전류와 코다리양념구이 등 다양한 메뉴가 있다.

백운산을 100대 명산에 올린 일등 공신
포천 백운산 백운계곡

100대 명산

코스 가이드 COURSE GUIDE

주소	경기도 포천시 이동면 도평리 일대
코스	백운계곡 주차장 > 취선대 > 봉래굴 이정표 > 백운계곡 주차장
총 거리	6km
시간	2시간 30분
난이도	무난해요
좋을 때	초여름~가을
원점 회귀	○

취선대를 지나면 작은 폭포가 여럿 걸린 수려한 바위를 만난다.

1. 백운계곡의 들머리가 되는 흥룡사.
2. 절에서 10분쯤 오르면 백운계곡 최고의 절경이 펼쳐진다. 설악산의 계곡처럼 바위미가 빼어나다.
3. 백운계곡은 물이 보석처럼 아름답다. 그곳에 발 담글 수 있는 건 축복이다.
4. 백운계곡 하류에서 본 풍경. 가운데가 백운계곡 주차장이고 뒤로 산들이 펼쳐진다.
5. 백운계곡 주차장. 한옥 건물이 흥룡사다.

전국적으로 '백운산'이란 산 이름을 가진 산이 많다. 그중 100대 명산에는 섬진강 옆에 자리한 광양 백운산(1,222m), 동강을 굽어보는 영월 백운산(883.5m), 그리고 포천 백운산(903m)이 각각 이름을 올렸다. 한북정맥을 종주하면서 포천 백운산을 스쳐 간 사람이면 의아하게 생각하겠지만, 백운산의 백미는 백운계곡에 있다. 설악산 계곡처럼 매끈한 암반에서 흘러내리는 물줄기와 원시적 숲은 경기도에서 보기 힘든 절경이다.

깨끗해진 백운계곡 하류

백운계곡은 포천의 대표 명소다. 광덕산과 백운산 서쪽으로 흘러내리는 계곡의 길이가 10㎞가 넘는다. 기암괴석과 소와 담, 맑은 물이 어우러져 절경을 이룬다. 백운계곡은 모르는 사람이 없을 정도로 널리 알려졌지만, 막상 백운계곡의 절경을 제대로 보기는 쉽지 않다. 백과사전에 따르면 백운계곡에 금광폭포, 양봉래굴, 광암정, 선녀탕, 금병암, 옥류천, 취선대 등 절경이 있다고 하는데, 찾기가 쉽지 않기 때문이다. 안내판은 취선대가 거의 유일하다. 백운계곡의 절경을 고증해서 안내판을 붙여놔야 할 것이다.

이동면에서 흥룡사로 올라가면서 만나는 계곡은 '선유담계곡'으로도 부른다. 백운계곡의 하류로 선유담 일대는 영평팔경 중의 5경으로 꼽힌다. 이 일대의 계곡 풍경이 달라졌다. 백운계곡이 경기도 관광 명소화 사업 대상지로 선정되면서 계곡에 무분별하게 들어선 불법 시설물이 사라져 깨끗해졌다. 계곡 옆에 자리한 파라솔과 의자 등은 누구나 무료로 사용할 수 있다.

①백운계곡 주차장에 차를 세우면 높은 축대 위로 흥룡사 건물이 고개를 내민다. 안내판을 확인하고 출발하면 곧 흥룡사 절 마당에 들어선다. ②흥룡사는 신라 말 도선이 세운 고찰로 고려 시대 왕건이 비보 사찰로 지정하기도 했다. 한국전쟁으로 불타기 전에는 법당 4동과 여러 요사채를 거느린 대찰이었다고 한다. 지금은 백운계곡 길목의 아담한 절이다.

절 뒤편으로 가면 청량한 물소리가 들리면서 계곡이 나온다. 이제 호젓한 계곡을 따라 산길을 걷는다. 백운계곡 트레킹은 계곡의 비경을 감상하며 봉래굴 이정목까지 다녀오는 걸 추천한다. 봉래굴 이정목 이후는 급경사 산길이다.

백운1교 앞에 화장실이 있고, 다리를 건너면서 본격적으로 계곡의 절경이 시작된다. 5분쯤 오르면 백운2교를 건너는데 계곡의 풍광이 점입가경이다. 자꾸 계곡으로 시선이 가서 걷기가 어려울 정도다.

백운계곡의 절경, 취선대

포장도로가 끝나는 지점에서 계곡을 만나는데, 탄성이 절로 나올 정도로 풍광이 일품이다. ③삼거리이기도 한 이곳이 백운계곡 최고의 절경이라 해도 과언이 아니다. 너른 암반이 깔린 계곡으로 크고 작은 바위들이 널려 있고, 계류는 암반을 적시고 아래쪽 폭포로 미끄러져 내려간다. 물줄기가 흐르는 게 아니라 미끄러진다는 표현이 정확하다. 설악산 구곡담계곡의 절경 한 곳을 뚝 떼어 놓은 것 같다. 물빛은 경기도의 다른 계곡보다 짙은 초록빛이다. 흠이라면 주차장에서 가까워 여름철이면 사람들이 많다는 점.

계곡을 건너면 흥룡봉으로 가는 능선이 이어진다. 백운계곡은 왼쪽의 오솔길을

6. 백운계곡 여러 절경 중 하나인 취선대. 7. 물가를 좋아하는 금낭화. 8. 꽃이 짙고 선명한 돌단풍.
9. 백운계곡 탐방의 끝 지점인 봉래굴 이정목. 10. 백운계곡은 물빛이 다른 곳보다 초록빛이 진하다.

따라간다. 숲은 더욱 울창해지고, 오른쪽에서 들리는 계곡의 물소리가 맑게 울린다. 15분쯤 호젓한 숲길을 지나면 도마치봉으로 오르는 길이 갈린다.

갈림길에서 10분쯤 더 가면 계곡 안에 큰 절벽이 우뚝한 그윽한 풍광을 만난다. 한눈에도 절경이라 발걸음이 멈춰지는데, 여기가 ④취선대. 안내판이 없고, 이정목에 '취선대'라고 쓰여 있는 게 전부다. 백운계곡의 여러 절경 중에 이름이 적힌 곳은 여기가 거의 유일하다.

반환점인 봉래굴 이정목

취선대를 지나면 원시적 숲이 이어지고, 작은 폭포가 걸린 수려한 바위에서 발걸음이 멈춰진다. 암반에는 돌단풍이 그득하고 붉은병꽃나무가 계곡을 붉게 치장했다. 한눈에도 백운계곡 절경 중 하나인 것 같지만, 안내판이 없으니 알 수 없다. 자료에서 본 '금병암'이 아닐까 추측해본다.

이곳을 지나면 길이 좀 까다롭다. 험한 계곡 구간은 산길로 우회하기 때문이다. 산악회에서 붙여 놓은 꼬리표와 계곡을 잘 보면 길 찾기는 문제없다. 향적봉 길림길을 지나 조금 더 가면 ⑤봉래굴 이정목이 보인다. '봉래골'이라 쓰여 있는데, 이는 봉래굴의 오타인 것 같다. 백운계곡 트레킹은 여기까지가 적당하다.

이제 휘파람을 불며 다시 ⑥백운계곡 주차장으로 되돌아가는 일만 남았다. 내 맘대로 '금병암'이라 칭한 계곡에서 등산화 끈을 풀었다. 반짝반짝 빛나는 물이 보석이다. 보석 속에 달아오른 발을 담근다. 서늘하다 못해 얼음처럼 차가워 얼른 발을 뺐다. 그리고 다시 담근다. 시간이 멈춘 듯한 계곡은 아무 근심이 없는 세상 같다.

코스 지도 COURSE MAP

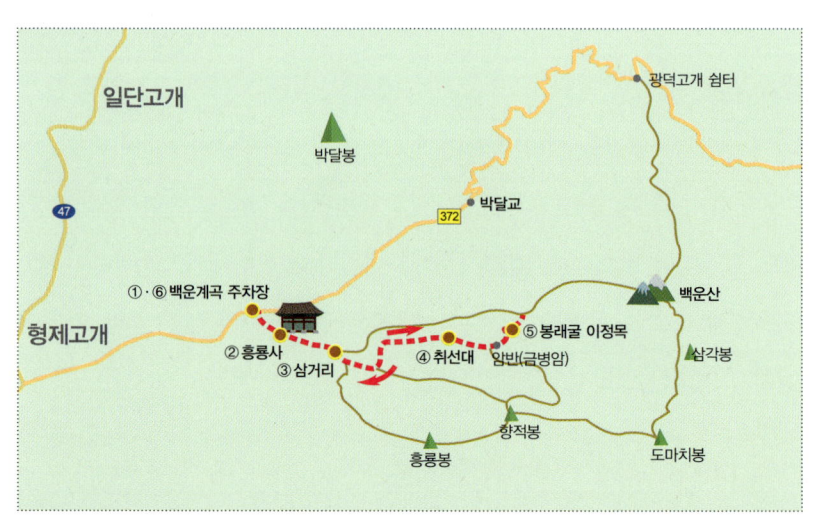

코스 정보 COURSE DATA

길잡이

주차장에서 출발해 백운계곡 최상류인 봉래굴 이정목까지 갔다가 되돌아오는 코스다. 백운계곡의 절경을 하나하나 음미하며 걷는 길이다. 수려한 계곡과 원시적 숲이 어우러진 백운계곡의 진면목을 감상할 수 있다. 백운계곡 정상을 찍고 싶다면, 백운2교의 갈림길에서 정상으로 가는 능선길을 따른다. 등산 코스는 주차장~백운2교~능선길~정상~도마치봉~백운계곡~주차장이며, 거리는 약 8.8km, 4시간쯤 걸린다. 대중교통을 이용해 광덕고개에서 출발하면 난이도가 좀 쉽다.

교통

자가용은 세종포천고속도로 신북IC 또는 47번 국도를 타고 찾아간다. 백운계곡 주차장에 차를 세운다. 대중교통은 동서울터미널에서 일동터미널로 와 시내버스로 환승한다. 광덕산 정류장에 내려 광덕고개~백운산~백운계곡 코스를 타는 걸 추천한다. 동서울터미널-광덕산행 버스는 06:50~19:30, 1일 14회 다닌다.

맛집

포천 이동은 이동갈비의 고향이다. 수많은 식당이 있지만, 원조인 원조이동김미자할머니갈비(전화 031-531-2600)의 맛이 우수하다는 게 대체적인 평이다. 푸짐한 양과 감칠맛 나는 양념이 비법이다. 고기를 먹고 난 후에 먹는 된장찌개도 일품이다.

코스 가이드 COURSE GUIDE

주소	경기도 가평군 설악면 가일리 일대
코스	유명산자연휴양림 주차장 > 박쥐소 > 합수점 > 유명산자연휴양림 주차장
총 거리	6.2km
시간	2시간 50분
난이도	무난해요
좋을 때	봄~가을
원점 회귀	○

유명계곡 최고 명소인 용소에서 물놀이를 즐길 수 있다.

유명산은 수도권에서 가깝고 자가용과 대중교통으로 접근성이 좋다. 유명산자연휴양림이 유명산 북쪽에 자리해 등산과 휴양의 베이스캠프 역할을 톡톡히 한다. 유명산이 100대 명산에 오른 건, 유명계곡의 역할이 컸다. 유명계곡은 규모는 작지만, 설악산 천불동계곡을 축소해놓은 것처럼 빼어나다. 청정 계곡에서 더위를 피하고 물놀이를 즐겨보자.

1. 폭포 왼쪽 바위 안에 박쥐가 산다고 해서 이름 붙여진 박쥐소.
2. 트레킹 출발점인 유명산자연휴양림 주차장.
3. 주차장을 출발해 200m쯤 가면 계곡으로 가는 입구가 보인다.
4. 계곡으로 들어서면 빼어난 계곡이 펼쳐진다.

등산과 휴양의 베이스캠프, 유명산자연휴양림

유명산이란 이름은 드물게도 사람 이름에서 따왔다. 등산 전문잡지 '월간 산'의 박영래 기자의 취재에 따르면, 1973년 엠포르산악회 진유명 씨의 이름에서 유래됐다고 한다. 이 산악회가 진행한 국토자오선 종주대가 양평으로 들어왔고, 당시 유명산은 지형도에는 산 높이만 841m로 나왔고 이름이 없었다. 종주대 단장이었던 김지련 씨가 유일한 여성 대원이었던 진유명 씨 이름을 따서 유명산으로 부르면 어떻겠냐고 대원들에게 제안하면서 '유명산'으로 불리기 시작했다. 이후 산악인들이 고서에서 마유산(馬遊山)이라는 기록을 발견했지만, 이미 유명산이란 이름이 유명해졌다.

유명계곡 최고 절경인 용소. 너른 소의 환상적인 물빛이 압권이다.

출발점은 ①유명산자연휴양림 주차장이다. 유명산자연휴양림은 1989년 국내에서 최초로 생긴 휴양림이다. 수도권에서 가깝고, 유명산 산행의 들머리라서 많은 사람이 찾는다. 주차장 앞에 야영장이 있다. 평일이나 주말이나 야영객이 많다.

화장실 오른쪽으로 길이 이어진다. 이 길은 등산로와 휴양림 숙소로 이어진다. 200m쯤 가면 계곡 등산로가 갈린다. 안내판을 살펴보고 계곡으로 들어서면서 트레킹이 시작된다. 유명계곡 트레킹은 계곡을 따라오르면서 박쥐소, 용소, 마당소 등 절경을 구경하고 합수점에서 되돌아오는 코스다.

계곡에 서늘한 기운이 내려온다. 어느 나무 앞에서 발걸음이 멈춰진다. 연리목이다. 신갈나무와 야광나무가 한 나무가 됐다. 연리목은 혼인목이라고도 한다. 한 쌍이 서로 조화를 이루면서 살고, 한 그루가 죽으면 다른 한 그루도 죽는다.

연리목을 지나면 본격적인 계곡길이 시작된다. 유명계곡의 계곡길은 거칠다. 서둘지 말고 천천히 가는 게 좋다. 걷기 시작한 지 얼마 안 됐는데 수려한 계곡이 나타난다. 등산화를 벗고 발을 담그고 싶지만, 꾹 참고 길을 나선다.

10분쯤 가자 폭포와 소가 멋지게 어우러진 ②박쥐소가 나온다. 소 한가운데에 마치 박쥐의 날개처럼 보이는 바위가 있는 게 특이하다. 폭포의 커다란 바위 안쪽에 5~6명이 들어갈 수 있는 굴이 있는데, 여기 박쥐가 산다고 해서 박쥐소란 이름이 붙었다. 박쥐소 앞은 삼거리다. 자연휴양림에서 이어진 산책로가 여기서 만난다.

유명계곡의 3대 절경 박쥐소, 용소, 마당소

박쥐소를 지나 조금 더 오르면 초록색 철다리가 나온다. 물이 불었을 때 계곡을 안전하게 건널 수 있다. 몇 개의 철다리를 더 건너고 한숨 돌리고 싶을 때쯤 ③용소가 나타난다. 너럭바위에 작은 폭포가 걸렸고, 그 앞으로 널찍한 소가 펼쳐진다. 소가 얼마나 깊은지 물빛이 짙푸르게 일렁거린다. 잠시 용소에 내려가 발을 담갔다. 머리카락이 곤두설 정도로 차갑다. 곧 은은한 청량함이 밀려온다. 이런 절경에서 물놀이를 할 수 있는 건 축복이다.

잠시 발을 담갔는데 한기가 들어 다시 출발한다. 용소부터 길은 조금 가팔라지고, 거칠다. 길에 돌이 많기에 천천히 가는 게 좋다. 주변 나무는 더욱 울창해진다. 함박꽃나무는 꽃봉오리를 가득 달았고, 강원도 깊은 산골에서 잘 자라는 피나무 잎사귀들이 하늘을 가렸다. 유명계곡은 맑은 물가의 나무들이 쑥쑥 잘 자란다.

④마당소는 흰색 너른 반석과 큰 소를 거느린 명소다. 안내판이 없어 그냥 지나치기 쉽지만, 이곳이 마당소임을 알아차릴 수 있다. 마당소에서 합수점은 멀지 않다.

5. 유명계곡에선 강원도 깊은 산골에 많은 피나무가 잘 자란다.
6. 유명계곡은 등산로에 바위가 많아 조심해야 한다.
7. 박쥐소~합수점 구간은 낙석 위험 지역으로 조심해야 한다.

⑤합수점은 유명산과 어비산의 갈림길이고, 유명산의 능선길이 계곡길과 만나는 지점이다. 유명계곡 트레킹은 여기까지가 적당하다. 계곡을 따라 물 흐르듯 내려가면 ⑥유명산자연휴양림 주차장이 나온다. 올라오며 찍어놨던 작은 소에서 놀 생각을 하니 발걸음이 가볍다.

코스 지도 COURSE MAP

너럭바위와 폭포, 드넓은 소가 어우러진 마당소.

계곡 등산로와 능선 등산로가 만나는 합수점.

코스 정보 COURSE DATA

길잡이

천천히 오르면서 유명계곡의 주요 명소를 둘러보는 코스다. 계곡의 폭은 작지만, 수려한 바위와 물이 어우러져 빼어난 계곡 풍광을 선사한다. 하류에서 상류까지 전 구간이 절경이고, 그중에서도 박쥐소, 용소, 마당소가 특히 아름답다. 산행은 유명산자연휴양림 주차장 ▶ 유명산 정상 ▶ 합수점 ▶ 용소 ▶ 유명산자연휴양림 주차장 코스를 추천한다. 거리는 약 7.5㎞, 4시간쯤 걸린다.

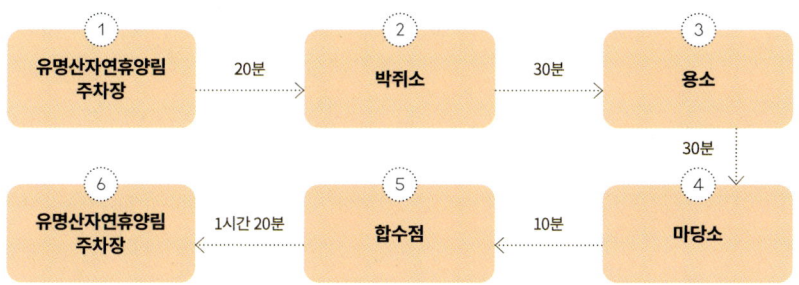

교통

자가용은 서울양양고속도로 설악IC로 나와 찾아간다. 유명산자연휴양림 주차장에 차를 세운다. 대중교통은 잠실역 5번 출구 환승정류장에서 7002번 광역버스가 1일 6회(07:00 · 10:15 · 13:05 · 17:05 · 20:05 · 00:00) 다니며, 1시간쯤 걸린다. 청량리역 환승센터 1번 승차장에서 8005번 광역버스가 1일 5회(07:30 · 11:30 · 15:30 · 19:30 · 23:30) 다니며, 1시간 30분쯤 걸린다.

맛집

유명산자연휴양림 입구에서 어비계곡으로 조금 들어가면, 닭볶음탕으로 유명한 식당들이 있다. 유명산흥부네솥뚜껑닭볶음탕(전화 031-584-2525)과 산골농원(전화 031-584-7415) 등이 대표적이다. 장작을 땐 솥뚜껑에 끓이는 비주얼이 압권이다.

코스 가이드 COURSE GUIDE

주소	경기도 가평군 북면 적목리 일대
코스	용수동 삼팔교 > 조무락골 식당 > 복호등폭포 > 용수동 삼팔교
총 거리	6.8km
시간	2시간 40분
난이도	쉬워요
좋을 때	초여름~가을
원점 회귀	○

조무락골은 계곡 전 구간이 모두 절경이다.
싱그러운 계곡에 손을 담그면 몸이 초록빛으로 물들 것 같다.

화악산(1,468m), 명지산(1,267m) 등 높고 험준한 산이 즐비한 가평은 강원도가 부럽지 않은 산국山國이다. 산이 높기에 골짜기도 깊다. 용추계곡, 백둔계곡 등은 수도권 시민의 여름 휴양지로 인기가 좋다. 화악산과 석룡산(1,153m) 사이에 숨어 있는 조무락골은 다른 곳에 비해 찾는 사람이 뜸하다. 식생이 좋아 연중 차고 맑은 물이 콸콸 흘러넘친다. 약 6km에 이르는 계곡에는 소와 담, 폭포가 상류에서 하류까지 고르게 발달해 전체가 비경이라 해도 과언이 아니다. 특히 계곡 중간에 자리 잡은 복호등폭포는 조무락골의 아름다움을 대표한다.

1. 조무락골 초입은 무분별한 불법 시설물이 철거되고, 쉼터로 새롭게 단장했다.
2. 초입의 임도 구간을 지나면 잠시 시야가 열리면서 화악산이 보인다.
3. 입구에서 20분쯤 계곡을 따라 들어가면 조무락펜션이 나온다.
4. 오월의 계곡에는 야광나무가 펴 눈부시게 빛난다.

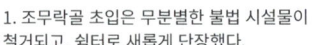

전 구간이 비경인 조무락골

조무락골은 화악산 또는 석룡산을 오를 때 거치는 길이다. 하지만 여름철이라면 느긋하게 걸으며 계곡의 아름다움을 만끽하면서 복호등폭포까지 다녀오는 걸 추천한다. '조무락'이란 이름은 숲이 울창해서 산새들이 조무락(사투리로 재잘거린다는 의미) 댄다고 해서 붙여진 이름이다. 새들이 춤추고 논다 해서 한자로 '鳥舞樂'이라 쓰기도 한다.

조무락골의 들머리는 시내버스 종점인 용수목 근처의 ①삼팔교다. 삼팔교를 건너자마자 우회전하면 조무락골로 입장한다. 조무락골 초입은 공사가 마무리 됐다. 조무락골이 경기도 관광 명소화 사업 대상지로 선정되면서 계곡에 무분별하게 들어선 불법 시설물이 사라져 깔끔해졌다.

몇 개의 펜션이 자리한 골목을 지나면 비포장 임도가 시작되면서 본격적으로 트레킹이 시작된다. 오른쪽 계곡으로 우렁찬 물소리가 들려온다. 폭포가 눈에 들어와 잠시 계곡 쪽으로 발걸음을 옮긴다. 계곡 암반에는 돌단풍이 가득하고, 작은 폭포가 걸려 있다. 계곡 초입인데도 원시적 느낌이 물씬 든다. 앞쪽으로는 야광나무가 한 그루가 흰 꽃을 가득 달고 있다. 마치 서치라이트처럼 계곡을 비추는 듯하다. 그렇지 않아도 화사한 계곡이 야광나무 덕분에 눈부시게 빛난다.

다시 임도를 따라 10분쯤 들어가니 시야가 넓게 열리며 앞쪽으로 화악산이 얼굴을 내민다. 멀리 화악산 꼭대기의 철탑이 보인다. 경기도 최고봉인 화악산은 조무락골, 화악산계곡, 석룡산과 중봉 등을 품은 큰 산이다.

10분쯤 더 들어가니 불쑥 ②·④조무락산장이 나온다. 너른 계곡을 품은 명당자리에 들어섰다. 산장을 왼쪽으로 둘러 좀 더 들어가면 식당인 조무락골산장이 나온다. 산장 앞이 삼거리다. 보통 석룡산 산행은 복호등폭포 방향으로 갔다가 왼쪽 길로 내려온다. 삼거리에서 이정표를 따라 복호등폭포 쪽으로 들어서면 울창한 잣나무 숲이 나온다. 미끈하게 쭉쭉 뻗은 잣나무들과 활엽수들이 사이좋게 어우러진다. 호젓한 산길은 완만한 오르막이라 힘들지 않다.

조무락골의 최고 절경을 품은 복호등폭포

잣나무 숲을 지나면 계곡을 건너야 한다. 제법 큰 돌이 징검다리처럼 놓여 있어 걱정 없다. 조심조심 징검다리를 건너 조금 더 오르면 커다란 바위가 놓여 있다. '독바위'라고 부르는 바위로 보는 각도에 따라 호랑이 얼굴처럼 보인다고 한다. 바위 표면이 마치 호랑이 가죽과 같은 무늬가 있어 신기하다.

독바위를 지나면 복호등폭포 갈림길이 나온다. 폭포는 등산로에서 오른쪽으로 50m쯤 들어가야 있다. 폭포로 가는 길은 유독 공기가 서늘하고 이끼와 고사리 같은 식물들이 가득해 심산유곡에 들어온 느낌이다.

폭포는 폭이 좁아 작은 폭포처럼 보인다. 하지만 조심조심 바위 지대를 건너 가까이 가서 보면, 높이가 약 20m에 이르는 4단 폭포다. 폭포 왼쪽의 바위 지대에 조심조심 오르면, 물보라를 일으키며 맹렬하게 떨어지는 상단의 숨은 폭포를 볼 수 있다. 그 위로 폭포가 더 있는지 보이지 않는다. 어쩌면 폭포가 더 있을 수 있다.

③복호등폭포는 호랑이가 엎드린 형상이라 붙은 이름인데, 실물과는 전혀 어울리지 않는다. 어쩌면 독바위처럼 폭포 주변에 호랑이 가죽 무늬의 바위가 많아서 그런 이름이 붙었을 수도 있다. 복호등폭포에서 주의 깊게 봐야 할 곳은 폭포 3단이 떨어지는 소다. 작은 소지만, 이끼가 가득해 원시적 느낌을 물씬 풍긴다. 재밌는

건 이끼의 모양이 하트처럼 생겼다는 것. 이끼 하트 가운데를 흰 폭포수가 떨어지는 모습이 신비롭기 그지없다. 과연 복호등폭포는 조무락골의 최고 절경이자 보물이라 해도 과언이 아니다.

초록 아트를 만나니 조무락골의 무슨 큰 비밀이라도 푼 듯 기분이 좋아졌다. 콧노래 흥얼거리며 올라온 길을 천천히 되짚어 내려간다. 빨리 내려가기 아까워 천천히 걷는다. 우렁찬 물소리가 자꾸 배낭을 잡아끈다. 저멀리 ⑤삼팔교가 보인다.

5. 조무락골에는 울창한 활엽수 말고도 건강한 잣나무가 많다.
6. 조무락골에서 복호등폭포로 가는 짧은 길은 서늘한 한기가 내려오고, 식생이 풍성해 원시적 느낌을 물씬 풍긴다.
7. 산장 앞 삼거리에 있는 이정표. 복호등폭포 쪽으로 가면 된다.
8. 조무락골의 보물인 복호등폭포. 약 20m 높이의 물줄기가 4단 폭포를 이룬다.

코스 정보 COURSE DATA

길잡이

느릿느릿 복호등폭포까지 걸으며 조무락골의 아름다움을 만끽하는 코스다. 조무락골은 식생이 좋아 수량이 풍부하고, 크고 작은 폭포와 소, 담 등이 이어진다. 삼팔교부터 복호등폭포까지 전 구간이 비경이라 해도 과언이 아니다. 산행은 삼팔교 ▶ 복호등폭포 ▶ 석룡산 ▶ 조무락골산장(식당) ▶ 삼팔교 코스를 추천한다. 거리는 11.4㎞, 6시간쯤 걸린다.

고도표

교통

자가용은 46번 국도와 가평 북면을 거쳐 삼팔교에 닿는다. 주차장이 따로 없기에 용수동 삼팔교 부근 적당한 곳에 세워야 한다. 조무락골 안에는 주차 공간이 없으니 들어가지 않는 게 상책이다. 대중교통은 가평역(가평터미널)에서 용수동행 시내버스가 1일 3회(06:15 · 11:50 · 17:05) 운행하며, 1시간쯤 걸린다. 일단 가평역에서 북면 목동터미널까지 가는 게 좋다. 목동터미널에서 용수동행 버스는 1일 5회(06:35 · 09:20 · 12:10 · 15:30 · 17:25 · 19:00) 있다. 용수동에서 목동터미널 가는 버스는 1일 5회(07:20 · 10:10 · 13:00 · 16:20 · 18:10)에 있다. 버스 문의는 031-582-2308.

맛집

가평읍의 청대문(전화 031-582-5157)은 시래기 전문 음식점이다. 주문과 함께 조리를 시작하고, 시래기불고기정식과 시래기보쌈정식 등이 주메뉴다. 1인 메뉴로 시래기탕이 있다. 조무락골에서 자란 싱싱한 식재료로 엄나무백숙, 두부전골 등을 내놓는 조무락골산장(전화 010-2679-5007)도 괜찮다.

코스 지도 COURSE MAP

걷기 좋은 호젓한 숲길이 이어지는 조무락골.

용추구곡 찾으며 세상 시름을 잊어보자
가평 연인산 용추계곡

100대 명산

코스 가이드 COURSE GUIDE

주소	경기도 가평군 가평읍 승안리 일대
코스	1곡 와룡추(용추폭포) > 3곡 탁영뢰 > 6곡 추월담 > 9곡 농원계 > 6곡 추월담
총 거리	12km(자가용 10km, 도보 4km)
시간	2시간
난이도	쉬워요
좋을 때	봄~가을
원점 회귀	○

용추계곡 1곡 와룡추. 바위와 폭포, 소가 어우러져 절경을 이룬다.

전국에 용추계곡이란 이름이 붙은 곳이 많다. 문경 대야산의 용추계곡이 유명하고, 함양 금원산의 용추계곡도 명성이 높다. 수도권에서는 가평에 용추계곡이 있다. 지형적으로 연인산과 칼봉산, 매봉이 계곡을 병풍처럼 두르고, 15km가 넘는 계곡이 가평천 합류점까지 구절양장 흐른다. 그중 백미는 9가지 명소를 꼽은 용추구곡이다. 용추구곡 트레킹은 상류까지 차가 들어갈 수 있기에 자가용 드라이브와 걷기를 함께하는 걸 추천한다.

1. 용추계곡은 스케일이 크고, 중간중간 너른 소가 펼쳐진다.
2. 3곡 탁영뢰. 단군의 아내 용녀의 이야기가 전해 내려온다.
3. 2곡 무송암은 생김새가 남근 같다. 아이 없는 여인이 빌면서 바위를 떼어먹으면 아이가 생긴다는 전설이 있다.
4. 4곡 고슬탄. 물소리가 북소리와 거문고 소리 같아 붙여진 이름이다. 현재는 그런 모습을 찾아보기 어렵다.

1곡 와룡추, 용추계곡 이름 낳은 폭포

용추계곡은 누구나 찾아와 물놀이를 즐기고, 더위를 피할 수 있다. 용추계곡이 경기도 관광 명소화 사업 대상지로 선정되면서 계곡에 무분별하게 들어선 불법 시설물이 사라져 깔끔해졌다. 용추계곡은 구한말 성재 유중교, 김평묵, 유인석 등 당대 인재들이 용추계곡 풍광에 반해 풍류를 즐겼다고 전해진다. 유중교는 "무릉도원이 따로 없고 이곳에 있으면 세상 시름을 잊을 만하다"라고 하며 아홉 경치를 꼽아 용추구곡을 이름 지었다.

용추계곡 초입에 연인산 탐방안내소가 들어섰고, 계곡 여러 곳에 공용 주차장이 생겼다. 주차 걱정 없이 편리하게 탐방을 즐길 수 있다. 용추구곡 트레킹은 우선 자가용으로 1곡 와룡추~6곡 추월담까지 찾아보고, 6곡 추월담부터 9곡 농원계까지 걸어서 둘러본다.

가평읍 시내를 지나 계량교를 건너 우회전하면 용추계곡으로 들어선다. 생각보다 길이 좁아 의아하지만, 2.8km쯤 올라가면 연인산 탐방안내소가 나온다. 제법 너른 터에 자리했고, 주차 공간도 널찍하다. 여기서 650m쯤 더 오르면 1곡 와룡추가 나온다. 도로 바닥에 빨간 글씨로 '1곡 와룡추'라고 쓰여 있어 알아보기 쉽다.

①·⑪ 1곡 와룡추는 흔히 용추 또는 용추폭포라 부른다. 용추계곡 이름을 탄생시킨 주인공이다. 폭포는 높이가 약 5m이고 안쪽으로 작은 폭포가 하나 더 있다. 우락부락한 바위의 깊게 파인 자국은 용이 누웠던 자리이고, 누웠던 용이 하늘로 승천하는 형상이라고 한다. 바위에 노송이 자라는 모습도 절경이다. 와룡추는 위험 때문에 출입을 통제한다. 멀리서 바라보며 입맛을 다실 수밖에 없다. 하지만 나머지 8곡은 접근이 가능하다.

6곡 추월담부터 걸어서 올라야

다시 차를 몰아 위쪽으로 조금 오르면 ②2곡 무송암이 나온다. 수려한 계곡 앞에 자리한 검은색 바위로 남근처럼 생겨 미륵바위라고도 불린다. 아이를 낳지 못하

5. 5곡 일사대. 깊은 소와 유장하게 흐르는 계곡이 어우러진다.
6. 6곡 추월담. 가을 달을 담은 소가 아름답다는 명소.
7. 6곡 추월담부터 차량 통행이 금지되고 호젓한 숲길이 이어진다. 징검다리를 걷는 사람들.
8. 7곡 청풍협. 푸른 숲과 계곡이 어우러져 붙여진 이름이다.
9. 8곡 귀유연. 하늘나라 옥황상제를 모시던 거북이가 내려와 놀던 곳이다.
10. 9곡 농원계. 물살이 흐르면서 노니는 계곡이다.

는 여인이 기도하고 바위를 떼어 먹으면 아이가 생긴다는 전설이 내려온다. 2곡 위쪽에 버스 종점이 있다. 가평읍에서 버스를 타면 이곳까지 들어온다.

③3곡 탁영뢰와 ④4곡 고슬탄은 도로가 생기면서 원형이 훼손되어 안타깝다. ⑤5곡 일사대는 계곡이 유장하게 굽이치는 지점에 자리한다. 주변에 차를 세우고 5분쯤 걸으면 이정표를 만날 수 있다. 계곡을 내려가는 길이 위험하므로 위에서 감상하는 게 좋겠다. 깊은 소와 크고 작은 바위들이 어울려 절경이다.

일사대 위쪽 ⑥·⑩6곡 추월담도 도로 옆에 자리한다. 가을 달을 담은 소의 정취가 일품이라는 명소지만, 옛 정취는 사라졌다. 추월담 주변의 공터에 차를 세우고, 트레킹에 나선다. 조금 올라가면 차량을 통제하는 쇠기둥이 나온다. 이어 계곡을 건너는 징검다리가 나온다. 거센 물살에도 끄떡없이 커다란 징검다리 돌이 든든하다. 징검다리 오른쪽 계곡 풍광이 예사롭지 않다. 가까이 다가서니 넓은 소와 작은 폭포, 그리고 반질반질한 암반이 어우러진 모습이 일품이다. 깊은 소에서 은은하게 뿜어져 나오는 물빛도 환상적이다. '윗용추'라 불러도 좋겠지만, 용추구곡에 들어가지 않는다. 뭔가 보물을 발견한 기분이다.

물이 노니는 9곡 농원계

다시 길을 나서면 울창한 숲이 펼쳐진다. 숲길 중에 ⑦7곡 청풍협이 있다. 서어나무와 단풍나무 사이로 맑은 계곡이 흐른다. 계곡에는 크고 작은 바위들이 흩어져 있어 우렁찬 물소리를 들려준다. 7곡에서 가까운 ⑧8곡 귀유연은 계곡 양쪽이 수직의 바위이고, 작은 폭포와 깊은 소가 어우러진다. 하늘나라 옥황상제를 모시던 거북이가 내려와 놀던 곳이란 전설이 내려온다.

8곡에서 9곡은 약 500m 거리다. 마지막 구곡을 보는 게 가까워 천천히 갔지만, 금세 도착했다. ⑨9곡 농원계는 물살이 흐르면서 노닌다는 뜻이다. 완만한 경사에 물살이 재잘재잘 흐르고, 제법 넓은 소를 거쳐 다시 졸졸 흐른다. 소 옆의 우뚝한 바위 위에서 노랑할미새가 엉덩이를 들썩들썩하며 지저귄다. 자신의 영역인 농원계에 찾아와 반갑다는 소리인 것 같다. 여기서 연인산 정상까지 7.3km다.

노랑할미새와 구곡에 안녕을 고하고 왔던 길을 되돌아간다. 용추계곡은 그 명성처럼 비경이 많아도 너무 많다. 그중 마음에 드는 곳 하나를 이름 짓고 갈 때마다 그곳에서 시간을 보내면 어떨까. '윗용추'라고 부른 곳에서 발을 담그며 트레킹을 마무리한다.

코스 지도 COURSE MAP

용추계곡은 호젓한 임도가 이어져 걷기 편하다.

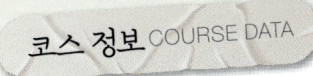

코스 정보 COURSE DATA

길잡이

용추계곡의 9가지 절경인 용추구곡을 둘러보는 코스다. 1곡~6곡은 자가용으로 약 1시간쯤 걸리고, 6곡~9곡은 걸어서 1시간쯤 걸린다. 1~9곡 전체를 걸어서 왕복하려면 12km, 5시간쯤 걸린다. 한여름 계곡을 첨벙첨벙 걷는 계곡 트레킹을 추천한다. 용추계곡 버스 종점에서 연인산까지는 11.7km, 5시간 넘게 걸리기에 준족들에게만 추천하고, 일반인은 우정고개를 넘어 마일리로 넘어가는 게 좋다.

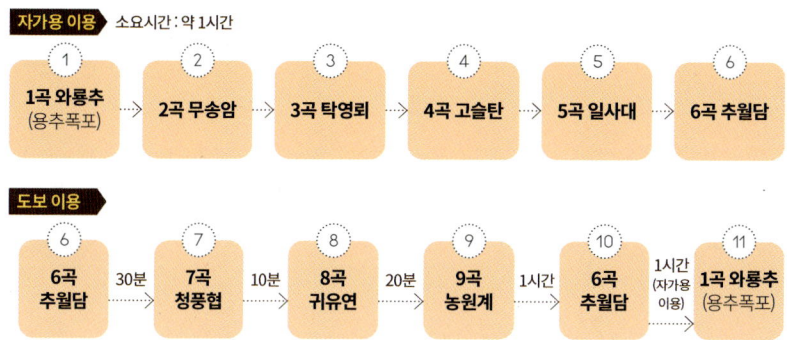

고도표

교통

자가용은 46번 국도와 가평읍을 거쳐 용추계곡에 닿는다. 군데군데 공영주차장이 있고, 잠시 주차하면서 1~6곡을 찾아보는 데 어려움이 없다. 6곡 추월담 일대에 작은 주차 공간이 있어 차를 세우고 걷는다. 대중교통은 가평역(가평터미널)에서 용추계곡행 시내버스가 06:55~18:50, 1일 8회 운행하며, 30분쯤 걸린다. 버스 문의는 031-582-2308.

맛집

가평읍 일대에 숯불닭갈비를 잘하는 집이 제법 있다. 용추계곡 초입의 온정리 닭갈비 금강막국수(전화 031-585-7910)가 제일 유명하다. 막국수는 가평 토박이들이 즐겨 찾는 두메막국수(전화 031-582-4188)가 잘한다. 오전 11시부터 오후 3시까지만 영업한다.

계절편 | 가을

오색 빛깔로 물든
단풍 따라 걷는

낭만 트레킹

불쾌하게 돌아앉은 서울 북부의 수호신
서울 수락산

100대 명산

수락산 정상은 그 풍광도 빼어나지만,
북쪽과 동쪽으로 의정부와 가평의 산들이 빚어내는 첩첩 산세가 장관을 이룬다.

코스 가이드 COURSE GUIDE

주소	서울시 노원구 상계동·경기도 의정부시 남양주시 별내면 일대
코스	수락골 > 정상 > 노원골
총 거리	7.6km
시간	3시간 30분
난이도	무난해요
좋을 때	사계절
원점 회귀	×

1. 깔딱고개에서 험준한 암릉을 오르면 만나는 배낭바위. 사람이 배낭을 멘 모습이다. 배낭바위는 정상이 가까워졌다는 신호다.
2. 수락산은 북한산과 도봉산을 마주 보고 있다.
3. 계곡미가 일품인 수락골의 벽운동계곡.

수락산(640.6m)은 아기자기한 기암들이 빚어내는 조화가 아름다운 산이다. 이웃한 불암산과 함께 서울로부터 고개를 돌린 듯한 형세를 보여, 조선 건국 당시 이성계는 '반역의 산'이라 부르기도 했다. 수락이란 이름은 주능선 암봉의 모양이 장수가 목이 잘린 것처럼 보인다 해서 수락首落으로 했다는 설과 산 동쪽 내원암 일대 계곡에 바위가 벽을 둘러치고 있어 물이 굴러 떨어지므로 수락水落이 되었다는 설이 전해진다. 한자 표기는 달라도 수려한 계곡과 기암의 모습에서 그 이름이 유래한 것임을 짐작할 수 있다.

혜경궁 홍씨가 머물렀던 벽운동계곡

지하철 7호선 수락산역 1번 출구는 수락골, 3번 출구는 노원골로 이어진다. 1번 출구로 나와 100m쯤 가면 '염불사 1,000m→'라고 쓰인 이정표가 보인다. 그 오른쪽 골목길은 등산객들에게 김밥과 족발 등을 파는 노점과 포장마차들이 들어서 난전 분위기를 물씬 풍긴다. 이 길을 통과하면 ①수락골 입구다. 계곡길을 따라 100m쯤 가면 덕성여대생활관이 보이고 그 앞에 우우당을 알리는 간판이 서 있다.

우우당은 조선 영조 때 영의정을 지낸 홍봉한이 이곳 계곡에 지은 별장이지만, 지금은 담장 너머로 쇠락한 건물만 볼 수 있다. 수락골의 옛 이름은 벽운동계곡으로 서울 근교에서 알아주는 명소였다. 홍봉한의 맏딸이자 정조의 생모 혜경궁 홍씨도 어린 시절 이곳에서 서정성을 키웠고, 훗날 <한중록>과 같은 작품을 남겼다.

우우당을 지나면 염불사가 나오는데, 등산로는 절 아래로 이어지며 본격적인 계곡이 펼쳐진다. 쏴~ 하는 물소리가 제법 크다. 수락산은 바위산이라 나무가 많지 않지만, 계곡이 깊어 수량이 풍부한 편이다. 계곡 주변의 크고 넓은 너럭바위들에 산꾼들이 옹기종기 앉아 담소를 나누는 모습이 보기 좋다.

마지막 매점을 지나 신선교 목계단을 건너면 제법 길이 가팔라진다. 20분쯤 거친 돌길을 오르면 넓은 공터인 ②새광장이다. 이곳에서 길이 갈리는데, 깔딱고개로 가려면 왼쪽 길을 잡아야 한다.

새광장에서 ③깔딱고개까지는 20분쯤 걸리는데, 이름처럼 숨이 꼴딱 넘어가는 된비알이다. 이 길은 수락산 정상으로 가는 가장 짧은 길이라 오르내리는 사람들이 많다. 길은 험하지만 본격적으로 수락산의 아기자기한 암릉이 시작된다. 15분쯤 낑낑 오르면 사람 크기의 손가락바위가 눈에 들어온다. 손가락처럼 보이기도 하지만 보는 각도에 따라 남성의 상징처럼 보이기도 한다. 지나는 사람마다 기념사진을 찍고 바위를 만지며 즐거워한다.

다시 로프를 잡고 능선을 기어오르면 커다란 바위가 나온다. 생김새가 북한산 사모바위와 비슷한데, 능선에서 보면 마치 배낭처럼 보인다고 해서 배낭바위라고도 불린다. 바위 옆으로 난 목계단을 따라 오르면 철모바위가 있는 주능선 삼거리에 올라붙게 된다. 수락산에서 가장 통행이 많은 곳으로, 라면과 막걸리를 파는 간이 매점이 자리 잡고 있다.

여기서 산길은 정상까지 갔다가 다시 삼거리로 돌아와 남쪽으로 이어진 주능선으로 따르게 된다. 순한 능선을 따르다 좁은 암릉길을 오르면 곧바로 정상이다.

정상에서 도솔봉까지 이어진 바위 전시장

④정상에는 약 3m 높이의 둥근 기암이 서 있고, 그 위에 태극기가 걸려 있다. 그 밑에 '수락산 주봉 637m'라고 새긴 조그만 표지석이 있다. 동쪽으로 북한산에서 도봉산으로 이어진 능선이 거대한 장벽을 이룬다. 그리고 북쪽 의정부 방향과 북동쪽 가평의 산들이 그리는 첩첩 산세가 장관이다.

다시 삼거리로 돌아와 철모바위 앞에서 주능선을 따른다. 여기서 도솔봉까지 약 1.4km, 수락산이 자랑하는 아기자기한 암릉길이다. 20분쯤 내려오면 거대한 바위 군락지를 만나는데, 이곳에 수락산 명물 바위들이 모여 있다. 코끼리바위 위에는 아기코끼리가 올라앉아 있고, 그 앞에는 거대한 계란 모양의 하강바위가 우뚝하다. 리지를 즐기는 산꾼들이 여기서 하강 연습을 한다고 해서 그런 이름이 붙었다. 치마바위와 수락골 갈림길을 지나 10분쯤 가면 ⑤도솔봉 직전 갈림길을 만난다. 도솔봉을 오른쪽으로 우회하면 왼쪽으로 탱크바위가 보이면서 길은 흙길로 바뀐다. 이제부터는 휘파람이 절로 나는 완만한 능선길이다. 15분쯤 내려오면 큰 철탑이 보이고, 그 왼쪽으로 용굴암 가는 길이 갈린다. 학림사를 거쳐 당고개역으로 하산하려면 용굴암 방향을 따르면 된다. 10여 분 더 능선을 타고 내려오면 ⑥노원골로 내려서는 길이 나온다. 움푹 팬 바위에 고인 시원한 약수 한 잔을 들이켜고 40분가량 노원골을 따르면 노원골약수터와 '천상병 길'을 차례로 만난다. 천상병의 시를 읊조리면서 노원골을 따르면 수락산역 3번 출구를 만나면서 트레킹이 마무리된다.

4. 수락산은 철로프를 잡고 험준한 암릉을 오르내린다.
5. 정상에서 치마바위로 내려가는 길의 거대한 바위는 마치 UFO 같다.
6. 수락산의 시원한 암릉 너머로 삼각뿔처럼 우뚝 솟은 불암산.
7. 하강바위 앞에 있는 코끼리바위. 바위 꼭대기에 얹어진 작은 바위는 아기코끼리바위다. 중앙에서 왼쪽으로 바위 사이에 끼인 삼각형의 바위는 종을 닮았다고 해서 종바위다.

코스 정보 COURSE DATA

길잡이

수락산 코스는 지하철 7호선 수락산역 1번 출구 ▶ 수락골 ▶ 새광장 ▶ 깔딱고개 ▶ 정상 ▶ 철모바위 ▶ 도솔봉 직전 갈림길 ▶ 노원골 ▶ 수락산역 3번 출구. 총 거리는 7.6㎞, 3시간 30분쯤 걸린다. 수락산역 원점 회귀 코스이며 정상에서 지하철 7호선 장암역 또는 지하철 7호선 당고개역 방향으로 내려갈 수도 있다.

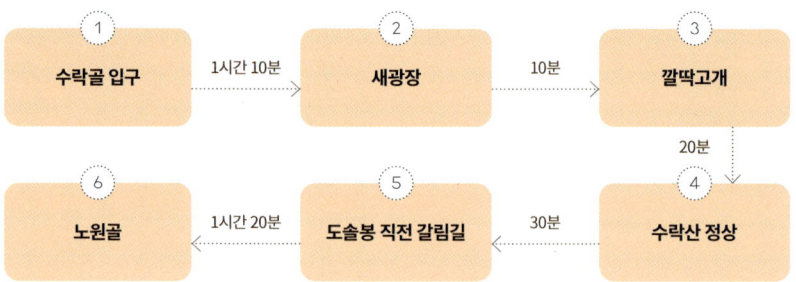

교통

가장 편리한 것은 지하철 7호선 수락산역을 이용해 코스로 진입하는 것. 수락산역 1번 출구는 수락골, 3번 출구는 노원골로 이어진다. 1번 출구로 나와 도보로 100m 이동해 염불사 방향 이정표를 따라 움직이면 수락골 입구다.

맛집

지하철 수락산역 3번 출구 근처의 평양칼국수(전화 02-937-5002)는 산꾼들은 물론 인근 주민들의 맛집이다. 김치, 소고기, 돼지고기 등의 재료를 국산만 고집한다.

코스 지도 COURSE MAP

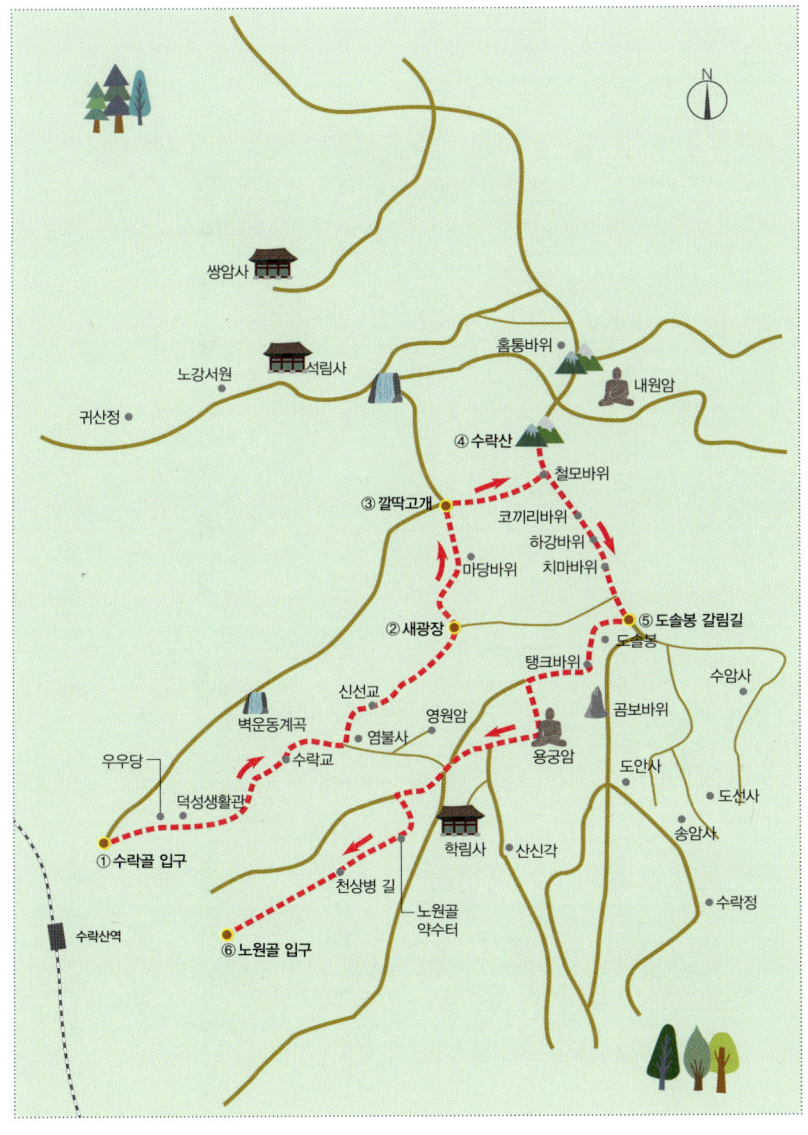

원효와 요석공주의
로맨스가 서린 단풍 명산
동두천 소요산

100대 명산

코스 가이드 COURSE GUIDE

주소	경기도 동두천시, 포천시 청산면
코스	매표소 > 공주봉 > 의상대 > 매표소
총 거리	7.5km
시간	3시간 30분
난이도	조금 어려워요
좋을 때	10월 중순 > 말(단풍), 봄(신록)
원점 회귀	○

의상대를 지나면 펑퍼짐한 나한대가 보이고, 오른쪽 멀리 포천 왕방산이 펼쳐진다.

1. 일주문 일대는 단풍이 곱기로 유명하다.
2. 일주문을 지나면 만나는 원효폭포와 원효굴.
3. 공주봉 가는 길에 만나는 너럭바위 전망대. 오른쪽으로 소요산 최고봉 의상대가 시원하게 펼쳐진다.
4. 의상대는 마지막 바위 구간을 네 발로 올라야 한다.

소요산(587m)은 동두천시 북동쪽에 병풍처럼 펼쳐진 산이다. 자연경관이 빼어나 예부터 '경기 소금강'이라 불려왔고, 특히 가을철 단풍 풍광이 아름답기로 유명하다. 소요산은 여러모로 내장산과 비슷하다. 절을 중심으로 말발굽형을 이루는 산세, 일주문을 중심으로 형성된 단풍 터널, 산에 골고루 퍼진 단풍나무 등이 닮았다. 소요산 지하철역에서 가까워 사계절 많은 사람이 찾는다.

내장산과 비슷한 산세와 단풍

소요산을 이야기할 때 빼놓을 수 없는 사람이 원효대사다. 645년 원효대사가 소요산에 들어와 관음보살을 친견하고 소요사를 세워 훗날 소요산이란 이름이 나왔다. 소요산에는 중대암(中臺庵), 소운암(小雲庵), 소요암(逍遙岩), 영원사(靈源寺) 등 많은 사찰과 암자가 있었다고 전한다.

소요산은 덩치는 작지만 산세는 제법 험하다. <동국명산기>에 '골짜기와 봉우리가 모두 돌'이라고 적혀 있고, '봉선사 본말사지 소요산기'에 '골짜기 어귀 버려진 샘가에 돌난간이 있고, 산으로 들어서면 산도 온통 돌로 이뤄져 있다. 묏부리도 돌이요 골짜기도 돌, 등성이 다리 할 것 없이 모두 돌이다. 산에 소나무, 단풍나무, 철쭉이 많다'고 기록하고 있다.

산자락에는 자재암, 백운암 등 천년 고찰을 비롯해서 요석공주 전설이 어린 요석궁터, 원효폭포, 원효대, 청량폭포(옥류폭포), 자연 석굴인 나한전, 선녀탕과 선녀폭포, 구절터, 금송굴 등 명소들이 줄줄이 이어져 있다. 선녀탕과 선녀폭포는 규모가 작아 볼품없어 보이지만, 가을철에는 그 주변으로 유독 고운 단풍이 물든다.

소요산 들머리는 지하철 1호선 소요산역. 역에서 길을 건너 음식점 거리를 통과하면 조그만 비각이 보인다. 3·1운동 당시 1,000여 명의 군중을 인솔해 만세운동을 벌인 애국지사 홍종문 선생의 추모비다. 추모비를 지나면 주차장 진입로를 따라 관광지원센터 앞에 닿는다. 이곳에서 소요산 지도가 잘 나온 안내서를 챙긴다.

양쪽으로 단풍나무가 어우러진 진입로를 따르면 요석궁터를 지난다. 요석궁터는 절에서 정진 중인 원효대사를 우러르며 요석공주와 아들 설총이 머물렀다는 집터를 말한다. ①매표소를 통과하면 흐드러진 단풍이 반기고 그 빛은 일주문 일대에서 절정을 맞는다. 서예가 일중 김충현 선생이 썼다는 '소요산 자재암(逍遙山 自在庵)'이라 쓰인 바깥쪽 현판과 '경기소금강(京畿小金剛)'이라 쓰인 안쪽 현판이 걸려 있다.

일주문을 들어서면 왼쪽 바위벼랑 아래에 급수대가 있다. 식수는 여기서 준비한다.

급수대를 지나면 갈림길. 우선 앞쪽의 ②원효폭포와 원효굴을 구경한다. 약 15m 높이의 원효폭포가 제법 넓은 웅덩이로 시원하게 쏟아지고, 그 옆의 수직 절벽에는 원효대사가 수행했다는 원효굴이 있다. 다시 갈림길로 돌아가 속리교를 건너 소요산 안내도 앞 삼거리에 닿는다.

삼거리에서 왼쪽 가파른 계단길은 자재암으로 가는 길이다. 공주봉은 오른쪽 자연보호비 옆의 계곡길을 따른다. 계곡길에는 단풍나무가 많아 주변을 붉게 물들인다. 10분쯤 오르면 나오는 구절터(옛 절터)에는 오래된 석축 일부가 남아 있고, 뒤로는 병풍처럼 절벽이 두르고 있다. 구절터부터 코가 땅에 닿을 듯한 오르막이 한동안 이어진다. 로프를 잡고 20분쯤 오르면 너럭바위 전망대에 오른다.

분재와 같은 6~7그루 소나무와 어우러진 너럭바위에서는 소요산 최고봉 의상대가 펼쳐지고, 그 아래 선녀탕 협곡으로 자재암이 살짝 보인다. 여기서 15분쯤 더 오르면 ③공주봉 정상이다. 정상에는 넓은 목재 데크가 깔려 있어 점심 먹는 장소로 제격이다. 공주봉에서 능선길이 시작되지만, 굴곡이 심하다. 의상대가 마주 보이는 절벽 위에서 산길은 오른쪽 급경사 바위지대 우회길로 곤두박질하듯 내려간다. 철난간과 로프를 잡고 내려와 5분쯤 더 가면 구절터 위 삼거리에서 올라오는 길과 만나는 안부삼거리에 닿는다.

의상대에서 내려오면서 만난 단풍. 소요산은 단풍 명산이다.

원효대사가 창건한 유서 깊은 자재암

안부에서 잠시 호젓한 길이 이어지다 급경사 나무 계단을 오르면 소요산 최고봉 ④의상대 정상이 코앞이다. 여기서 험한 바위지대를 네 발로 기어오르면 대망의 정상에 올라선다. 서쪽으로 공주봉과 마차산이 펼쳐지고, 동쪽으로는 소요산의 모산인 왕방산과 국사봉이 아스라하다.

의상대에서 내려오면 바위틈에서 잘 자란 노송 지대를 지나 나한대에 올라선다. 나한대를 지나면 입이 쩍 벌어지는 급경사 지대를 내려오게 된다. 로프를 잡고 10분쯤 조심조심 내려오면 안부삼거리. 상백운대를 거쳐 원점 회귀하려면 계속 능선을 밟는다. 왼쪽 부드러운 길이 하산길이다.

잠시 호젓한 산길은 급경사 내리막으로 바뀐다. 20분쯤 너덜지대 같은 길을 내려오면 선녀탕 입구다. 여기서 선녀탕까지 300m라고 적혀 있지만, 실제로는 150m쯤 된다. 선녀탕은 작고 옹색해 이름값을 못하지만 가을철에는 그 주변으로 단풍이 화려하게 물든다. 한 늙수그레한 아저씨가 선녀탕 앞에 주저앉아 소주병 병나발을 불고 있다. 영락없이 선녀를 떠나 보낸 나무꾼처럼 보여 빙그레 웃음이 지어졌다. 선녀탕을 보고 내려오면 자재암에 닿는다.

원효대사가 창건했다고 전하는 ⑤자재암에는 거대한 바위가 우뚝하다. 그 바위의

선녀탕 주변은 단풍나무가 많아 화려한 빛을 내뿜는다.

천연 동굴은 원효대사의 수행처였으며 지금은 나한전이 자리한다. 건물 툇마루에 편안하게 앉아 쉬는 사람들의 모습이 보기 좋다. 자재암에서 108계단을 따라 내려오면 원효대가 있다. 원효대에서 잠시 조망을 감상하고 내려오면 일주문과 ⑥매표소를 만나면서 트레킹이 마무리된다.

코스 지도 COURSE MAP

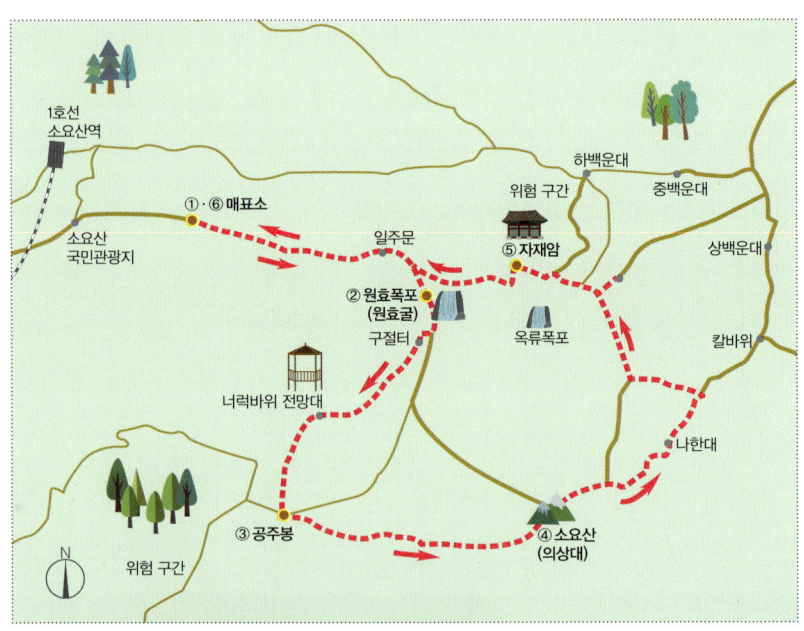

원효대사가 관음보살을 친견하고
창건했다는 전설이 내려오는 자재암.

코스 정보 COURSE DATA

길잡이

소요산 등산 코스는 의상대, 공주봉, 나한대, 상백운대, 중백운대, 하백운대를 모두 들러 원점 회귀 하는 종주 코스가 널리 알려져 있다. 하지만 워낙 길이 험하니 숙련자에게 적당하다. 일반인은 종주 코스의 2/3쯤 되는 매표소 ▶ 공주봉 ▶ 의상대 ▶ 나한대 ▶ 자재암 ▶ 매표소를 원점 회귀하는 코스를 추천한다.

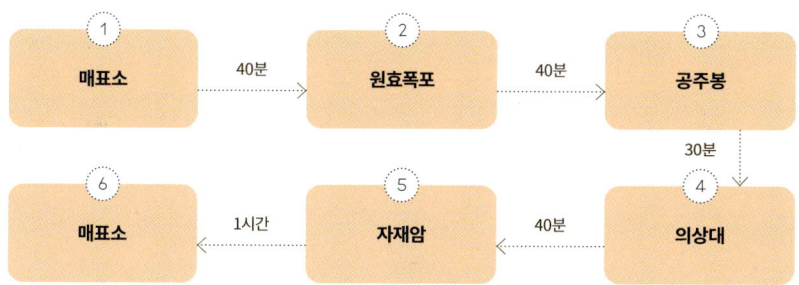

교통

자가용은 지역에 따라 서울외곽순환도로, 동부간선도로 등을 이용해 3번 국도를 타고 소요산에 이른다. 대중교통은 1호선 지하철을 이용하는 것이 편리하다. 시청역에서 소요산역까지 1시간 20분쯤 걸린다.

맛집

소요산 입구의 동두천맛거리에는 다양한 식당들이 몰려 있다. 토가(전화 0507-1415-4760)는 버섯 전골을 잘하며, 동두천부대찌개(전화 031-862-5233)는 저렴하고 푸짐한 부대찌개로 일가를 이룬 집이다.

치욕의 역사 딛고 거듭난 산성의 걸작
광주 남한산성
유네스코 세계문화유산

코스 가이드 COURSE GUIDE

주소	경기도 광주시 남한산성면 산성리 일원
코스	산성로터리 > 수어장대 > 장경사신지옹성 > 산성로터리
총 거리	8.7km
시간	3시간 30분
난이도	무난해요
좋을 때	가을(10월 중순~말), 봄
원점 회귀	○

남한산성의 숨은 보물인 봉암산성은 쓸쓸한 가을 느낌을 물씬 풍긴다.

1. 수어장대에서 서문 가는 길에 만나는 산성의 S라인.
2. 서문 일대의 성곽. 남한산성에선 삼국시대부터 조선에 이르기까지 다양한 축성기술을 엿볼 수 있다.
3. 남한산성행궁 좌전 뒤편에서 바라본 행궁 풍경.
4. 장대 중 유일하게 남은 수어장대. 투박하고 단단한 느낌을 준다.
5. 서문 앞의 전망대에서 바라본 서울의 모습.

우리 역사에서 남한산성만큼 치욕스러운 상처를 간직한 곳도 드물다. 1637년 병자호란의 굴욕을 겪었고, 조선 후기에는 천주교 박해 사건이 있었으며, 군사정권 시절엔 육군교도소가 들어서기도 했다. 하지만 원형이 잘 보존된 지금의 남한산성은 숲과 문화유산이 어우러진 서울 근교의 대표 명소로 자리 잡았다. 2014년 6월에는 유네스코 세계문화유산으로 지정되어 그 가치를 전 세계적으로 인정받았다. 남한산성 트레킹은 사계절 좋지만, 특히 가을철 단풍과 산성이 어우러진 모습은 깊은 울림을 준다.

조선시대 한양을 지키는 동쪽 요새

조선시대에 한양을 지키는 4대 요새는 북쪽의 개성, 남쪽의 수원, 서쪽의 강화, 동쪽의 광주였다. 그중 경기도 광주는 남한산성을 말한다. 남한산성이 우리에게 더 특별한 것은 뼈아픈 패배의 역사가 담겨 있기 때문이다. 1637년 인조는 남한산성에서 47일간 항전하다가 항복하고 만다. 남한산성의 성문을 열고 송파의 삼전도(三田渡)로 나가 청 태종에게 무릎을 꿇었다.

남한산성은 예로부터 백제 온조왕 때의 성으로도 알려졌다. '백제 온조왕 13년에 산성을 쌓고, 남한산성이라 부른 것이 처음'이라는 구절이 <고려사>와 <세종실록지리지> 등에 나온다. 학계에서는 673년(신라 문무왕 13) 한산주에 쌓았다는 주장성(晝長城, 일명 일장성)을 지금의 남한산성으로 추정하고 있다.

남한산성은 인조가 작정하고 정비한 천혜의 요새다. 당시 국제적으로는 후금의 위협이 고조되는 상황이었고, 국내적으로는 이괄의 난 때 인조가 한양을 빼앗기고 충남 공주에 있는 공산성으로 피하는 수모를 겪었다. 남한산성은 1624년(인조 2)부터 축성 공사를 시작해 2년 만인 1626년에 완공했다. 성은 스님들이 쌓았다. 당시 승병을 총괄하는 승도청(僧徒廳)에서 벽암대사 각성(1575~1660)을 중심으로 한 전국의 승병들이 산성을 쌓았다.

트레킹의 출발점은 ⑨산성로터리다. 출발에 앞서 남한산성행궁을 둘러보는 게 좋다. 산성로터리 일대는 나들이객과 산꾼들로 북적이지만, 행궁 안에는 의외로 사람이 적다. 본래 행궁은 임금이 거처하는 상궐 73칸, 하궐 154칸의 행궁과 행궁을 지키는 수어청 등 총 227칸에 달하는 거대한 규모였다.

일부 복원된 건물과 후원 등을 구경하고 나오면 발걸음이 저절로 행궁 오른쪽 골목으로 간다. 주변으로 단풍이 빼어나기 때문이다. 그 길 끝에 좌전(左殿)이 자리한다. 건물 뒤로 기품 있는 소나무들이 둘러싸고 있다. 좌전은 왕실 사당인 종묘다. 유사시에 종묘의 역할을 대신한다. 서울의 종묘처럼 왼쪽에 영녕전을 두고, 오른쪽에 정전에 두었다. 좌전의 뒤편 담벼락에서 바라보는 행궁의 모습이 근사하다.

남한산성 유일한 장대, 수어장대

좌전 뒤쪽으로 산길이 나 있다. 알려지지 않은 호젓한 길이다. 조금 오르면 침괘정에 닿는다. 침괘정 주변에 무기고나 무기 제작소가 있었던 것으로 추정되며, 이 자리가 온조왕의 왕궁이었다는 전설이 내려온다.

이어 아래어정 약수터에서 목을 축이고, 숲길을 휘휘 돌면 울창한 솔숲을 만난다. 이렇게 울창한 솔숲은 우리나라 어디에서도 드물다. 솔숲을 지나면 ⑨수어장대(守禦將臺)에 닿는다. 2층 구조로 층간 높이는 낮지만, 야무지게 버티고 선 모습이 위풍당당하다. 수어장대는 남한산성 축성과 함께 축조된 동·서·남·북의 4개 장대 중 유일하게 남았다.

본래 단층 건물로 서장대라 불렀는데, 영조 27년(1751)에 2층 누각을 증축하며 외부 편액은 수어장대, 내부 편액은 무망루(無忘樓)라고 이름을 붙였다. 무망루 편액은 따로 떼어 수어장대 오른쪽에 전시했다. 무망루 이름은 병자호란 때 인조가 겪은 시련과 청나라에 볼모로 끌려갔던 효종의 원한과 비통함을 잊지 말자는 뜻이다.

수어장대에서 서문으로 가는 길은 성곽의 오묘한 곡선과 울창한 소나무가 어우러져 발걸음을 즐겁게 한다. 소나무 사이로 의외로 단풍나무가 많다. 모퉁이를 돌면 성 밖의 도심 지대가 펼쳐지고, 다시 모퉁이를 돌면 울창한 숲이 번갈아 나타난다.

⑨서문은 남한산성 4대문 중 하나다. 4대문 외에도 16개의 암문, 4개의 장대를 만들었다. 암문(暗門)은 대문을 달지 않고 정찰병들을 내보냈던 문이다. 예전에는 돌로 막아 뒀다고 한다. 16개나 되는 암문은 얼마나 철저하게 전쟁에 대비했는지를 짐작하게 해준다.

서문은 병자호란 당시 인조가 청나라에 항복하러 나갔던 문이다. 성문이 낮아 머리를 숙여야 했고, 길이 가팔라 말에서조차 내려야 했다고 전한다. 서문을 나와 성벽을 따라 오른쪽 언덕에 오르면 서울이 한눈에 잡히는 전망대가 있다. 왼쪽으로 청계산에서 관악산이 펼쳐지고, 중앙에는 한강이 흐르며, 남산·인왕산·북악산이 옹기종기 붙어 있다. 그 오른쪽으로 서울의 수호신인 북한산과 도봉산이 흘러간다.

서문을 지나면 작은 암문이 나오는데, 그곳으로 나가면 ⑨연주봉옹성이 나타난다. 옹성은 성문을 보호하고 성벽을 기어오르는 적을 측면에서 공격하기 위한 돌출된 방어시설이다. 보통 평지 읍성에 주로 설치하는데, 산성으로는 남한산성이 유일하다. 연주봉옹성 정상에 서면, 하남시 일대와 도도히 흐르는 한강의 모습이 펼쳐진다. 반대로 고개를 돌리면 산속에서 유장한 곡선을 그리는 성곽의 모습이 장엄하다.

옹성을 나와 다시 본성을 따르면 북장대 터에 올라선다. 이 일대는 아름드리 소나무들이 빽빽하다. 산성 안의 나무들은 마을 주민들이 '금림조합'을 만들어 순산원을 두고 도벌을 막아 보호한 덕택에 지금처럼 건강하게 살아남았다. ⑨북문을 지나면 길은 호젓해지고 인적도 뜸해진다.

남한산성의 숨은 보물, 봉암산성과 벌봉

옥정사지를 지나면 예전 군인 초소인 2군포 터가 나온다. 이 앞에 4암문이 있다. 여기서 ⑨동장대암문(3암문)까지가 급경사 오르막으로 남한산성을 통틀어 가장 가파르다. 벌봉으로 가려면 동장대암문 밖으로 나가야 한다. 성 밖 오른쪽 산성길을 따르면 12암문이 나온다. 이곳을 통과하면 본성을 벗어나 봉암산성을 따르게 된다. 남한산성의 둘레는 11.76km, 총면적 2.3㎢에 이른다. 본성 외에도 외곽 산성인 봉암산성과 한봉산성이 있었다. ⑨벌봉으로 이어진 이 길이 남한산성의 숨은 절경이

6. 여러 옹성의 존재가 남한산성의 특징 중의 하나다. 조망이 일품인 연주봉옹성.
7. 단풍과 남한산성의 유장한 곡선이 어우러져 장관을 이룬다.
8. 남한산성에서 가장 단풍이 멋진 벌봉 가는 길.
9. 청태종이 깨뜨렸다는 전설이 내려오는 벌봉.

다. 인적이 뚝 끊기고 길은 순하다. 길섶 양쪽으로 허물어진 봉암산성이 쓸쓸한 분위기를 돋운다.

벌봉 가는 길은 울창한 활엽수 지대다. 바닥에 묵은 낙엽이 가득하고, 나무들마다 화려한 단풍을 매달고 있다. 가을철에 이 길을 놓칠 수 없다. 벌봉 정상에 큰 바위가 우뚝 서 있다. 여기에 올라서면 하남시 일대와 검단산과 한강이 시원하게 펼쳐진다. 병자호란 당시에 청 태종은 조선의 정기가 이 바위에 서려 있음을 간파하고, 깨뜨려 전쟁에서 승리했다고 전해진다. 실제로 바위 가운데가 쩍 갈라져 있다.

다시 동장대암문으로 돌아와 15분쯤 내려가면 작은 암문이 보일 듯 말 듯 숨겨져 있다. 이 암문을 나오면 ⑧장경사신지옹성이 펼쳐진다. 유장하게 흐르는 옹성의 곡선미가 일품이다. 옹성 너머로 잘생긴 광주의 산들이 시원하게 펼쳐진다. 이어지는 급경사를 조심조심 내려오면 장경사를 만나고, 이윽고 동문에 다다른다. 동문에서 도로를 따라 조금 오르면 ⑨산성로터리를 만나면서 트레킹이 마무리된다.

코스 지도 COURSE MAP

코스 정보 COURSE DATA

길잡이

남한산성 트레킹은 취향과 체력에 따라 다양한 코스를 잡을 수 있다. 길게 타려면 지하철 5호선 마천역에서 출발해 서문 쪽으로 들어올 수 있다. 본문에 소개한 산성로터리를 기점으로 수어장대 ▶ 서문 ▶ 벌봉 ▶ 동문을 돌아 원점 회귀하는 코스는 특히 가을철에 좋다. 걷기 쉬운 길이라 가족과 연인의 힐링 코스로 제격이다.

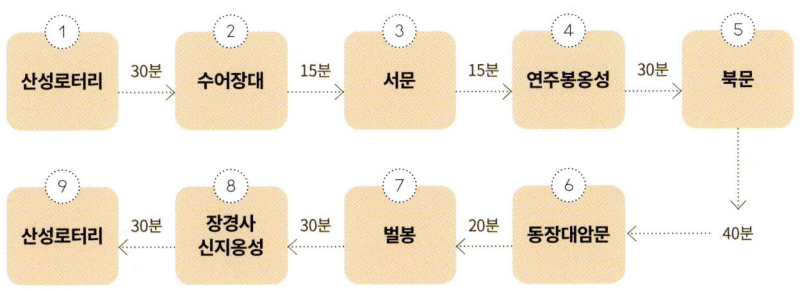

고도표

교통

자가용은 송파대로 또는 중부고속도로 하남IC 통해 산성로터리에 이른다. 대중교통은 지하철 8호선 산성역에서 내려 52번 또는 9번 버스를 이용하면 종점이 산성로터리다.

맛집

산성로터리 일대에 식당촌이 형성됐다. 오복순두부(전화 031-746-3567)와 주먹순두부(전화 031-748-8636)는 두부 요리를 잘한다. 낙선재(전화 031-746-3800)는 그윽한 한옥에서 한정식과 백숙 등을 먹을 수 있다.

미술관 옆 동물원,
동물원 옆 '동물원 둘레길'
서울동물원 둘레길

코스 가이드 COURSE GUIDE

주소 경기도 과천시 막계동 일대
코스 동물원 정문 > 호주관 > 숲속저수지 > 동물원 정문
총 거리 4.5km
시간 2시간
난이도 쉬워요
좋을 때 가을(단풍) 봄(신록)
원점 회귀 ○

동물원 둘레길은 동물원 외곽을 크게 한 바퀴 도는 길이다.
활엽수가 가득해 가을 산책 코스로 좋다.

1. 지하철역을 나오면 만나는 서울대공원의 입구. 종합안내소 건물 뒤로 청계산이 보인다.
2. 호숫가 둘레길은 과천호수를 한 바퀴 도는 길이다. 단풍이 담긴 호수의 풍광이 일품이다.
3. 종합안내소에서 동물원 방향으로 걷다 보면 '호숫가 둘레길'을 알리는 이정표가 보인다.
4. 삼림욕장 입구. 철문을 나가면 오른쪽으로 삼림욕장길, 왼쪽으로 동물원 둘레길이 시작된다.
5. 동물원 입구의 호랑이상. 왼쪽 뒤로 매표소가 보인다.

과천의 서울대공원은 알고 보면 트레킹 명소다. 호숫가 둘레길, 동물원 둘레길, 삼림욕장길 등 호젓한 둘레길이 세 곳이나 있다. 그중 단풍 풍광이 빼어나게 아름다운 곳이 동물원 둘레길이다. 본래 동물원 관리에 필요한 관리 차량이 다니는 길이지만, 조용히 걷고 싶은 분들이 더 많이 찾는 숨은 명소로 자리 잡았다. 11월 중순쯤 뚝뚝 나뭇잎 떨어지는 길을 걸으면서 떠나는 가을과 안녕을 고해보자.

호숫가 둘레길 거쳐 동물원으로

동물원 둘레길을 걸으려면 우선 동물원에 입장해야 한다. 서울대공원 입구인 종합안내소에서 동물원으로 가는 길에 잠시 호숫가 둘레길을 걸을 수 있다. 기린나라를 지나 다리(제4호수교)를 건너기 직전에 오른쪽으로 호숫가 둘레길 이정표가 보인다. 그곳으로 들어서면 호젓한 오솔길이 이어지고 호숫가가 나온다. 붉고 노랗게 물든 키 큰 나무들이 호수에 반영된 모습이 일품이다.

호숫가를 계속 따르면 ①동물원 입구를 만난다. 동물원에 입장하면 비치된 안내지도를 꼭 챙기자. 지도에 표시된 동물원 둘레길을 따르면 된다. ②호주관 뒤편 삼림욕장 출입문을 열고 나오면 길이 시작된다. 화장실 오른쪽 산으로 이어진 길은 삼림욕장길이다.

동물원 둘레길은 화장실 왼쪽 아스팔트를 따르면서 시작된다. 이 길은 동물원 관리에 필요한 관리 차량이 다니는 길이지만, 차량보다는 조용히 걷고 싶은 사람들이 더 많이 찾는다. 둘레길에 들어서면 호젓함과 동시에 해방감이 몰려온다. 사각사각~ 나뭇잎을 밟는 소리가 청량하다.

모퉁이를 서너 번 돌면 영화 '미술관 옆 동물원' 촬영지 안내판이 반긴다. 안내판에는 '사랑이란 게 처음부터 풍덩 빠져 버리는 줄만 알았지 이렇게 서서히 물들어 가는 것인 줄은 몰랐어'라는 영화 대사가 적혀 있다. 맞다! 사랑도 가을도 시나브로 물드는 것이다.

동물원 둘레길에는 키 큰 활엽수들이 가득해 단풍 풍광이 빼어나다.

숲속저수지에서 바라본 동물원

촬영지를 지나면 울창한 느티나무 가로수들이 이어진다. 느티나무 단풍은 붉기도 하고 노랗기도 해 변화무쌍하다. 느티나무 사이에서 단풍나무들이 빼꼼 붉은 얼굴을 내민다. 무지개다리를 건너면 숲속저수지 갈림길이 나온다. 둘레길은 저수지를 안 들르지만, 저수지를 구경해보자. 제법 가파른 경사를 10분쯤 오르면 숲속저수지가 나온다.

③숲속저수지는 둘레길에서 가장 높은 지점이다. 작은 호수 안에 단풍 물든 청계산이 담겨 있다. 반대편으로는 걸어왔던 무지개다리가 알록달록하고, 동물원의 시설물이 보인다. 그 뒤로 관악산의 우락부락한 암봉들이 보인다. 여기서 보면 동물원이 마치 다른 세계인 듯 아득하게 느껴진다.

다시 둘레길로 들어서 조금 내려가면 길이 오른쪽으로 살짝 휘어지는 지점④맹수사 샛길 갈림길)이 있다. 여기가 둘레길을 통틀어 가장 단풍이 좋은 곳이다. 단풍나무와 느티나무가 누가 더 붉은지 내기를 하고, 생강나무가 중간에 껴 노란빛을 내뿜는다. 깊은 가을 풍경을 아주머니들이 느긋하게 걷는 모습이 보기 좋다.

모퉁이를 서너 번 더 돌면 하늘에서 리프트가 보이고, 삼림욕장에서 내려오는 길과 만난다. 그리고 철문 건너 밖으로 나오면서 동물원 영역(⑤동물원 입구)으로 다시 들어온다. 동물원에 이런 멋진 길이 있다는 게 신기하기만 하다.

6. 동물원 둘레길에는 동물원으로 통하는 문이 여럿 있다.
7. 영화 '미술관 옆 동물원' 촬영지를 알리는 안내판.
8. 무지개다리를 건너면 둘레길과 숲속저수지 가는 길이 갈린다.
9. 숲속저수지에 단풍 가득한 청계산이 담겨 있다.

코스 정보 COURSE DATA

길잡이

동물원 둘레길은 호주관 뒤편 삼림욕장 입구부터 동물원 둘레를 크게 한 바퀴 돌아 북문까지 이어지는 길이다. 거리는 4.5㎞, 넉넉하게 2시간쯤 걸린다. 동물원 입장료를 내고 들어가야 하고, 길 중간중간 동물원으로 드나들 수 있다. 11월 중순쯤 느티나무와 단풍나무가 어우러진 활엽수 단풍의 진수를 보여준다. 포장도로가 깔린 게 아쉽지만, 보행 약자도 누구나 쉽게 걸으며 가을을 즐길 수 있다. 동물원 구경은 덤이다.

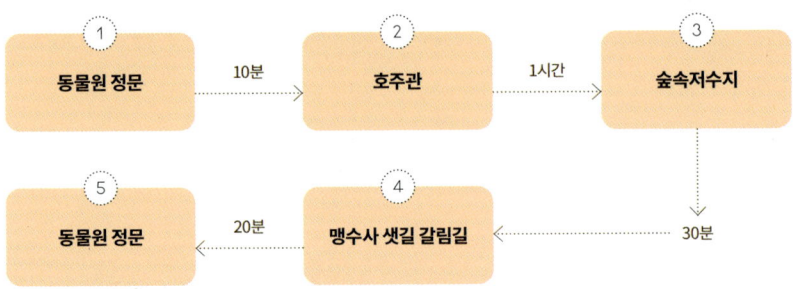

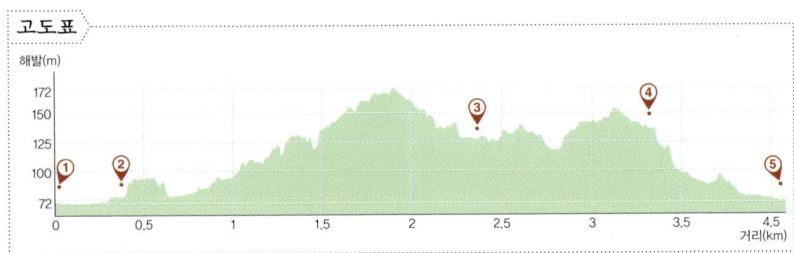

교통

자가용은 서울대공원 주차장에 차를 세운다. 대중교통은 지하철 4호선 대공원역으로 나오면 된다.

맛집

서울대공원 후문 쪽에 자리한 쌈이맛(전화 0507-1367-5311)은 신선한 쌈에 제육볶음과 한우불고기를 싸 먹는 맛이 일품이다. 능이닭칼국수도 별미다. 대공원역에서 가까운 봉덕칼국수(전화 02-502-7952)는 샤부샤부 버섯칼국수가 맛있는 유명한 집이다.

코스 지도 COURSE MAP

서걱서걱 수북한 낙엽을 밟는 맛이 일품이다.

계절편 | 겨울

새하얀
눈을 밟으며 즐기는

눈꽃 트레킹

옹골찬 일곱 개 암봉과 회암사를 품은 산
양주 칠봉산·천보산

천보산 정상에서 회암사 방향으로 조금만 내려오면 만나는 망경대.
소나무와 어울린 병풍바위가 아찔하고 뒤로는 칠봉산이 우뚝하다.

코스 가이드 COURSE GUIDE

주소	경기도 동두천시 송내동, 양주시 봉양동·회암동
코스	봉양사거리 > 칠봉산 > 천보산 > 회암사
총 거리	7.9km
시간	4시간
난이도	무난해요
좋을 때	사계절
원점 회귀	×

칠봉산(506.1m)과 천보산(423m)은 경기도 북부의 명산으로, 두 산이 이어져 함께 걷기에 좋다. 칠봉산의 조망 좋은 7개 암봉과 걷기 좋은 호젓한 능선, 그리고 천보산이 품은 문화유산까지 어우러진 멋진 길이다. 칠봉산은 발리봉, 매봉, 깃대봉, 석봉, 투구봉, 솔치봉, 돌봉 등 7개 봉우리가 어우러져 칠봉이라는 이름이 붙었다. 조선 세조가 말년에 과거의 잘못을 뉘우치며 이곳에 올랐다 하여 어등산御登山으로도 불린다. 천보산은 고려 시대 대찰인 회암사를 품은 옹골찬 산이다.

1. 칠봉산 능선은 의외로 걷는 맛이 좋다. 가끔 나타나는 암봉에서는 조망이 시원하게 열린다.
2. 칠봉산에서 두 번째 만나는 봉우리인 매봉.
3. 조선에서 가장 큰 사찰이었던 회암사지.
4. 쌍사자석등 안으로 본 무학대사 홍융탑. 꿈틀거리는 용과 구름 문양이 일품이다.
5. 칠봉산 정상 직전 투구봉에 올라서면 시원한 조망이 열린다. 양주의 벌판 너머로 북한산과 도봉산이 하늘을 찌르고, 그 왼쪽으로 수락산이 펼쳐진다.

굽이굽이 넘어가며 즐기는 일곱 봉우리의 매력

칠봉산 코스의 출발점은 3번 국도변 ①봉양사거리다. "등산로는 저기 지하철 굴다리 밑에 있어요." 친절한 버스 기사 아저씨가 버스에서 내리기 직전에 알려준다. 지하철 1호선이 지나는 굴다리 아래를 지나자 칠봉산 등산로 안내판이 서 있는 쉼터를 만났다. 이곳을 출발해 칠봉산 일곱 봉우리와 천보산을 넘어 회암사로 하산하게 된다.

'정상 3.8㎞' 팻말을 바라보며 산길로 들어선다. 철탑과 봉양사 갈림길을 연달아 지나 드디어 칠봉 중 첫 번째로 만나는 발리봉(발치봉)에 올라선다. 이곳은 독수리봉으로도 알려진 곳으로, 세조가 처음 산길을 떠난 봉우리라 해서, 혹은 생김새가 스님들의 밥그릇인 '바루'와 같다 해서 붙여진 이름이다.

'정상 3㎞' 이정표를 확인하고 능선길에 오른다. 능선은 암릉이 아니라 의외로 순한 흙길이다. 두 번째 봉우리 ②매봉(응봉) 앞에서 산길은 오른쪽으로 방향을 튼다. 매봉은 임금이 수렵할 때마다 사냥에 필요한 매를 날렸다고 해서 붙은 이름이다. 마침 불어오는 바람을 등에 업고 봉우리를 넘자 기도처로 보이는 칠성바위와 아들바위가 나온다. 잠시 기도를 올리고 급경사를 오르면 세 번째 봉우리 깃대봉에 닿는다. 임금이 수렵 시작을 알리는 깃대를 꽂았다는 유래를 지닌 깃대봉은 삼거리다. 동두천 제행병원에서 올라오는 길이 여기서 만난다. 햇볕 잘 드는 칠봉정에 앉자

북동쪽으로 포천 국사봉이 우뚝하고 그 오른쪽으로 왕방산이 살짝 고개를 내민다. 다시 호젓한 능선을 지나면 바위들이 널려 있는 네 번째 봉우리 석봉을 만난다. 굵은 소나무가 바위틈에서 자라고 있어 신기하다. 석봉을 지나면 '6·25 전사자 유해 발굴 기념 지역'을 만난다. 칠봉산 전투에서 산화한 국군 전사자 유해 6위, 탄피 및 전투화 등 유품 30점을 발견한 지점이다.

③투구봉 바위에 올라서자 남서쪽으로 시야가 넓게 열린다. 드넓은 양주벌판 너머로 서울 수호신 북한산과 도봉산이 우락부락한 산세를 자랑한다. 그 왼쪽으로 이에 질세라 수락산과 불암산이 바위미를 자랑하고, 그 오른쪽으로는 불곡산이 암릉미를 뽐낸다.

칠봉산 정상인 돌봉

투구봉에서 조금만 더 가면 여섯 번째 봉우리인 돌봉인데, 여기가 칠봉산 정상이다. 조망은 투구봉보다 좀 떨어진다. 정상이 비좁아 앉아서 쉴 만한 곳은 안 된다. 내처 길을 나서면 일곱 번째 봉우리 솔리봉(수리봉)을 지나고 장림고개로 내려가기 직전에 만나는 조망 좋은 암반은 점심 먹기에 좋다.

암반에서 슬슬 800m쯤 내려오면 장림고개 고갯마루다. ④장림고개는 동두천 탑동과 회암동을 잇는 도로인데, 남쪽 회암동 쪽은 비포장이고 북쪽 탑동 쪽은 포장이 됐다. 고갯마루에는 '왕방산 MTB 안내판'이 서 있다.

장림고개에서 15분쯤 오르면 해룡산 갈림길이다. 해룡산을 넘으면 왕방산으로 이어진다. '동두천 6산 종주(칠봉산, 해룡산, 왕방산, 국사봉, 소요산, 마차산)'를 즐기는 산꾼들은 여기서 해룡산으로 향한다. 갈림길에서 부드러운 능선을 타다 보면 '칠보산 5보루' 안내판을 만난다. 로프로 출입을 통제한 곳에 산성의 흔적을 보여주는 돌들이 흩어져 있다.

보루는 고구려의 군사 유적이다. 적의 침공을 저지하면서 봉화대를 이용해 상부에 연락을 취하는 곳으로, 요즘의 군 초소와 같은 곳이다. 규모가 큰 보루는 마치 석

망경대에서 회암사지로 가는 길에 만나는 회암사 선각왕사비.   천보산 암릉 지대. 회암령으로 이어지는 능선 뒤로 포천 시내가 펼쳐진다. 멀리 운악산이 머리에 눈을 이고 있다.

축산성처럼 쌓기도 했다. 보루는 서울 아차산과 수락산, 양주의 불곡산 등에 분포돼 있다. 이 지역이 고구려의 국경이었음을 알려주는 것이다.

천보산 정상에서 즐기는 도시 풍광

보루를 지나면 넓은 암반 지대가 형성된 ⑤천보산 정상이다. 시야가 넓게 열려 속이 시원하다. 포천 시내가 넓게 펼쳐지고 오른쪽으로 펑퍼짐한 수원산(710m)이 든든하다. 가운데 멀리 눈을 이고 있는 운악산(945m)도 잘 보인다. 나무 벤치 옆에는 탁자처럼 생긴 바위가 있다. 잠시 앉아서 차를 한잔 마시기에 안성맞춤이다.

하산은 남쪽 회암사 이정표를 따른다. 정상에서 능선을 따라 회암고개로 내려가면 길이 쉽지만, 회암사지를 놓칠 수 없다. 5분쯤 내려가면 굵은 소나무가 선 곳이 나오는데, 이곳이 일명 천보산 망경대. 망경대란 이름처럼 조망이 좋은 곳이다. 특히 소나무와 벼랑바위가 어울린 모습이 압권이다. 망경대에서 회암사지로 가는 길은 가파르다. 급경사 로프길을 조심조심 내려오면 회암사 선각왕사비 앞에 닿는다. 선각왕사는 나옹대사를 말한다. 왕사비는 안타깝게도 불에 탔고, 지금은 모조품이 서 있다. 그 뒤로 옹골찬 바위로 이루어진 천보산이 위풍당당하다.

왕사비를 내려오면 회암사지다. 한때 ⑥회암사는 262칸 건물에, 3,000여 명 승려가 머물던 대사찰이었다. 왕실의 지원이 각별했던 회암사는 충숙왕 15년(1328) 원나라를 거쳐 고려에 들어온 인도의 승려 지공대사가 머물렀고, 그의 제자인 나옹대사가 중건불사를 했다.

조선 초에는 무학대사가 주지로 재임했고, 이성계도 태종에게 왕위를 물려준 후 회암사에서 기거했다. 지공대사 이후로 보우가 거처하던 때까지 약 200년쯤 번창하다가 문정왕후 사후인 명종 21년(1566)부터 1595년 사이 유생들에 의해 폐사된 것으로 보인다. 회암사지에서는 엄청난 유물을 확인할 수 있다. 특히 쌍사자석등(보물 제389호)과 꿈틀거리는 용과 구름 문양이 새겨진 무학대사 홍융탑이 일품이다.

트레킹을 마무리한 뒤엔 회암사지 아래에 자리한 양주시립회암사지박물관에 들러봐도 좋겠다. 과거 회암사의 존재를 가늠할 수 있고, 회암사지에서 출토된 '용수', '토수' 등 보물들을 확인할 수 있다.

코스 지도 COURSE MAP

코스 정보 COURSE DATA

길잡이

코스는 봉양사거리 ▶ 매봉 ▶ 투구봉 ▶ 장림고개 ▶ 천보산 ▶ 회암사. 들머리인 봉양사거리에 버스가 정차한다. 칠봉산의 일곱 암봉 중에서 투구봉과 장림고개로 내려서는 지점의 암반 일대가 가장 조망이 좋다. 천보산 정상 역시 조망이 넓게 열린다. 회암사는 절터에서 발굴한 유물이 가득하니 천천히 구경하자. 회암사에서 500m쯤 내려가면 회암지다. 회암사지에서 버스정류장까지는 1km쯤 거리다.

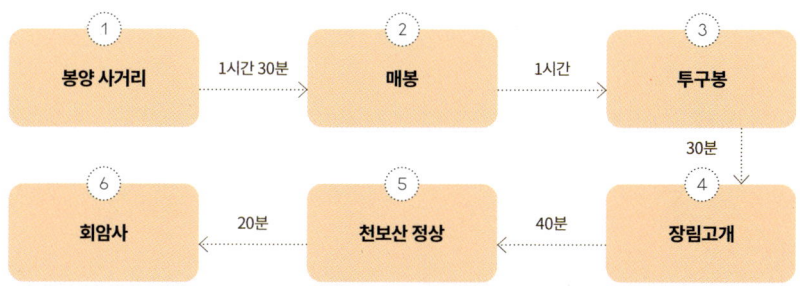

고도표

교통

지하철 1호선 가능역 2번 출구, 양주역 2번 출구로 나와 37번, 39번 버스를 타고 봉양사거리에 내린다. 4호선 수유역에서 22번 버스를 이용해도 된다. 봉양사거리 오른쪽 지하철 굴다리 아래로 등산로가 나 있다. 종착점인 회암사지에서 내려오면 양주시립회암사지박물관을 만난다. 박물관 앞 버스정류장에서 마을버스 78번을 타면 1호선 덕정역으로 갈 수 있다.

맛집

덕정역 부근에서는 중국집 덕화원(전화 031-858-0103)이 50년 전통의 맛집이다. 면이 쫄깃하고 야채가 부드러운 간짜장이 일품이고 탕수육 등 요리도 맛있다. 양주는 부추가 특산물이다. '회암동 솔 부추'는 회암동에서 전통적으로 재배되는 토종 부추를 말한다. 양주시 만송동의 부추국수전문점(전화 0505-930-6000)은 부추국수와 부추만두 등을 맛있게 내온다.

경기 북부와 임진강 굽어보는
검고 푸른 산
파주·양주 감악산

100대 명산

코스 가이드 COURSE GUIDE

주소 경기도 파주시 적성면, 양주시 남면
코스 감악산 출렁다리 주차장 (법륜사 입구 주차장) > 임꺽정봉 > 정상 > 감악산 출렁다리 주차장 (법륜사 입구 주차장)
총 거리 7.5km
시간 4시간
난이도 조금 어려워요
좋을 때 사계절
원점 회귀 ○

설경과 빨간 다리가 어우러진 감악산출렁다리. 등산로 초입에 자리한다.

1. 악귀봉에서 바라본 감악산 산세. 악귀봉에서 장군봉과 임꺽정봉까지 암릉이 이어진다. 왼쪽 강우 레이더와 철탑이 세워진 곳이 정상이다.
2. 보리암의 돌탑들.
3. 장군봉에서 바라본 임꺽정봉. 암벽 데크가 보인다.
4. 임꺽정봉 아래의 감악산 하늘전망대. 시원한 조망이 일품이다.

100대 명산에 이름을 올린 감악산은 경기 5악(화악·운악·송악·관악·감악산) 중 하나로 예로부터 하늘에 제사를 지내던 신성한 장소였다. 바위 사이로 검은빛과 푸른빛이 동시에 나왔다 하여 감색 바위산紺岳이란 이름이 붙었다. 산세가 아기자기하며 암릉, 능선, 계곡 등이 어우러져 산행하는 재미를 느낄 수 있다. 2016년 감악산 출렁다리가 생겨 등산객뿐 아니라 여행객들에게도 인기가 좋다. 정상 일대에서는 임진강과 개성 송악산까지 시원하게 조망된다. 정상에 자리한 감악산비는 '진흥왕순수비'로 추측된다.

감악산의 새로운 절경, 출렁다리

간밤에 눈이 내렸다. 대략 5cm. 수도권에 눈이 이 정도 내린 날은 드물다. 눈이 내린 다음 날 '맑음' 예보를 보고 어찌 마음이 설레지 않을 수 있을까. 배낭을 싸놓고 크리스마스 선물을 기다리는 아이처럼 잠들었다. 다음 날, 눈이 바꾼 신기한 풍경을 조심조심 달려 감악산에 닿았다. 감악산은 국립공원이나 도립공원 부럽지 않을 정도로 등산로가 잘 정비됐다. 위험 구간에 계단이 설치되고, 안내판도 많아 길 잃거나 헤맬 걱정이 없다.

출발점은 ①출렁다리 주차장이다. 출렁다리가 코로나로 입장이 금지됐거나 오전 9시 문 열기 전에는 법륜사 입구 주차장을 이용해야 한다. 법륜사 입구 주차장에 차를 세웠다. 절 올라가는 진입로를 구불구불 오르면 출렁다리에서 건너오는 길과 만난다. 우선 출렁다리를 감상하는 게 좋다. 갈림길에서 50m만 가면 빨간색 출렁다리가 보인다. 주변 소나무에 내린 설경과 어우러져 장관이다. 마치 출렁다리가 높은 산정의 허공에 걸린 듯하다.

다시 갈림길로 돌아와 진입로를 따라 200m쯤 오르면 ②청산계곡길 갈림길이 나온다. 정상까지 가장 빠른 계곡 코스는 직진해 법륜사 방향으로 가야 하고, 능선을 따라 오르려면 이 길로 가다가 감악능선계곡길로 갈아타야 한다. 청산계곡길로 들어서면 한동안 산허리를 빙 돈다. '길을 잘못 들었나?' 하는 생각이 들 무렵에야 감악능선계곡길 입구를 만날 수 있다.

길은 꽝꽝 언 계곡을 따라 오른다. 산길에는 눈이 덮였다. 뽀득~ 눈을 밟고 오르는 맛이 청정하다. 산만큼 정직한 것도 없다. 산에 쌓인 눈은 예쁘고 탐스럽지만, 도시에 내린 눈은 먼지와 뒤섞여 검게 변한다. 산길은 계곡에서 능선으로 바뀌고, 곧 ③보리암이 나온다. 산허리 평평한 땅에 자리한 작은 암자에 우뚝 솟아있는 돌탑들이 볼 만하다.

짜릿한 악귀봉~장군봉 암릉길

보리암을 지나면 경사가 조금씩 가팔라지고, 커다란 바위들이 나타나기 시작한다. 이어지는 ④악귀봉에 오르면 드디어 조망이 열린다. 가야 할 장군봉과 임꺽정봉의 수려한 암봉이 드러나고, 남쪽으로 신안저수지와 양주시 남면 일대가 훤히 보인다. 악귀봉을 지나면 아기자기한 암릉 지대가 펼쳐진다. 장군봉 정상을 지나는 암릉에서는 오금이 저린다. 조심조심 로프를 잡고 통과하면 임꺽정봉 갈림길이 나온다. 임꺽정봉을 거치지 않고 곧장 정상으로 갈 수도 있다. 하지만 감악산 최고 절경인 임꺽정봉은 꼭 들러보는 게 좋다. 갈림길에서 200m쯤 오르면 임꺽정 정상에 선다. ⑤임꺽정봉은 우람한 암봉으로 매처럼 생겼다 해서 응암봉, 매봉재 등으로 불리기도 한다.

임꺽정봉에서 데크를 따라 내려가면 감악산 하늘 전망대가 나온다. 이름처럼 하늘과 산들이 시원하게 펼쳐진다. 전망대 옆으로 계속 데크가 이어지는데, 여기가 임꺽정봉 암벽 데크다. 임꺽정봉 험준한 암벽을 따라 데크와 4개의 전망대가 이어진다. 풍경은 멋지지만, 이렇게까지 거창하게 만들 필요가 있을까 싶다. 절제의 미덕이 아쉽다.

임꺽정봉에서 200m쯤 오르면 ⑥정상에 닿는다. 정상에는 건설 중인 거대한 강우 레이더 건물과 철탑이 우뚝하다. 안타깝다. 신성한 감악산 정상이건만. 강우 레이더 건물 터에서는 신라시대부터 조선시대까지의 기와와 토기 파편 등이 발견됐다. 감악산은 예로부터 하늘에 제사를 지내던 신성한 장소였다. 조선시대 감악산(북악)

5. 임꺽정봉의 바위 데크. 험준한 바윗길에 데크와 전망대를 세웠다.
6. 정상의 감악산비는 진흥왕순수비로 추측한다.
7. 산행이 마무리되는 법륜사.

은 백악산(가운데), 관악산(남악), 치악산(동악), 송악산(서악)과 함께 사시사철 제사를 지내야 할 '오악(五嶽)'으로 꼽혔다. 세종은 때때로 사람을 보내 감악산의 산신에게 제사를 지냈다는 기록이 <세종실록>에 나와 있다. 그 밖에도 세종과 의경세자 등이 중병에 걸려 감악산을 비롯한 삼각산·백악산(북악산)·목멱산(남산)·송악산·개성 덕적도·삼성산·양주 서낭당 등에 쾌유를 비는 제사를 올렸다는 기록이 있다.

진흥왕순수비로 추정하는 감악산비

정상 공터에는 감악산의 상징인 감악산비가 덩그러니 놓여 있다. 비석은 생김새가 북한산 비봉에 자리한 진흥왕순수비와 비슷하다. 학계에서는 판독이 불가능해 확신하지는 못하지만, 진흥왕순수비로 추측하고 있다. 삼국 중 약소국이었던 신라는 진흥왕 때 낙동강 서쪽의 가야 세력을 정복하고, 북쪽으로는 나제동맹을 깨고 한강 유역을 차지한 뒤 함경도 이원 지방까지 진출했다. 새롭게 개척한 영토를 순행한 기념으로 세운 비석이 바로 진흥왕순수비다. 진흥왕의 내 땅 순시 기념비라고 할 수 있다. 지금까지 창녕비, 북한산비, 마운령비, 황초령비 등 4곳이 남아 있다. 모두 새로운 영토 중 요충지에 건립했다. 그래서 임진강 유역의 요충지이자 파주와 서울을 잇는 중요 지점인 감악산 정상의 비석은 진흥왕순수비로 의심하기에 충분하다. 12~13글자의 흔적도 남아 있지만, 확증이 없다. 확증이 없기에 당나라 장수 설인귀 비석이라는 풍설도 떠돈다.

하산은 계곡길과 능선길을 택할 수 있다. 능선길은 '감악산 손마중길' 이정표를 따라가면 된다. 조금 내려가면 정자를 만나고, 여기서 S자로 흘러가는 유장한 임진강과 눈을 맞추고 본격적인 하산길에 오른다. 능선의 가파른 구간은 데크 계단이 잘 설치되어 있다. 까치봉을 지나 30분쯤 능선을 내려서면 ⑦운계능선길 갈림길이 나온다. 여기서 계곡 쪽으로 내려서 호젓한 산길을 따르면 ⑧법륜사를 만난다. 법륜사를 구경하고 터벅터벅 진입로를 따라 내려오면 ⑨법륜사 입구 주차장을 만나면서 트레킹이 마무리된다.

코스 정보 COURSE DATA

길잡이

등산 코스는 양주시 쪽보다 볼거리 많고 교통이 편한 파주시 적성면 출렁다리 쪽을 이용한다. 계곡길이 정상으로 가는 가장 짧은 코스이지만, '능선계곡길'을 따라 바위봉이 일품인 악귀봉 ▶ 장군봉 ▶ 임꺽정봉 등을 두루 거쳐 정상에 오르는 코스를 추천한다. 이 길이 감악산 최고의 절경이 몰려 있다. 하산은 운계능선길을 따라 내려오다가 계곡길을 따르는 게 편하다.

고도표

교통

수도권에서 자가용은 동부간선도로 또는 세종포천고속도로 민락IC를 나와 찾아간다. 대중교통은 지하철 1호선 의정부역 또는 덕정역에서 25-1번 버스(배차 간격 30~50분)를 이용해 법륜사 입구 정류장에 내린다. 문의는 명진여객 031-846-8007.

맛집

파주는 장단콩이 유명하다. 장단콩은 콩 종류가 아니라 장단 지역에서 생산한 콩이란 뜻이다. 콩의 색깔은 노랗고 껍질이 얇아 맛이 좋다. 감악산에서 멀지 않은 곳에 자리한 농부네두부집(전화 031-959-0423)은 직접 농사 지은 장단콩으로 만든 두부 요리를 내놓는다. 구수한 맛이 일품으로 순두부와 두부전골 등을 잘한다.

코스 지도 COURSE MAP

운계능선길로
하산하면서
바라본
감악산의 품.

코스 가이드 COURSE GUIDE

주소	경기도 가평군 하면·포천시 내촌면 일대
코스	운악산공영주차장 > 미륵바위 전망대 > 정상 > 운악산공영주차장
총 거리	8.5km
시간	4시간 20분
난이도	조금 어려워요
좋을 때	사계절
원점 회귀	○

100대 명산에 이름을 올린 운악산雲岳山·935m은
경기 5악(화악·운악·송악·관악·감악산) 중 하나다.
가평군과 포천시에 걸쳐 있고 한북정맥에 솟은 산이다.
산세가 빼어나고 수려한 기암들로 둘러싸여 경기의
소금강小金剛이라 부른다. 조망이 일품으로 능선에서
연인산과 명지산, 용문산, 천마산, 북한산 등을 찾아보는
재미가 쏠쏠하다. 수도권에서 가깝고, 초보자들이 짜릿한
암릉 산행을 즐길 수 있어 인기가 좋다.

1. 청룡능선에서 먼저 만나는 눈썹바위.
2. 눈과 바위가 어우러진 병풍바위가 일품인 병풍바위 전망대.
3. 한글 현판이 달린 운악산 현등사 일주문.

운악산 핵심은 청룡능선

눈 온 다음 날의 날씨 예보는 엄청 추웠다. 바로 이런 날이 산에 가기 제격이다. 소복한 눈을 밟을 수 있고, 대기가 맑아 시원한 조망을 즐길 수 있다. 이른 아침 ①운악산 공영주차장은 텅 비어 있다. 행장을 꾸리고 운악산과 눈을 맞추고 출발했다. 입구의 음식점들에서 흰 연기가 모락모락 피어오른다. 이른 아침 칼바람에 넥워머에 얼굴을 묻었다.

현등사 일주문에 닿자 눈이 소담하게 쌓여 있다. 아직 제설 전이다. 일주문에 한글로 쓴 '운악산 현등사' 현판이 정겹다. 뽀득뽀득~ 눈 밟는 소리가 경쾌하다. 200m쯤 가자 ②청룡능선 갈림길이 나온다. 여기서 오른쪽 능선 쪽으로 가야 청룡능선으로 올라붙는다. 청룡능선에 눈썹바위, 미륵바위, 병풍바위, 만경대 등 운악산의 절경이 모여 있다.

능선 쪽으로 올라붙자 눈이 더 많다. 뽀드득~ 산길에 쌓인 눈은 더욱 투명한 소리를 낸다. 발자국 하나가 나 있다. 먼저 산에 오른 사람이 있었다. 산행 내내 그 발자국을 따라가게 된다. 뽀득뽀득~ 눈길에서 나는 소리가 '괜찮타~', '다 잘 될 거야..' 하는 희망적인 소리로 들린다.

길은 점점 가팔라지고 앞쪽으로 큰 바위 하나가 보인다. 다가가자 ③눈썹바위다. 거대한 바위에 여인의 눈썹을 닮은 바위가 붙어 있다. 신기한 바위에는 이야기가 전해 내려오기 마련이다. 옛날 옛적에 한 총각이 목욕하는 선녀를 발견하고 치마를 하나 훔쳤다. 총각은 선녀를 집에 데려가려 했으나, 선녀는 치마를 주면 따라가겠다고 했다. 치마 입은 선녀는 하늘로 날아가 버리고, 총각은 선녀를 기다리다가 눈썹바위가 됐다는 이야기가 내려온다.

길은 눈썹바위 앞에서 왼쪽으로 우회하고, '악' 소리 나는 험로가 이어진다. 한동안 가파른 길을 오르면 소나무 가지들이 어젯밤 내린 눈을 소복이 품고 있다. 소나무 뒤로 시원하게 조망이 열렸다. 건너편으로 험상궂은 백호능선이 펼쳐지고, 가평 현리 시내와 멀리 용문산이 역광 속에서 하늘에 스카이라인을 그린다.

작은 봉우리를 넘으면 ④병풍바위 전망대가 나온다. 병풍바위는 정상에서 동쪽으로 뻗어 내린 능선으로 수직의 바위들이 병풍처럼 둘러싸고 있다. 바위와 소나무들, 그리고 눈이 어울려 그윽한 수묵화를 완성한다. 다시 험준한 암릉을 한바탕 오르면 ⑤미륵바위 전망대에 올라선다. 첩첩 쌓인 바위 위에 길쭉한 미륵바위가 장관이다.

운악산 최고 전망대, 만경대

미륵바위 전망대부터는 다시 험로가 이어진다. 운악산은 험로를 통과할 때마다 절경을 하나씩 보여준다. 이번에 나타난 절경은 만경대다. ⑥만경대 위에 서자 건너편으로 연인산에서 명지산을 거쳐 화악산까지 해발 1,000m가 넘는 육중한 산줄기가 장쾌하게 흘러간다. 산사면에는 눈이 쌓여 겨울 산 특유의 역동적인 아름다움을 뽐낸다. 마치 산에서 파도가 치는 것 같다.

남쪽으로 시선을 돌리면 가깝게 축령산, 천마산 등이 보이고 아스라이 북한산과 도봉산이 스카이라인을 그린다. 북한산과 도봉산이 얼마나 크고 멋진 산인가를 새삼 깨닫는다. 만경대에서 정상은 가깝다. 정상 조망은 거의 없으니 만경대에서 충분히 조망을 즐기는 게 좋겠다.

⑦정상에는 2개의 정상석이 있다. 가평군에서 세운 비석에는 '운악산 비로봉', 포천시에서 세운 비석에는 '운악산 동봉'이라고 쓰여 있다. 건너편으로 비슷한 높이의 ⑧운악산 서봉이 있다.

처음 운악산을 가본 사람이라면 한번 다녀올 만하다. 서봉까지 10분이 채 걸리지 않는다. 서봉에는 포천시에서 세운 한북정맥 안내판이 서 있고, 주변 산을 가늠하는 데 안내판이 도움이 된다.

다시 동봉으로 돌아와 절고개 방향 능선을 따른다. 15분쯤 가면 남근석 전망대가 나온다. 산비탈에 서 있는 남근 모양의 바위가 보인다. 자연의 신비를 감상하고 10분쯤 더 능선을 타면 ⑨절고개에 닿는다. 여기서 현등사 방향으로 내려서야 한다.

4. 작은 공터가 형성된 운악산 동봉 정상.
5. 현등사의 조형미 빼어난 오층석탑.
6. 남근바위 전망대에서 바라본 남근바위.
7. 만경대에서 바라본 겨울 산. 마치 파도가 치는 듯하다.

급경사를 5분쯤 내려오면 코끼리바위가 나온다. 코끼리 코처럼 길게 바위가 뻗어 있다. 코끼리바위 이후에는 시종일관 급경사가 이어진다. 조심조심 50분쯤 내려오면 현등사를 만난다.

유서 깊은 ⑩현등사는 운악산 깊은 품에 자리한다. 신라 법흥왕 27년(540) 인도에서 불법을 전하기 위해 건너온 마라가미(摩羅訶彌) 스님을 위해 왕이 지어준 절로 알려졌다. 절은 여러 차례 화마를 겪어 오래된 건물이 없다. 조선 시대 세운 석탑의 조형미가 빼어나고, 석탑 아래에 보조국사 지진탑의 단아한 모습이 인상적이다. 현등사를 구경했으면 진입로 도로를 따라 내려와야 한다. 40분쯤 팍팍한 길을 따르면 일주문을 지나고, ⑪운악산 공영주차장을 만나면서 트레킹이 마무리된다.

코스 지도 COURSE MAP

코스 정보 COURSE DATA

길잡이

등산 코스는 포천시 쪽보다 교통이 편하고 원점 회귀가 가능한 가평군 쪽을 많이 이용한다. 현등사를 중심으로 오른쪽이 청룡능선, 왼쪽이 백호능선이다. 보통 청룡능선으로 올라 절고개에서 현등사로 하산하는 코스가 정석이다. 백호능선은 난코스라 암릉 산행 경험자가 이용하는 게 좋다.

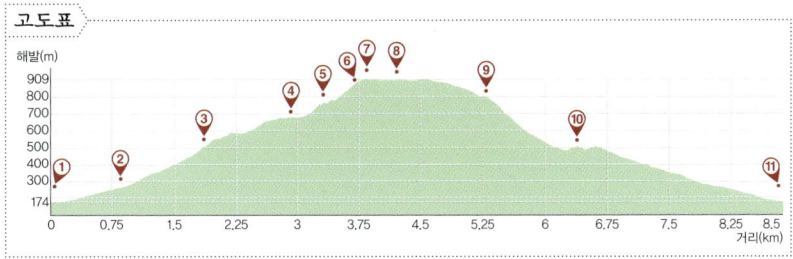

교통

자가용은 세종포천고속도로 포천IC, 47번 국도, 청평역 등을 거쳐 찾아간다. 대중교통은 청량리 현대코아 정류장에서 1330-44번 버스가 운악산 입구까지 07:00~00:05, 1일 12회 다닌다. 배차 간격이 뜸하므로 시간을 잘 맞춰야 한다.

· **문의** 가평교통 031-584-0239 · **버스 시간표 참고** www.gp.go.kr/portal/contents.do?key=2182

맛집

현등사 입구에 두부 요리 식당촌이 있다. 운악산두부골(전화 031-585-6172)과 할머니손두부(전화 031-585-1219) 등이 인기 있다. 현리 시내 근처의 농부의뜰(전화 031-585-9894)은 소고기 버섯전골을 잘한다.

한북정맥이 풀어놓은 **100대 명산**
흰 비단 능선을 따라
포천 백운산·국망봉

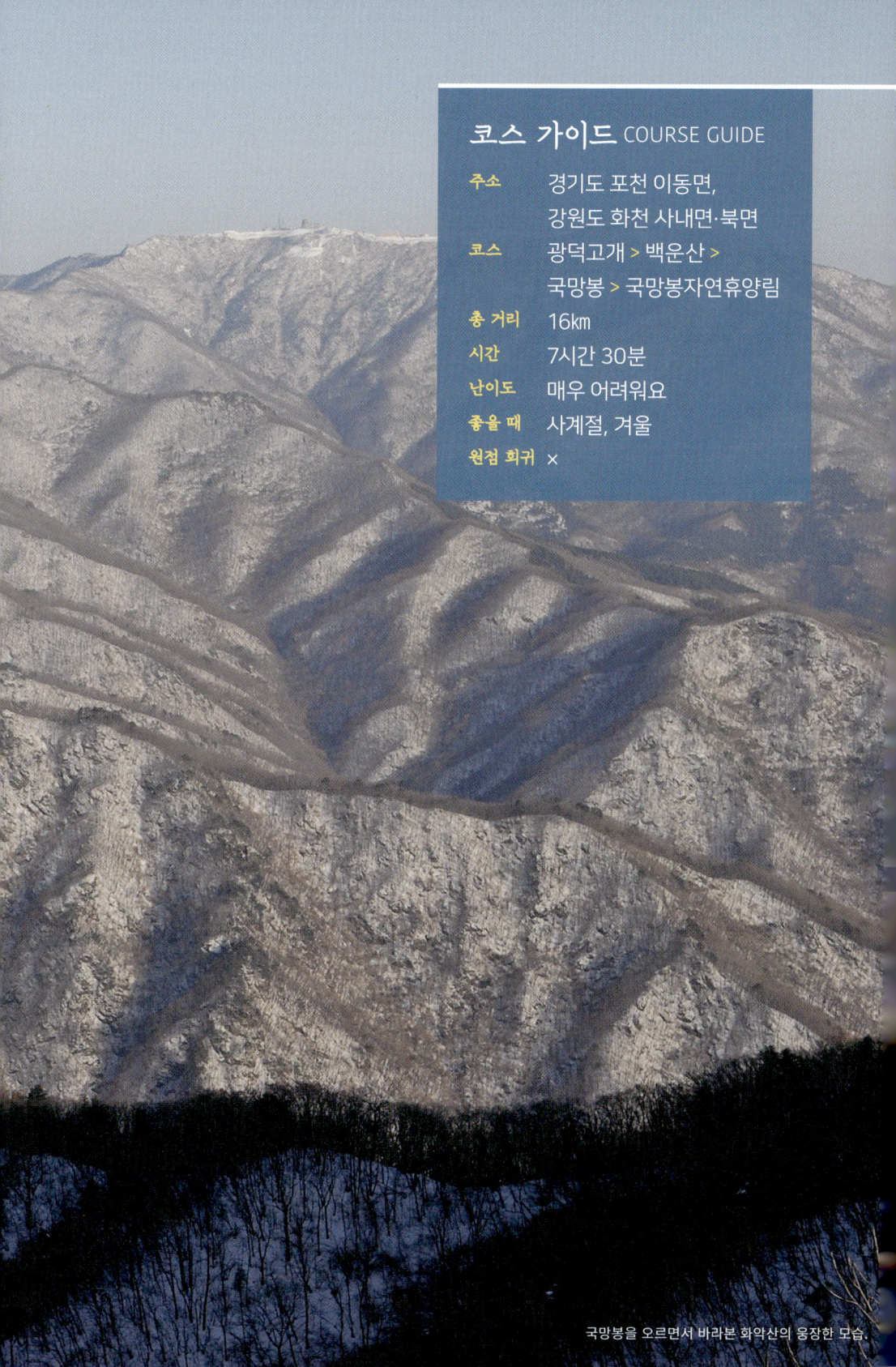

코스 가이드 COURSE GUIDE

주소 경기도 포천 이동면, 강원도 화천 사내면·북면
코스 광덕고개 > 백운산 > 국망봉 > 국망봉자연휴양림
총 거리 16km
시간 7시간 30분
난이도 매우 어려워요
좋을 때 사계절, 겨울
원점 회귀 ×

국망봉을 오르면서 바라본 화악산의 웅장한 모습.

1. 눈이 소복하게 쌓인 도마봉 공터에 첫 발자국을 찍었다. 앞쪽으로 경기도의 최고봉 화악산이 우뚝하다.
2. 국망봉 직전에 돌아다본 한북정맥. 가운데 멀리 우뚝한 봉우리가 복주산, 그 앞쪽 도마봉부터 방화선을 따라 걸어온 능선이 한눈에 펼쳐진다.
3. 궁예의 비통함이 서린 한북정맥 전망대인 국망봉.

포천抱川은 한탄강을 품어 붙은 이름이지만, 한북정맥漢北正脈의 땅이라 해도 과언이 아니다. 한강 북쪽을 흐르는 산줄기인 한북정맥은 포천 땅에 광덕산(1,046m), 백운산(903m), 국망봉(1,168m), 청계산(849m), 운악산(936m) 등 경기의 명산들을 빚어놓았다. 한북정맥 중에서 베스트 구간을 뽑으라면 광덕고개(620m)에서 백운산, 도마치봉(925m), 국망봉 등으로 이어지는 길이다. 약 16㎞ 이르는 부드러운 능선을 걷는 맛은 지리산 종주가 부럽지 않을 정도로 역동적이다. 특히 겨울철에는 빼어난 설경과 허리까지 빠지는 적설량이 유명하고, 백패커들은 은밀하게 하룻밤 야영을 즐긴다.

경기도와 강원도의 경계인 광덕고개에서 출발

한북정맥은 백두대간(白頭大幹) 북한 쪽 평강군의 추가령(楸哥嶺)에서 서남쪽으로 갈라져 철원, 포천, 양주, 의정부를 거쳐 한강과 임진강에 이르는 산줄기다. 도상 거리는 약 220.2km, 실제 거리는 294km쯤 된다.

우리 선조들은 백두대간 체계로 우리 국토를 인식했다. 여기에는 하나의 대간(大幹)과 하나의 정간(正幹), 그리고 이로부터 가지를 친 13개의 정맥(正脈)으로 이루어졌다. 13개의 정맥 중 하나인 한북정맥은 수도권 사람들에게 친근하다. 서울 수호신인 북한산과 도봉산이 뿌리를 두기 때문이다. 또한 백두대간 다음으로 많은 산꾼이 종주하는 인기 산줄기이기도 하다.

트레킹 들머리는 포천 이동면과 화천 사내면을 이어주는 ①광덕고개다. 이곳은 버스정류장이 있어 주말이면 광덕산, 백운산, 국망봉 등을 오르려는 산꾼들로 북적인다. 고갯마루에는 반달곰 동상이 있고, 휴게소와 식당이 자리한다. 식당이 끝나는 곳에서 백운산 등산로가 나 있다.

간밤에 눈이 제법 왔다. 일기예보에 따르면 아침에 날이 갠다고 했지만, 하늘에는 구름이 가득하고 가끔 눈발이 날린다. 언제 날이 활짝 개 푸른 하늘을 보여줄지 궁금했다. 구름 낀 산길은 어둑어둑하고, 눈길에 푹푹 등산화가 빠졌다. 갈 길이 멀어 걱정 반 기쁨 반. 아이젠을 차고 종아리에 스패츠까지 두르자 힘이 솟았다. 한북정맥의 능선을 따라 하늘 끝까지라도 갈 수 있을 것 같다.

뽀드득~ 산길을 덮은 눈을 밟으며 부드러운 능선을 1시간쯤 오르자 ②백운산 정상 비석이 반긴다. 정상비가 흰 모자를 쓰고 있다. 정상 주변으로 발자국이 없다. 오늘은 내가 첫발자국을 찍는다고 생각하니, 영화나 소설의 주인공이 된 느낌이다. 하늘에서는 조금씩 구름이 풀리기 시작했다. 다시 부지런히 능선을 밟으니 삼각봉에 도착했다. 시나브로 날이 개기 시작했다. 구름에 푹 잠겼다 드러난 산하는 온통 눈으로 덮였다. 푸른 하늘을 배경으로 눈이 핀 나뭇가지는 마치 심해의 산호초를 떠올리게 했다. 겨울왕국에 들어온 듯 신기했다.

4. 도마치봉 정상. 뒤로 능선의 방화선이 흰 띠를 그리면서 가장 높은 국망봉까지 이어진다.
5. 구름이 사라지고 날이 개자 나무마다 눈꽃이 피었다.
6. 출발점인 광덕고개에는 버스정류장이 있다.
7. 백운산에서 가야 할 능선을 바라본다. 오른쪽으로 도마치봉이 우뚝하다.
8. 신로령 삼거리. 광덕고개, 국망봉, 국망봉자연휴양림 가는 길이 갈린다.

화악지맥이 갈리는 도마봉

삼각봉에서 내려와 펑퍼짐한 봉우리에 올라서자 도마치봉에 닿는다. 정상 비석 뒤로 멀리 가야 할 국망봉이 하늘을 찌르고 있다. 어떻게 저곳까지 갈 수 있을지 막막하다. 하지만 눈은 멀지만 발은 가까운 법. 다시 힘차게 눈길을 밟으니 도마치샘이 나온다. 능선에 샘이 있는 건 귀하다. 하지만 겨울이라 꽝꽝 얼었다. 도마치샘을 지나니 평퍼짐한 도마봉에 닿는다.

③도마봉 정상은 널찍한 공터다. 공터에는 아무도 밟지 않은 순백의 눈으로 가득하다. 왜 그럴까. 이런 곳에서는 꼭 눕고 싶은 건. 저벅저벅 발자국을 찍고 가다가 공터 가운데쯤 벌렁 드러누웠다. 통쾌하다. 온통 푸른 하늘이 펼쳐진다. 자유롭다. 잠시 눈이 주는 축복을 만끽했다.

엉덩이를 털고 일어나 장쾌한 조망을 감상한다. 왼쪽으로 경기도의 최고봉인 화악산(1,468m)이 웅장하고, 오른쪽으로 하늘 높이 국망봉이 버티고 있다. 도마봉에서 건너편 화악산으로 뻗어내린 산줄기가 화악지맥이다. 한북정맥에서 이처럼 갈라지는 산줄기가 몇 개 있다. 명지산으로 이어진 명지지맥, 천마산으로 이어진 천마지맥, 수락산과 불암산으로 이어진 수락지맥 등이다. 이처럼 경기 북부의 대부분 산이 한북지맥에 그 뿌리를 두고 있다.

도마봉부터 길은 방화선(防火線)을 따라 이어진다. 방화선은 능선에 산불이 번지는 것을 막기 위해 폭 10~20m쯤 나무를 벤 공간이다. 산불 방지에 효과가 있다 없다 말이 많지만, 여름철에는 양탄자를 깔아놓은 것처럼 푹신하고 겨울철에는 눈이 소복이 쌓여 걷기 좋다.

한동안 부드러운 능선을 걷는다. 육산으로 이어진 육중한 능선을 걷는 맛이 쏠쏠하다. ④신로령에 닿아서야 비로소 사람들을 만났다. 반갑게 인사를 나눴다. 그들은 국망봉자연휴양림에서 올라왔다고 한다. 신로령에서 국망봉자연휴양림으로 내려가는 길이 있다.

신로령에 배낭을 내려놓고, 잠시 신로봉에 다녀온다. 신로봉은 암봉이라 조망이 시원하게 열린다. 북쪽으로 그동안 걸어온 길이 파노라마처럼 펼쳐진다. 눈 쌓인 방화선 능선은 하얀 비단을 깔아놓은 듯 끝없이 이어진다. 그 위에 내 발자국이 선명하게 찍혀 있다고 생각하니 가슴이 뛴다. 다시 신로령으로 내려와 한북정맥 능선을 잇는다.

국망봉에 스민 궁예의 한

다시 가파른 봉우리에 올라서면 돌풍봉에 닿는다. 돌풍봉 앞쪽으로 하늘을 향해 예리하게 솟구친 ⑤국망봉의 모습엔 범접할 수 없는 위엄이 서려 있다. 가파른 된비알(경사가 가파른 비탈)에 젖 먹던 힘을 쏟고, 세상을 발아래 놓은 듯한 국망봉 정상에 올라섰다.

과연 국망봉은 한북정맥 최고 전망대라 할 만하다. 북쪽으로 복주산과 광덕산을 거쳐 그동안 넘어온 봉우리들이 물결치고, 남쪽으로 개이빨산(견치봉) 너머로 운악산이 펼쳐진다. 운악산 뒤로 북한산과 도봉산도 아스라이 보인다. 남한 쪽 한북정맥의 전 구간이 거의 다 보이는 셈이다. 동쪽으로 석룡산에서 화악산으로 이어진 산군이 어깨를 나란히 한다.

이 눈부시게 아름다운 풍경 속에는 궁예의 비통함이 스며 있다. 국망봉 꼭대기에서 궁예가 불타는 철원 도읍지를 바라보았다는 전설이 내려온다. 하산은 정상에서 국망봉자연휴양림 방향인 서쪽을 따른다. 능선을 조금 내려오면 국망봉대피소를 만나고, 이어 입이 쩍 벌어지는 급경사가 펼쳐진다. 로프를 잘 잡고, 스틱을 잘 이용해 관절의 하중을 잘 분산하며 1시간 30분쯤 내려오면 ❻국망봉자연휴양림에 닿으면서 꿈길 같았던 설산 트레킹이 마무리된다.

코스 지도 COURSE MAP

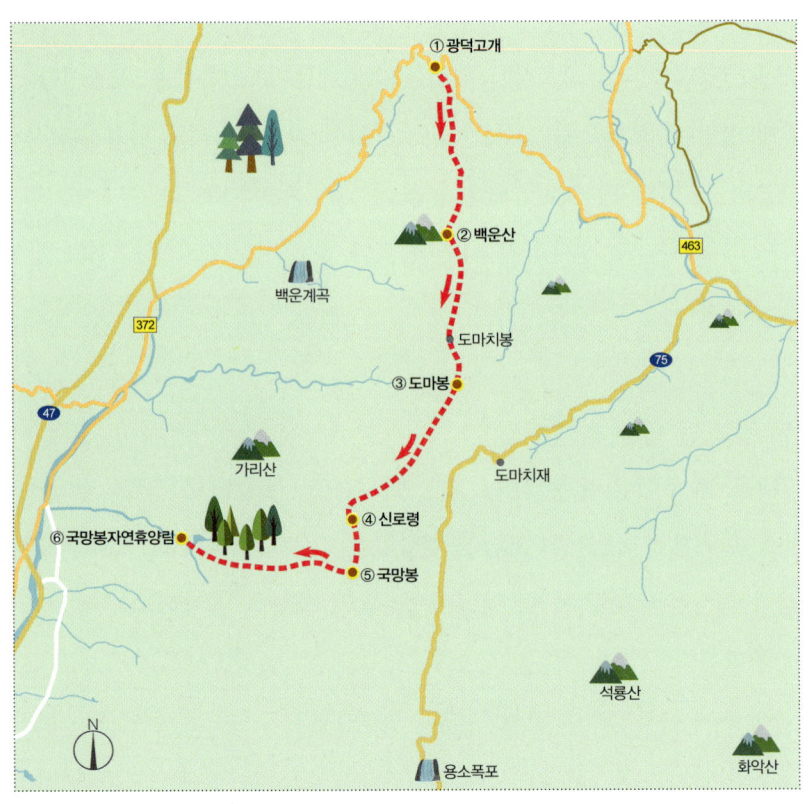

길잡이

한북정맥의 장쾌한 능선을 걸을 수 있는 멋진 코스다. 암릉 구간이 거의 없어 육산의 부드러움과 걷는 맛을 느낄 수 있다. 국망봉에서 하산은 국망봉자연휴양림으로 내려오는 게 제일 빠르다. 시간 여유가 있다면, 개이빨산(견치봉)까지 가서 가평의 용수목으로 내려와도 좋다. 국망봉에서 용수목까지는 4.6㎞, 2시간 20분쯤 걸린다.

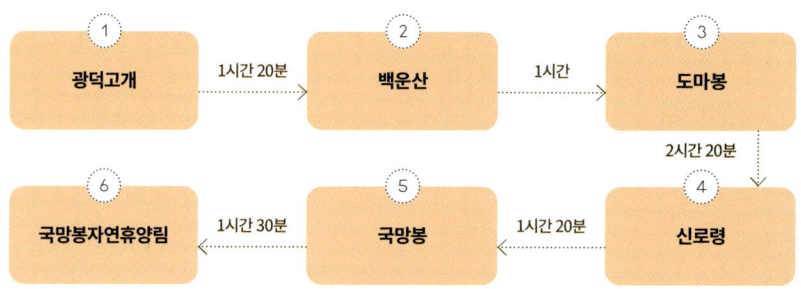

교통

자가용은 43번 국도로 의정부를 거치거나, 47번 국도를 타고 접근한다. 동서울터미널에서 광덕산(광덕고개)행 버스가 07:05~17:30, 1일 11회 다닌다. 다른 지역에서는 일동버스터미널(전화 031-535-4201)까지 온 다음, 광덕고개행 버스로 갈아탄다. 종착점인 국망봉자연휴양림에서 버스가 다니는 이동정류장까지 30~40분쯤 걸어야 한다.

맛집

하산 지점인 이동은 이동갈비와 이동막걸리의 고장이다. 이동갈비의 특징은 푸짐한 양과 감칠맛 나는 양념에 있다. 너도 나도 원조 간판을 붙였는데, 김미자할머니집(전화 031-531-4459)이 제일 오래됐다. 동네 주민들은 소갈비보다는 저렴한 돼지갈비를 추천한다.

테마편 | 일출·일몰

해의 기운을
가득 담아 떠나는

해맞이·해넘이 트레킹

'한반도 배꼽'에서 맞는 성스러운 아침
강화도 마니산

100대 명산

코스 가이드 COURSE GUIDE

주소	인천시 강화군 화도면 상방리 일대
코스	함허동천야영장 주차장 > 전망대 > 참성단 > 마니산 주차장
총 거리	5.7km
시간	3시간
난이도	무난해요
좋을 때	사계절
원점 회귀	×

전망대에서 본 일출. 해는 수원 광교산 근처에서 떠올라 갯벌을 물들인다.

마니산(472.1m)의 옛 이름은 '마리산'이다. '마리'는 '머리'의 옛말로 '겨레의 머리가 되는 성스러운 산'이라는 뜻이다. 예로부터 우리 선조는 강화도를 한반도의 중심에 자리한 배꼽으로 생각했고, 마니산 정상 참성단에서 하늘에 제사를 올렸다. 강화 사람들은 마니산에서 새해 첫 일출을 감상하며 호연지기를 길렀다. 마니산 일출 트레킹은 성스러운 산을 고귀하게 만날 수 있는 좋은 방법이다.

1. 참성단 앞 헬기장에 정상 비목이 서 있다. 뒤로 참성단과 천연기념물 소사나무가 보인다.
2. 마니산 암릉이 일출 빛에 물들었다. 왼쪽으로 갯벌과 여러 섬이 펼쳐진다.
3. 참성단에서 단군로를 따라 내려오면 만나는 후포항의 부드러운 곡선과 석모도.
4. 1717년 강화유수 최석항의 지시로 참성단을 고쳐 쌓은 기록이 담긴 참성단 중수비.

강화도 최고 일출 명소 마니산

강화도를 생각하면 안쓰럽다. 과거 병자호란의 전란 속에서 수도 서울의 역할을 했지만, 지금은 시골 마을처럼 낡고 늙었다. 서울 근교에 있는데도 발전이 더디다. 오히려 그 점이 강화도의 매력이다. 드넓은 갯벌과 너른 들판, 아기자기한 산, 한강과 임진강 등 풍요로운 자연이 잘 남아 있다. 강화도 자연의 정점에 마니산이 우뚝 솟아 있다.

본래 마니산은 강화 본섬과 떨어진 별도의 작은 섬이었다. 1706년 숙종 때 강화유수 민진원이 간척해 지금처럼 하나의 섬으로 연결됐다. 당시에는 마니산으로 가득 찬 하나의 섬이었기에 더욱 특별하게 보였을 것이다.

출발점은 ①함허동천야영장 주차장이다. 드넓은 주차장에 차를 세우고 출발한다. 여기서 전망대까지는 50분쯤 걸리므로 일출 시각을 잘 계산해 맞추자. 헤드랜턴을 켜는 일은 뭔가 성스러운 일의 시작인 것 같다. 빛이 만들어준 길을 따라 걷는다. 함허동천에는 크고 시설 좋은 야영장이 자리해 인기가 좋다. 여기서 하룻밤 묵고 일출 산행에 나서면 금상첨화다.

등산로 들머리는 초행자도 찾기 쉬운 곳에 있다. 야영장의 길을 따라 안으로 쭉 올라가면 된다. 매표소를 지나 갈림길이 나오지만, 어느 쪽으로 가도 상관없다. 포장도로가 끝나는 지점에서 등산로가 시작된다. 계곡 쪽으로 난 길을 따라 조금 가면 바위에 새긴 '함허동천' 글씨를 만날 수 있다. 일출이 목적이라면 무조건 서둘러 올라가는 게 답이다.

1717년 참성단을 고쳐 쌓은 기록, 참성단 중수비

계곡 옆에 난 등산로를 따르다가 뒤를 돌아보자 해안으로 검붉은 띠가 걸렸다. 날이 추울수록 더욱 붉다. 띠를 볼 때마다 마음이 콩닥콩닥 뛴다. 해를 놓칠까 봐 서둘러 걸음을 옮긴다. 10분쯤 가면 정수사와 참성단 가는 길이 갈린다. 참성단 방향으로 가면 차츰 화강암 바위들이 보이고, 15분쯤 오르면 능선에 올라선다.

능선부터는 화강암이 암릉을 이룬다. 10분쯤 더 오르면 ②전망대에 올라선다. 여

마니산 능선에서 바라본 장봉도.

기가 일출 포인트다. 시야를 가리는 잡목이 사라지고, 동검도 일대 드넓은 갯벌과 멀리 영종도와 내륙이 펼쳐진다. 동쪽으로 띠는 이미 사라졌고, 시나브로 밝아온다. 어느 순간 멀리 광교산 산줄기에서 빼꼼 해가 고개를 내민다. 시나브로 떠오른 해는 강화도 갯벌을 벌겋게 물들이며 온누리를 비춘다. 그 따스운 빛을 얼굴에 맞으며 나도 모르게 '모두 잘 되게 해 주세요'라고 소원을 빌었다.

전망대에서 조금 더 오르면 주능선에 올라붙고 시원하게 바다가 펼쳐진다. 왼쪽부터 신도, 시도, 모도 삼총사와 길쭉한 장봉도가 둥둥 떠 있다. 능선에는 넓적한 화강암들이 시루떡처럼 쌓여 있다. 화강암들도 빛을 받아 붉게 보인다. 화강암 능선 길은 겨울철에 미끄러우므로 조심조심 가야 한다. 추락을 방지하는 난간이 설치되어 있다.

아기자기한 암릉을 따라 20분쯤 가면 칠선교 나무다리를 건너 ③ 참성단 중수비(지방문화재 13호)를 만난다. 비석은 우람한 바위에 새겨져 있는데 글자는 거의 알아보기 힘들다. 참성단이 오래되어 무너진 곳이 많으므로 숙종 43년(1717) 강화유수 최석항이 별장 김덕하, 전등사 총섭 신묵에게 중수토록 하여 열흘이 못 되어 중수했다는 내용이다.

단군로를 따라 이어진 호젓한 숲길

참성단 중수비에서 나무 계단을 오르면 헬기장에 닿는다. 여기에 마니산 정상 비목이 서 있다. 비목 뒤로 참성단이 잘 보인다. 참성단은 오전 10시~오후 5시(동절기 오후 4시)까지 개방한다. 새해 일출 행사가 있을 때는 일찍 문을 열기도 한다. 참성단 중수비 내용 중에는 '세상에 전하기를 단군이 돌을 쌓아 단을 만들어 하늘에 제사하던 곳이라 한다'라는 구절이 있다. 이로 보아 참성단은 오래전부터 우리 민족이 하늘에 제사를 지내던 성스러운 공간임을 알 수 있다. 참성단에서 자라는 두툼한 나무는 소사나무로 천연기념물로 지정됐다. 참성단에 흐르는 기가 이 나무를 튼튼하게 키웠다.

참성단을 내려오면 길이 갈린다. 오른쪽은 계단길, 왼쪽이 단군로다. 계단길을 1,004개의 계단이 끝없이 이어진다. 산행하기에는 능선이 이어지는 단군로가 좋다. 단군로를 따르면 한동안 가파른 계단이 이어지다가 ④전망대를 만난다. 이곳 전망대는 친절하게 섬을 한 번 둘러보고 하산하라는 뜻이다. 주문도와 볼음도를 보고 고개를 돌리면 석모도가 잘 보인다. 석모도 앞 반달형 해안의 부드러움이 인상적이다.

전망대를 내려오면 완만한 능선이 이어진다. 이곳 능선은 암릉보다 흙길이 많아 걷는 맛도 좋다. ⑤갈림길에서 우회전하면 울창한 활엽수림을 걷는다. 마니산에서

하산 지점인 마니산 주차장.
멀리 마니산이 보인다.

숲이 가장 좋은 구간이다. 기분 좋게 휘파람을 불며 내려오다 보면 시가 적힌 안내판이 눈에 들어온다. 화남 고재형의 시가 적혀 있다.

마리산(摩尼山)

來坐摩尼最上頭 마니산 최상봉에 올라가 앉아 보니,
江州一片泛如舟 강화섬 한 조각이 배를 띄운 듯하구나.
檀君石迹撑天地 단군의 돌 단은 천지를 떠받들고,
萬億年間與水留 억만년 긴 세월을 물과 함께 남아 있네.

강화에서 나고 자란 선비 화남 고재형(1846~1916)은 1906년 강화섬 순례를 시작했다. 강화도의 마을 명소를 직접 방문하여 256수의 한시를 짓고 마을의 유래와 풍속 등을 설명한 산문을 곁들였다. 그것이 <심도기행(沁都紀行)>이다. 심도는 강화도를 말한다. 강화도의 걷기 길인 '강화나들길'의 1코스가 심도역사문화길이다. 숲길 능선을 30분쯤 내려오면 참성단에서 내려오는 계단로와 합류하고, ⑥마니산 주차장이 나오면서 트레킹이 마무리된다.

코스 지도 COURSE MAP

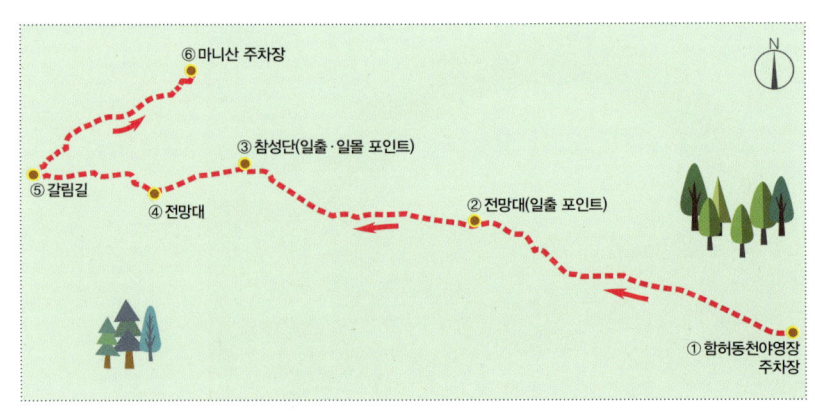

코스 정보 COURSE DATA

길잡이

마니산은 일몰뿐 아니라 일출 명소다. 마니산 일출 포인트는 두 개다. 전통적인 명소인 마니산 참성단 또는 그 옆의 헬기장이다. 상징성은 높지만 해가 마니산 능선의 봉우리에 가리는 단점이 있다. 함허동천에서 올라 만나는 전망대에선 막힘없는 장쾌한 일출을 감상할 수 있다. 산길은 전 구간 어려운 데는 없다. 암릉 구간은 겨울철에 미끄러지지 않게 주의해야 한다. 하산은 계단로보다 단군로가 조망이 좋고 걷기도 편하다.

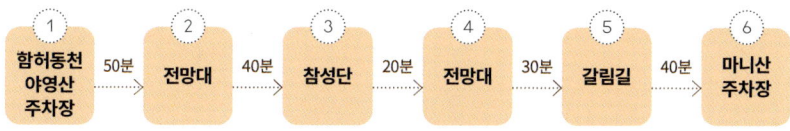

고도표

교통

수도권에서 자가용은 올림픽대로와 김포한강로를 이용하면 강화도에 닿을 수 있다. 지하철 2호선 신촌역, 홍대입구역, 합정역 등에서 3000번 버스를 타면 강화터미널까지 간다. 그 밖에 인천, 부평, 일산 등에서 강화 가는 버스가 있다. 강화터미널→함허동천은 3번 버스가 1일 9회, 4번 버스가 1일 8회 다닌다. 만약 차를 함허동천 주차장에 세웠고, 상방리 마니산 입구로 내려왔으면 버스 타고 함허동천으로 돌아갈 수 있다. 화도버스터미널 또는 마니산 입구 정류장에서 41번 버스를 타면 된다.

· **문의**는 032-934-9105 · **강화군 교통정보** www.ganghwa.go.kr/open_content/main/part/traffic/guide.jsp

맛집

강화고려궁지 앞에 있는 왕자정묵밥(전화 032-933-7807)은 묵밥과 젓국갈비를 잘하는 집이다. 젓국갈비는 몽골의 침략을 받아 강화로 천도했을 시절에 왕에게 진상한 음식이다. 먹거리가 부족해 돼지와 푸성귀, 인삼 등을 넣고 새우젓으로 간을 했다. 강화풍물시장 2층은 먹거리 장터로 전통 순대, 팥죽, 밴댕이 요리 등을 전문으로 하는 식당들이 가득하다. 40년 전통의 제일식당(전화 032-934-0682)의 순댓국이 일품이다.

'황량한 겨울산이 좋아진다면
나이 들었다는 거지'
가평 연인산·명지산

100대 명산

코스 가이드 COURSE GUIDE

주소	경기도 가평군 북면·가평읍
코스	연인산제1주차장(소망능선주차장) > 정상 > 아재비고개 > 명지3봉 > 아재비고개 > 연인산제1주차장(소망능선주차장)
총 거리	15km
시간	7시간
난이도	매우 어려워요
좋을 때	사계절
원점 회귀	○

명지3봉 꼭대기에 서면 가평과 경기 북부 일대의 산들이 한눈에 펼쳐진다.

연인산 정상에서 본 일출. 멀리 춘천의 대룡산 일대가 아스라하다.

경기 5악(화악·운악·송악·관악·감악산) 중에서 화악산과 운악산을 품은 가평 땅은 강원도가 부럽지 않은 산국이다. 수도권에서 가까운 덕분에 산꾼들이 찾고 또 찾는다. 주차장이 잘 갖춰진 연인산은 접근성이 좋고, 2시간이면 정상을 밟을 수 있어 일출 산행으로 제격이다. 일출 후에는 내처 명지3봉까지 오르면 장쾌한 능선 산행을 즐길 수 있다. 명지3봉에서 바라보는 조망은 지리산이 부럽지 않을 정도로 역동적이다.

사랑과 소망이 이뤄지는 연인산

헤드랜턴, 아이젠, 등산화 등 장비를 챙기다 보면 가슴이 콩닥콩닥 뛴다. 어떤 풍경을 만날지, 혹시 눈이라도 내리지 않을지…. 장비를 배낭에 잘 챙겨 넣고, 지도를 보면서 미리 코스를 점검하고 잠자리에 든다.

다음 날, 계획대로 새벽 4시 전에 집을 나섰다. 아직 잠든 거리를 달려 ①연인산제1주차장(소망능선주차장)에 차를 세웠다. 드넓은 주차장에 이미 차 한 대가 서 있었다. 한 팀이 장비를 꾸리더니 곧 출발했다. 하늘을 올려다보니 별이 총총하다. 가슴이 설렌다.

딸깍! 헤드랜턴을 켜자 빛의 길이 생긴다. 이제 헤드랜턴에 의지해 어둠을 살살 몰아내면서 가야 한다. '소망능선, 정상 3.4㎢' 이정표를 보고 출발했다. 차가운 바람에 정신이 번쩍 든다. 길은 잣나무 숲으로 파고든다. 차가운 공기가 폐 속에 들어

나무 데크에 전망대를 설치한 연인산 정상. 오른쪽 멀리 명지산이 우람하게 보인다.

왔다가 입김으로 사라진다. 허연 입김에서 살아 있는 걸 느낀다. 가파른 계단길 앞에서 잠시 쉬며 딸깍 헤드랜턴을 껐다. 그러자 잣나무 가지에 총총 별들이 내려와 매달린다. 별이 열리는 잣나무라니! 야간산행이 주는 짜릿한 선물이다.

소망능선은 단순해서 좋다. 시종일관 오르막이고 외길이다. 봄철에는 철쭉이 많이 핀다. 잣나무 숲이 참나무 숲으로 바뀌면 경사가 더 가팔라진다. 뒤를 돌아보니 동쪽 하늘에 붉은 띠가 곱게 걸렸다. 하늘의 미명은 어느새 여명으로 바뀌었다. 삼거리가 나오면 능선 위에 올라선 것이다. 이제 정상까지 800m. 동편으로 곧 해가 떠오를 기세다. 발걸음을 재촉해 나무 데크가 깔린 ②연인산 정상 전망대에서 일출을 맞았다. 쾌감이 밀려온다. 따뜻한 햇빛을 얼굴 가득 받으며 소망을 빌었다.

연인산은 본래 이름 없는 봉우리였다. 아랫동네에서 우목봉으로 불렀다고 한다. 1999년 가평군에서 '연인산'으로 새롭게 부르고, 산을 잘 가꿔 2005년 9월에는 도립공원으로 지정했다. 정상 비석 앞에는 '사랑과 소망이 이뤄지는 곳'이란 글귀가 쓰여 있다. 이 글귀처럼 연인산에서 소원을 비니 왠지 꼭 이뤄질 것 같다.

1. 연인산과 명지산을 이어주는 아재비고개. 부드러운 능선을 걷는 맛이 일품이다.
2. 연인산과 명지산 일대는 철새들의 이동 경로다. 뚜루루루~ 소리를 내며 두루미 떼가 날아간다.

평화롭고 부드러운 아재비고개

연인산에서 명지산까지는 걷기 좋은 능선길이 이어진다. 능선길 끝에 우뚝 솟구친 명지산을 바라보면 안 가고 배길 수 없다. 그래서 두 산을 연결해 산행하는 사람이 많다. 스틱을 힘차게 쥐고 능선을 밟는다. 여름철 울창했을 숲은 뼈만 남아 앙상하다. 눈이 없는 겨울산은 황량하다. 나이가 들수록 그 황량함도 나쁘지 않다. 산의 황량함에서 늙어가는 세월을, 그리고 자신을 발견해서 그런 걸까.

③아재비고개는 연인산과 명지산의 중간쯤에 자리한다. 아재비고개에는 배가 고파 아이들을 잡아먹었다는 섬뜩한 이야기가 전해 내려온다. 예전 가평 산골에 뿌리를 내린 화전민들의 고달픈 삶이 조금은 과장되어 고갯길에 전설로 서린 것이다. 이름과 달리 아재비고개는 평화롭다. 층층나무 고목 아래 식탁 하나가 덩그러니 놓여 있어 점심 먹기 좋다. 3월 초순이면 아재비고개 일대는 아이들의 넋처럼 변산바람꽃, 복수초 등의 야생화들이 지천으로 핀다.

아재비고개에서 명지산 방향을 따르면 꿈결처럼 부드러운 능선이 이어진다. 푹신푹신한 길의 촉감이 발바닥을 타고 전해오고, 유연한 길의 곡선이 아름답다. 하지만 부드러운 길은 금방 끝나고 가파른 오르막이 이어진다. 1km가 넘는 이 길이 고비다. 급할 것 없이 쉬엄쉬엄 한 발짝 한 발짝 오르다 보면, 기어코 명지3봉에 올라선다.

④명지3봉은 명지산을 구성하는 3개의 봉우리 중 막내이지만, 조망은 최고다. 주의할 점은 명지3봉 이정표 앞쪽으로 보이는 하얀 암봉에 올라야 조망이 열린다는 점이다. 나무 사다리가 끝나는 지점에서 오른쪽으로 암봉을 오르면 된다. 무심코 지나갈 수 있으니 꼭 확인하자.

가평 최고의 전망대, 명지3봉

암봉에 올라서면 탄성이 터져 나온다. 거짓말 조금 보태면, 가평과 경기 북부 일대의 산들이 전부 보인다. 우선 걸어온 연인산 능선이 유장하게 흐르고, 그 왼쪽으로 매봉, 깃대봉, 칼봉산 등 아기자기한 가평의 산들이 펼쳐진다. 그 뒤 멀리 용문산과 유명산 등이 하늘에 스카이라인을 그린다. 날이 맑은 날에는 강원도 오대산까지 보인다. 산들 사이로 북한강이 굽이치는 모습도 찾아볼 수 있다.

첩첩 산들이 그리는 산그리메는 언제 봐도 기분이 좋다. 하얀 암봉에 오래 머물렀다. 황량한 겨울산에서 눈부시게 빛나는 암봉 자체도 매력적이다. 운 좋게 머리 위로 끼룩끼룩 소리 내며 편대 비행하는 기러기 떼를 만났다. 겨울철 연인산과 명지산 일대는 철새들의 이동 경로다.

하산은 다시 ⑤아재비고개로 내려와 백둔리에서 마무리하는 걸 추천한다. 백둔리로 내려오면 원점 회귀가 가능해 차량을 회수할 수 있다. 명지2봉에서 백둔리로

하산하는 길은 조난 위험이 있고, 명지1봉까지 갔다가 익근리로 내려오는 건 길이 너무 멀다.

한 번 밟아본 길은 눈에 익어 쉽게 느껴진다. 아재비고개에서 백둔리로 방향으로 내려선다. 제법 험한 길을 조심조심 1시간 30분쯤 내려오면 백둔리 마을이 나타나고, ⑥버스정류장 종점을 만난다. 종점에서 차를 세워둔 ⑦연인산제1주차장까지는 40분쯤 더 걸어야 한다. 차를 세운 주차장까지 터벅터벅 걷는다. 온몸이 뻐근하지만, 뿌듯한 즐거움이 잔잔하게 밀려온다.

3. 명지3봉에서 본 연인산의 부드러운 능선.
4. 백둔리 하산 지점에서 본 나무들. 나뭇가지를 모두 떨어뜨린 메타세쿼이어 숲과 그 뒤로 잣나무 숲이 비교된다.
5. 산행의 출발점이자 도착점인 연인산제1주차장(소망능선주차장). 가운데 나무 계단을 오르면서 산행이 시작된다.

코스 정보 COURSE DATA

길잡이

초보자 또는 100대 명산 인증이 목적이라면 연인산 일출을 감상하고 아재비고개에서 하산하는 걸 추천한다. 산행 경험자라면 명지3봉에 올라 장쾌한 조망을 놓치지 말자. 명지2봉에서 백둔리로 하산하는 길이 있지만, 워낙 험하고 정식 등산 코스가 아니라 권하고 싶지 않다. 명지1봉을 거쳐 익근리로 내려오는 방법도 있지만, 주차장에 세운 차량을 회수하기가 곤란하다.

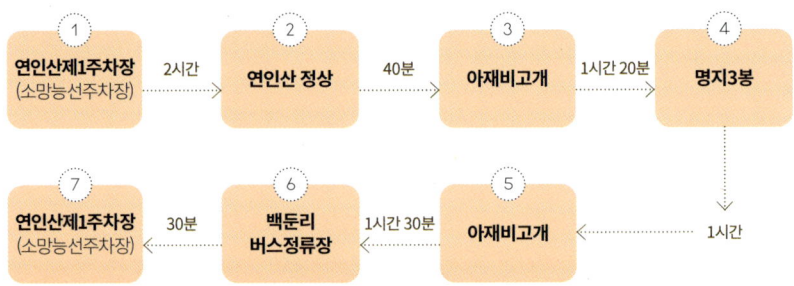

교통

수도권에서 자가용은 경춘로를 통해 가평읍, 북면을 거쳐 연인산제1주차장에 닿는다. 가평역에서 백둔리행 버스는 1일 3회(06:50 · 10:20 · 17:00) 다닌다. 가평역에서 목동버스터미널행 버스는 20~50분 간격으로 있고, 목동버스터미널에서 백둔리행 버스는 07:10~18:30, 1일 7회 다닌다.

· **문의** 가평터미널 031-582-2308 · **버스 시간표 참고** www.gp.go.kr/portal/contents.do?key=2173

맛집

원조장작불곰탕(전화 031-584-0751)은 가평읍과 청평면 사이의 경춘국도에 있어 접근성이 좋다. 이 집은 장작불을 24시간 동안 때 진한 국물을 우린다. 곰탕에서 불맛이 난다고 해서 불곰탕이란 이름이 붙었다. 불곰탕은 깊은 국물이 일품이고, 차돌박이 넣은 차돌박이곰탕, 무릎도가니탕도 인기다.

코스 지도 COURSE MAP

숙소

가평에는 우리나라 휴양림 중에서 보석으로 꼽히는 강씨봉자연휴양림(전화 031-8008-6611)과 칼봉산자연휴양림(전화 031-8078-8062)이 자리한다. 풍요로운 숲과 계곡의 품에서 하룻밤 묵으면 절로 힐링이 된다.

· **예약** 숲나들e www.foresttrip.go.kr.

노을과 함께 사라지고 싶은
안산 구봉도 낙조전망대

코스 가이드 COURSE GUIDE

주소	경기도 안산시 단원구 대부북동 일대
코스	구봉도 공영주차장 > 구봉이 선돌 > 낙조전망대 > 구봉도 공영주차장
총 거리	4.8km
시간	1시간 20분
난이도	쉬워요
좋을 때	사계절
원점 회귀	○

구봉도 낙조전망대에는 '석양을 가슴에 담다'라는 조형물이 있어 노을을 더욱 아름답게 한다.

1. 구봉도 공영주차장 앞에 낙조전망대로 가는 산길 입구가 있다. 2. 해변길을 따라가면 만나는 구봉이 선돌.
3. 구봉이 선돌을 지나면 낙조전망대가 자리한 구봉도 끝자락이 보인다. 4. 구봉도 끝자락과 구봉도를 이어주는 개미허리아치교.
5. 개미허리아치교에서 본 산길과 해안길. 한 가족이 해변길을 따르고 있다.

구봉도는 대부도 북서쪽 바다를 향해 뾰족하게 튀어나온 곳이다. 지도를 보면, 새가 바다 쪽으로 주둥이를 쭉 내민 것처럼 보인다. 구봉도는 예전에는 섬이었고, 낙조가 유명했다. 안산시에서 대부해솔길을 조성하면서 구봉도 끝자락에 낙조전망대를 만들었다. 덕분에 사진 좀 찍는다는 사람들은 한두 번쯤 가봤을 명소로 자리 잡았다. 구봉도 공영주차장부터 느릿느릿 걸어 황홀한 노을을 만나보자.

대부해솔길의 최고 절경, 구봉도 낙조전망대

① 구봉도 공영주차장에 닿으니 해가 떨어지는 시간이 1시간밖에 안 남았다. 다행히 물이 안 차 해변길을 걷는다. 보통 산길을 따라 낙조전망대에 갔다가 해변길로 돌아오는 게 정석이다. 만약 물때가 안 맞아 밀물이 가득하면 산길로만 다녀야 한다. 구봉도는 대부해솔길 1코스에 포함된다. 대부해솔길은 총 7개 코스가 있고, 그중 1코스가 가장 인기가 좋다. 구봉도 낙조전망대 덕분이다. 낙조전망대가 목적이라면 구봉도 공영주차장에서 낙조전망대까지 설렁설렁 걸어 다녀오면 된다.

주차장에서 해변 쪽으로 가면 ②종현농어촌체험마을이 나온다. 바지락 갯벌 체험이 유명한 곳이다. 이곳에도 주차장이 있다. 체험마을을 지나 15분쯤 가면 ③구봉이 선돌을 만난다. 구봉이는 구봉도에서 가장 높은 꼭대기를 일컫는 말이다. 높아야 100m가 채 안 된다.

선돌은 2개가 있는데, '할미바위'와 '할아비바위'라고도 부른다. 태안의 꽃지해수욕장의 바위들과 이름도 생김새도 비슷하다. 선돌 건너편으로 화력발전소가 자리한 영흥도와 선재도를 연결하는 영흥대교가 보인다. 선돌을 지나면 앞쪽으로 망망대해가 시원하게 펼쳐진다. 오른쪽으로 구봉도 끝자락이 보이는데, 자세히 보면 그곳에 데크를 설치한 낙조전망대와 빨간 등대가 보인다.

운이 좋다. 날이 투명하고, 노을이 지는 쪽으로 구름이 많아 역동적인 풍광이 펼쳐진다. 갈매기들도 좋은지 하늘에서 사선을 그린다. 시나브로 저물면서 빛나는 바다와 구름이 심상치 않다. 저절로 발걸음이 빨라진다. 구봉도 끝자락에 작은 섬이 있는데, 섬과 구봉도가 연결된 잘록한 목을 개미허리라고 부른다. 여기에 작은 다리를 놓았다. 다리 이름이 ④개미허리아치교다.

아치교에 올라 호젓한 능선을 걷는다. 대부해솔길이란 이름처럼 해송이 울창하다. 10분쯤 솔숲을 지나면 낙조전망대로 내려가는 길이 보인다. 해상 데크를 따라 낙조대전망대까지 이어진다.

황홀한 노을과 어둠을 만나다

⑤낙조전망대에는 황금색으로 빛나는 '석양을 가슴에 담다'라는 조형물이 자리한다. 낙조전망대를 더욱 유명하고 아름답게 만든 게 해를 형상화한 이 조형물이다. 조형물의 핵심은 거대한 링이다. 사람들은 링 안으로 떨어지는 해를 넣어 사진을 찍거나, 링에 앉아서 기념 촬영을 한다. 낙조전망대 옆에 빨간 등대가 있고, 앞쪽으로 보이는 작은 섬은 변도다. 변도 뒤로 산이 제법 높은 섬은 인천의 무의도. 변도와 무의도가 어우러진 모습도 일품이다.

거대한 구름이 노을 지는 쪽으로 낮게 드리우고 있다. 다행히 수면과 구름 사이에 작은 공간이 열렸다. 시나브로 해가 구름 속으로 모습을 드러낸다. 바다를 붉게 비추던 해는 순식간에 바닷속으로 미끄러져 들어간다. 절정의 순간은 짧다.

해가 지면 사람들은 순식간에 사라진다. 하지만 해가 사라졌다고 노을이 끝난 게 아니다. 해는 바닷속으로 잠기면서 더욱 오묘한 빛을 뿜어낸다. 그리고 시나브로 바다에 어둠이 찾아오고, 어둠은 남은 빛을 야금야금 먹어 치운다. 그 모습을 가만히 지켜봤다. 노을도 매력적이지만, 그 뒤에 찾아오는 어둠도 이상하게 끌린다. 노을과 함께 사라지고 싶다는 생각도 들었다.

돌아갈 시간이다. 주변이 어둑어둑하지만, 랜턴을 켜지 않아도 걸을 수 있을 정도다. 개미허리아치교에서는 오이도와 영흥도의 야경이 반짝반짝 빛난다. 어쩌면 노을을 본다는 건, 어둠을 만나는 시간인 줄도 모르겠다. 어둠은 익숙하지 않아 약간 무섭게 느껴지지만, 독특한 매력이 있다. 어둠의 품에 안기면 편안하다. ⑥구봉도 공영주차장으로 돌아와 트레킹을 마친다.

코스 지도 COURSE MAP

코스 정보 COURSE DATA

구봉도 낙조전망대. 빨간 등대가 전망대 옆에 있다.

낙조전망대에서 본 변도. 뒤로 보이는 큰 섬이 무의도다.

길잡이

구봉도는 대부해솔길 1코스에 포함된다. 구봉도 공영주차장에서 산길과 해변길을 선택할 수 있다. 보통 산길로 갔다가 해변길로 돌아온다. 밀물이 가득할 때는 해변길이 잠긴다. 이때는 산길로만 가야 한다. 산길은 산허리를 타고 가기에 힘들지 않다. 대부해솔길 1코스는 대부도 관광안내소(방아머리공원) ▶ 북망산 ▶ 구봉도 낙조전망대 ▶ 지섬안길로 총 거리 11.3㎞, 4시간쯤 걸린다.

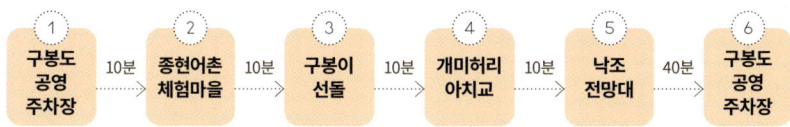

교통

자가용을 이용하는 게 좋다. 제3경인고속화도로 정왕IC로 나와 찾아간다. 구봉도 공영주차장에 차를 세워두고 이동한다.

맛집

바르미백합칼국수(전화 032-880-1716)는 살이 포동포동한 큼직한 백합을 넣은 칼국수가 별미다. 백합죽도 괜찮다. 우리밀칼국수(전화 0507-1400-9083)는 대부도에서 유명한 칼국숫집으로 해물을 듬뿍 넣은 우리밀해물칼국수가 인기다.

드넓은 암반에 누워 하늘을 보라!
의정부 사패산 국립공원

코스 가이드 COURSE GUIDE

주소	경기도 의정부시 의정부동·양주시 장흥면 울대리 일대
코스	회룡역 > 회룡사 > 사패산 > 회룡역
총 거리	10km
시간	3시간 30분
난이도	무난해요
좋을 때	사계절, 노을
원점 회귀	○

해가 저물 무렵의 풍경이 아름다운 사패산은 노을 명소다.

1. 회룡사는 태조 이성계와 무학대사의 전설이 내려오는 유서 깊은 절이다.
2. 회룡사에서 사패능선으로 오르는 나무 데크길.
3. 사패능선에 자리한 회룡바위.
4. 아래에서 바라본 사패산은 풍만한 암봉이다.
5. 드넓은 암반에 누워 도봉산과 북한산 조망을 즐기는 산꾼의 모습.

도봉산 가장 북쪽에 사패산이 있다. '산'이란 이름이 붙어 도봉산과 별개의 산 같지만, 도봉산 봉우리 중 하나다. 사패산은 도봉산과 북한산의 수려한 봉우리를 빚은 신이 자신이 만든 작품을 한눈에 감상하기 위해 만든 봉우리처럼 조망이 일품이다. 정상 일대는 운동장처럼 너른 암반의 모습도 특별하다. 사패산의 또 하나의 비밀은 노을 명소라는 점이다. 저물 무렵, 서편 하늘에 퍼지는 노을이 한강과 도봉산 암봉들을 함께 물들이는 모습은 장관 중의 장관이다.

선조가 딸 정휘옹주에게 하사한 산

사패산(賜牌山)은 선조의 여섯째 딸인 정휘옹주가 유정량에게 시집갈 때 하사한 산이다. 그래서 이런 이름이 붙었다. 유정량은 얼마나 좋았을까. 도봉산의 보물을 얻었으니 말이다. 나 같으면 매일 올라 흐뭇하게 북한산과 도봉산을 바라보았으리라.

사패산은 최근 산린이들이 어렵지 않게 올라 멋진 인증샷을 남기는 대상지로 인기가 좋다. 그만큼 멋진 사진을 남길 수 있기 때문이다. 들머리는 서울에 사는 사람은 회룡사, 의정부 쪽에 사는 사람은 안골계곡이 적당하다.

①·⑦회룡역에 내려 상가와 아파트 사이를 지나면 회룡골로 접어든다. 회룡골은 계곡이 수려하고 산세가 완만하다. 도봉동과 원도봉유원지에 비해 찾는 사람이 적어 호젓한 트레킹을 즐길 수 있다. 400년이 넘은 회화나무를 지나면 회룡탐방지원센터를 만난다.

회룡사 직전에 약 60m 높이의 회룡폭포가 있다. 갈수기엔 그저 계곡으로 보이지만 수량이 풍부할 때는 우레와 같은 소리와 함께 폭포의 진수를 보여준다. ②·⑥회룡사는 이성계와 무학대사의 전설이 내려오는 유서 깊은 절이다. 태조가 함흥에서 한양의 궁성으로 돌아오는 길에 무학을 방문했다. 당시 무학은 정도전의 미움과 시기를 받아 토굴에 몸을 숨기고 있었다. 태조는 이곳에서 며칠을 머물렀고, 무학은 절을 짓고는 임금이 환궁한다는 뜻으로 절 이름을 회룡이라 했다.

회룡사 입구에서 등산로를 따르면서 본격적인 산길이 시작된다. 수려한 계곡을 따라 오르는 길이 상쾌하다. 한동안 나무 데크를 지나 지루한 철계단을 끝나면 ③·⑤사패능선으로 접어든다.

사패산이 900m쯤 남은 지점에서 오른쪽으로 회룡바위가 살짝 보인다. 대개 사람들은 그대로 사패산으로 향하지만, 회룡바위를 놓칠 수 없다. 50m쯤 가면 회룡바

❹

❺

위를 만난다. 바위 주변으로 고풍스러운 소나무 고목이 기품 있고, 여러 바위가 첩첩 쌓인 회룡바위의 생김새가 예사롭지 않다.

일생일대의 노을을 만나다

회룡바위를 영접하고 다시 길을 나서 20분쯤 가면 ④사패산에 올라선다. 사패산 정상은 널따란 암반이다. 수백 명이 앉을 수 있을 만큼 규모가 크다. 바위에 앉으면 도봉산에서 북한산까지 일필휘지로 펼쳐진다. 정상 일대에는 바위에 누워서 한가롭게 오랫동안 머무는 사람들이 꽤 많다. 누워보면 하늘이 드넓게 열리면서 몸이 두둥실 떠오르는 느낌이다.

오후에 출발한 덕분에 점점 해가 기우는 모습을 지켜본다. 시나브로 날씨가 맑아지면서 예사롭지 않은 빛이 번진다. 1년에 몇 번 만나지 못하는 멋진 노을을 예감한다. 이런 날에 사패산에 있는 것만큼 축복이 또 있을까. 노을은 한강을 물들인 것에 만족하지 않고, 긴 꼬리를 도봉산과 북한산에 드리운다. 내려갈 걱정도 잊고, 바위에 누워 심해처럼 깊어가는 하늘을 바라본다.

코스 지도 COURSE MAP

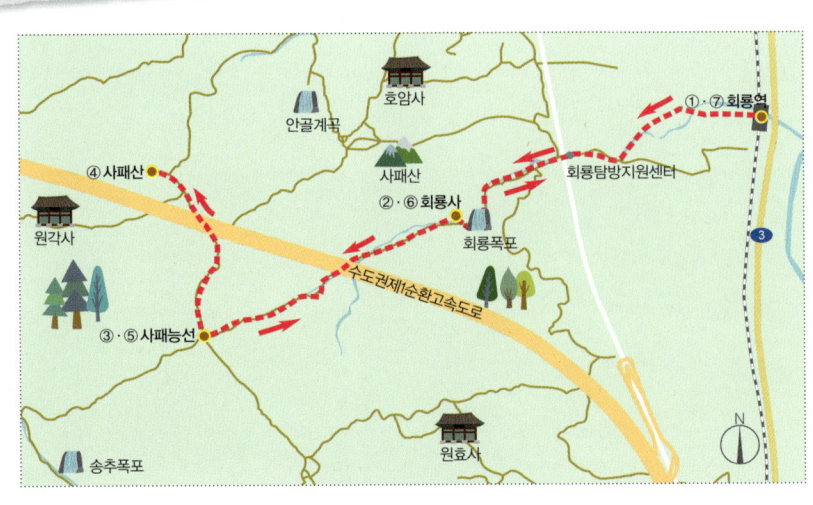

코스 정보 COURSE DATA

길잡이

회룡골 코스는 회룡역에서 출발하면 제법 멀지만, 등산로가 단순하고 쉽다. 일몰을 본 후에는 안골 계곡으로 하산할 수 있지만, 등산로가 단순한 회룡골로 다시 내려오는 걸 추천한다. 회룡사부터 포장도로라 일몰 후 내려오는 게 수월하다.

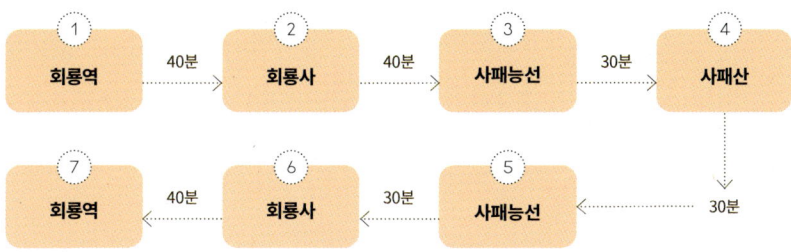

교통

자가용은 회룡골 작은 공터에 주차할 수 있다. 대중교통은 지하철 1호선 회룡역 3번 출구로 나와 회룡사를 찾아간다.

맛집

의정부평양면옥(전화 031-877-2282)은 수도권 냉면의 역사라고 해도 과언이 아니다. 이 집의 첫째 딸이 필동면옥, 둘째 딸이 을지면옥을 열었다고 한다. 딸들이 낸 냉면집보다 담백한 맛이 끌린다.

테마편 | 산성

유구한 역사의 숨결이
깃들어 있는

성곽 트레킹

돌로 쌓은 폐곡선을 따라가는 시간 여행
서울 북한산성 `국립공원`

100대 명산

조선시대 북한산성의 정문 격이었던 대남문. 뒤로 백운대와 멀리 도봉산이 펼쳐진다.

코스 가이드 COURSE GUIDE

주소	경기도 고양시 덕양구 북한동, 서울시 은평구·성북구·강북구·도봉구 일원
코스	북한산성 탐방지원센터 > 원효봉 > 의상봉 > 북한산성 탐방지원센터
총 거리	14.6km
시간	7시간
난이도	매우 어려워요
좋을 때	사계절
원점 회귀	○

북한산엔 북한산성이 있다. 남한산성은 널리 알려졌지만, 북한산성의 존재는 희미하다. 실제로 왕이 피난 와 이용해 본 적이 없기 때문이다. 하지만 북한산은 북한산성과 떼어놓고 생각할 수 없다. 북한산성이 북한산이라는 천연의 요새를 최대한 이용해 만든 까닭이다. 백제시대에 처음 만들어진 산성은 1711년 조선 숙종 때 대대적으로 증축됐다. 당시 산성은 14개의 성문과 동·남·북장대, 120칸의 행궁, 140칸의 군창 등이 있어 유사시에 수도를 대신할 수 있었다.

1. 조망이 좋은 상운사. 석탑 뒤에 400년 된 향나무가 있다.
2. 북한산성 탐방지원센터 근처 둘레교에서 바라본 북한산. 가운데 펑퍼짐한 봉우리가 원효봉이다. 그 옆으로 살짝 고개 내민 백운대, 만경대, 노적봉이 차례로 보인다.
3. 원효봉에서 볼 수 있는 성벽. 기존 돌을 이용해 성벽을 쌓았다. 북한산성의 모습을 단적으로 보여준다.

4. 원효봉 정상에서 펼쳐진 북한산 정상부. 왼쪽으로 염초봉, 백운대, 만경대가 돌불꽃처럼 활활 타오른다.
5. 백운대 앞에서 본 인수봉의 도도한 위용.

험준한 산세를 이용한 천혜의 요새

북한산성은 규모나 시설 면에서 우리나라 산성 중 수작이다. 특히 자연과의 조화가 압권이다. 어디가 자연이고 어디가 산성인지 모를 정도다. 북한산성 트레킹은 산성에 얽힌 우리 역사의 아픔과 역동적인 북한산의 아름다움을 느낄 수 있다. 총 14개의 성문 중에서 능선에 있는 12개의 성문을 거치기 때문에 흔히 '12성문 종주'라고 부른다.

북한산성을 이해하기 위해서는 지도를 보면서 전체 그림을 그려보는 게 필수다. 대서문은 산성에서 가장 낮은 곳으로 산성계곡 옆에 자리 잡고 있다. 대서문에서 왼쪽으로 서암문(시구문), 원효봉, 북문을 거쳐 백운대까지 치달은 것이 원효능선이다. 대서문 오른쪽으로 의상봉, 가사당암문, 부왕동암문, 청수동암문을 거쳐 문수봉까지 이어진 것이 의상능선이다. 그리고 백운대에서 문수봉까지는 산성주능선으로 연결되어 있다. 북한산성은 북한산의 뼈대를 이루는 험준한 세 개의 능선을 따라 아름다운 폐곡선을 그린다. 폐곡선은 북한산계곡 방향으로만 열려 있다. 그곳 너른 평지에 행궁과 군창 등이 들어섰다.

출발점은 ①북한산성 탐방지원센터다. 자가용을 이용했을 경우는 북한산성 탐방지원센터 앞의 주차장에 차를 세운다. 탐방지원센터 뒤쪽으로 북한산성 둘레길이 지난다. 둘레교 앞에서 가야 할 원효봉이 잘 보인다. 원효봉 옆으로 백운대가 살짝 고개를 내밀고, 노적봉이 봉긋 솟았다.

둘레교를 건너 북한산둘레길 내시묘역길을 800m쯤 가면 원효봉 가는 길이 갈린다. 이 일대가 효자농원이다. 이어지는 돌계단을 15분쯤 오르면 첫 번째 성문을 만난다. 산성 안의 시체가 나오는 문으로 알려진 ②서암문(시구문)이다.

서암문으로 들어서면 북한산성 입구의 덕암사에서 올라오는 길과 만나고, 15분쯤 더 오르면 원효암이 나타난다. 이 암자는 절벽 아래 대서문 일대가 한눈에 내려다보이는 기막힌 자리에 앉아 있다. 근처에 원효가 수행했던 원효대가 있다고 해서 원효암이란 이름이 붙었다.

암자 앞으로 난 길을 따라 암봉을 하나 넘으면 ③원효봉 꼭대기에 올라선다. 원효봉 정상은 온통 암반이라 정상 자체의 풍광도 뛰어나지만, 조망은 북한산에서 둘째가라면 서러울 정도로 빼어나다. 마치 돌불꽃처럼 치솟은 염초봉, 백운대, 만경대, 노적봉이 눈앞에 우뚝하다. 북한산에는 이런 화강암 바위봉이 32개 있다. 우리나라에서 보기 힘든 이런 산이 수도 서울을 지키고 있다는 게 신기할 따름이다. 노적봉 오른쪽으로 대동문~문수봉~용출봉~의상봉까지 주요 봉우리와 성문이 한눈에 보이니 가슴이 콩콩 뛴다.

남한산성의 굴욕을 딛고

1711년에 진행된 북한산성 증축은 소 잃고 외양간 고치는 꼴이었다. 병자호란의 뼈아픈 굴욕을 당한 후에 수도 한양에 가까운 철옹성의 필요성을 깨달은 것이다. 그렇게 완성된 북한산성은 안타깝게도 한 번도 실전에 사용하지 못했다. 북한산성은 외세에 대항하기 위해 세워졌지만 그 가치를 제대로 인식하고, 그것을 최대한 이용한 자들은 오히려 외세였다. 산성 내 축조되어 있던 시설물들을 철저하게 파괴한 건 일본인이었다. 그들은 산성이 항일무장투쟁의 본거지로 사용된다면 얼마나 진압이 어려울지를 훤히 꿰뚫고 있었다.

원효봉에서 능선을 따라 내려오면 ④북문에 닿는다. 북문에서 능선은 암릉으로 치솟아 염초봉(영취봉)을 지나 백운대로 이어진다. 이곳을 산악인들은 '원효리지'라고 부르는데, 워킹 등산객들의 사고다발 지역이다. 북한산에서 가장 많은 사고가 이

산성계곡 쪽에서 올라오면 백운봉암문을 통과한다.

북한산성의 총 지휘소 역할을 했던 동장대.

곳에서 일어난다. 풍광은 빼어나지만 그만큼 위험하다는 뜻이다. 따라서 북문에서는 위험한 능선을 따르지 말고 계곡길을 따라 위문으로 가는 게 정석이다.

북문에서 내려오는 길에 잠시 들른 상운사는 염초봉, 백운대, 만경대, 노적봉을 병풍처럼 두르고 있다. 예전에는 133칸 규모의 큰 절이었지만 한국전쟁 때 대부분 소실되었다. 대웅전 옆에 서 있는 부서진 탑과 수백 년 묵은 향나무만이 예전의 영화를 말해 주고 있다.

빙폭으로 변한 개연폭포와 약수암을 거쳐 30분쯤 꾸준히 고도를 올리면 ⑤백운봉암문(위문)에 닿는다. 이 암문은 백운대에서 만경대로 흘러가는 암릉의 V자 안부에 자리 잡은 그야말로 천혜의 요새다. 가히 백 사람만 지켜도 만 명 이상의 적군을 막을 수 있는 지형이다.

백운동암문에서 백운대까지는 선택 코스다. 시간 여유가 되면 들러보면 좋다. 암문을 지나 아래에서 올려다본 ⑥백운대의 풍만한 암봉은 언제 봐도 후덕하다. 암봉을 사선으로 우회하면 인수봉이 내려다보이고 태극기가 휘날리는 정상이 지척이다. 백운대에서 북한산 전체를 둘러보면 맑고 밝은 기운이 밀려옴을 느낄 수 있다. 선조들은 이것을 호연지기라 불렀다.

북한산성의 총 지휘소 동장대

다시 백운동암문으로 내려와 능선을 타고 만경대를 우회한다. 이 길을 '낭만길'이라 부른다. 그 이름처럼 휘파람이 절로 나는 호젓한 길이지만, 겨울철에는 응달이므로 매우 미끄럽다. ⑦용암문을 지나면서 비로소 길이 순해진다. 이어 널찍한 용암사 터를 지나고 봉우리에 오르면 동장대(東將臺)가 버티고 있다.

장대는 장수의 지휘소로 시단봉 위의 동장대, 나한봉 동북에 남장대, 중성문 서북에 북장대 등 3개소가 있었다. 이 가운데 유일하게 복원된 ⑧동장대는 북한산성의 총 지휘소 역할을 했다. 성을 쌓은 이듬해 숙종이 친히 이곳에 올라 시를 지었다고 전해진다. 당시 국가에서 북한산성에 쏟았던 기대를 짐작할 수 있다.

다시 완만한 능선을 따르면 대동문이 나온다. 문 앞은 널찍한 평지로 산꾼들이 휴식 장소로 애용하는 곳이다. ⑨보국문을 지나 봉우리에 올라서면 서울 도심 풍경이 시원하게 펼쳐지고, 산성주능선이 힘차게 달려 백운대까지 이어진다. 봉우리를 내려오면 ⑩대남문에 닿는다.

대남문은 조선시대 가장 통행이 잦았던 성문이다. 한양에서 북한산성에 가려면 도성 성문인 자하문으로 나와 세검정을 지나 대남문을 통과하는 것이 산성 안으로 들어가는 최단 거리였다. 조선시대 선인들의 북한산 유람록을 살펴보면 대부분 이런 경로를 통해 북한산성을 구경했다.

6. 산성주능선에서 바라본 서울 도심. 왼쪽으로 강북구 시내, 오른쪽으로 북악산, 남산, 관악산이 첩첩 펼쳐진다.
7. 대남문으로 가다 뒤돌아본 풍경. 산성주능선이 힘차게 흘러 백운대까지 이어진다. 뒤로 도봉산이 보인다.
8. 용출봉에서 내려오면서 바라본 의상봉(왼쪽)과 원효봉(오른쪽).

대남문에서 지척인 문수봉은 산성주능선, 비봉능선, 의상능선이 만나고 갈라지는 꼭짓점이다. 문수봉부터 의상능선을 따르는데, 앞으로 만날 봉우리들이 만만치 않다. 초보자들은 특히 조심해야 한다.

청수동암문을 지나 쇠난간을 붙잡고 한바탕 땀을 쏟으면 나한봉에 올라선다. 이어 길은 의상능선에서 가장 바위미가 좋은 나월봉을 오른쪽으로 우회한다. 우회로에서 군데군데 능선으로 오르는 길이 나온다. 구경삼아 능선에 올라서면 바위 전시장이 펼쳐진다. 각양각색의 바위들이 멀리 백운대, 용출봉 등과 어울려 독특한 풍경을 자랑한다.

북한산성의 최고 난코스 의상능선

나월봉을 지나면 북한산성이 감싸고 있는 산성계곡의 전모가 드러난다. 과연 120칸 행궁이 들어서고, 수천 군사가 머물렀을 만큼 넓고 넉넉하다. ⑪부암동암문에서 한숨을 돌리면 증취봉과 용혈봉, 그리고 용출봉을 연속해서 넘게 된다. 오르막과 내리막이 심한 이곳이 최대 고비다. 오른쪽으로 원효능선, 왼쪽으로 비봉능선이 하늘에 마루금을 그리며 장쾌하게 흘러가는 풍경이 장관이다.

용출봉에서 내려서는 길은 벼랑이다. 쇠난간에 의지해야 하고 무릎 고생도 각오해야 한다. 이어 가사당암문을 찍고 10여 분 오르면 마지막 봉우리인 ⑫의상봉에 올라선다. 의상봉은 원효봉보다 못하지만 그래도 제법 넓은 암반 지대다. 앞쪽으로 원효봉에서 염초봉을 지나 백운대로 이어지는 원효능선이 장쾌하다.

원효봉에서 하산은 여러 길이 있다. 의상봉에서 곧바로 북한산성 탐방안내소 쪽 코스는 워낙 험해 추천하고 싶지 않다. 가사당암문으로 돌아가 국녕사를 거쳐 내려가는 게 안전하다. 국녕사에서 거대한 철불을 구경하고, 급경사를 내려가면 곧 도로에 닿는다. 느긋하게 도로를 따라 내려오면 12번째 성문인 ⑬대서문에 닿는다. 대서문을 통과하자 기다렸다는 듯 땅거미가 몰려오고 ⑭북한산성 탐방지원센터에 다다른다.

조선 후기의 문신 이옥(1760~1812)은 북한산을 유람하고 '멋지다'는 말을 반복하여 쓰면서 언어의 주술적 힘으로 북한산의 아름다움을 표현했다. 그의 문장을 인용해 북한산성 트레킹의 마침표를 찍는다.

'서암문은 멋지고, 원효봉은 더욱 멋지다. 북문도 멋지고, 백운동암문은 대단히 멋지고, 백운대 오르는 아슬아슬한 길도 멋지다. 용암문은 담백해서 멋지고, 대남문은 수려해서 멋지다. 나한봉은 천길 벼랑이라 멋지고, 의상봉은 활달해서 멋지다. 대서문으로 나온 것도 멋지고, 산성 입구에서 돌아보는 것도 멋지다. 북한산성에는 멋진 것이 이렇게도 많아라!'

코스 지도 COURSE MAP

맛집

북한산성 입구 상가촌에는 많은 식당이 있다. 북한산손칼국수(전화 0507-1407-4413)는 가성비가 좋고, 가야밀냉면해물칼국수(전화 0507-1343-5546)는 시원한 밀면, 산들애건강밥상(전화 02-385-9693)은 보리밥, 코다리찜 등이 주메뉴다. 스마일 북한산 명품 꽈배기(전화 0507-1333-9080)는 간식으로 인기가 좋다.

코스 정보 COURSE DATA

길잡이

북한산성 트레킹은 산성을 한 바퀴 돌며 능선에 있는 12개의 성문을 지난다. 북한산성의 성문은 모두 14개다. 원효능선에 서암문과 북문 등 2개, 주능선 상에 백운봉암문, 용암문, 대동문, 보국문, 대성문, 대남문 등 6개, 의상능선에 청수동암문, 부왕동암문, 가사당암문, 대서문 등 4개, 총 12개가 능선에 있다. 나머지 2개는 산성계곡에 자리 잡은 중성문과 수문이다.

트레킹은 능선을 따르지만 원효능선의 북문~백운대 구간의 원효리지와 백운동암문~용암문 구간의 만경대리지는 위험하기에 우회한다. 백운봉암문에서 정상인 백운대까지는 선택 코스다. 진행 방향은 서암문(원효봉)에서 시작해 대서문(의상봉)에서 마무리하는 게 일반적이다. 반드시 12개 성문을 모두 찍어야 하는 것은 아니다. 시간이 부족하고 체력이 떨어지면, 대남문과 청수동암문 등에서 산성계곡으로 내려올 수 있다.

교통

자가용은 연신내, 구파발 또는 서울외곽순환도로 송추IC 등을 통해 접근한다. 대중교통은 지하철 3호선 구파발역에서 704번 버스를 탄다. 북한산성입구 정류장에서 내려 산성계곡 안으로 10분쯤 걸으면 북한산성 탐방지원센터가 나온다.

호국의 함성 울리는 서울의 수호신
고양 행주산성

행주대첩비 앞에서 본 덕양정과 방화대교. 한강과 함께 시원한 조망이 펼쳐진다.

코스 가이드 COURSE GUIDE

주소 경기도 고양시 덕양구 행주내동 일대
코스 행주산성역사공원 주차장 > 진강정 > 행주대첩비 > 행주산성역사공원 주차장
총 거리 3km
시간 1시간 30분
난이도 쉬워요
좋을 때 사계절
원점 회귀 ○

1. 출발점인 행주산성역사공원. 한강이 이어져 산책하기 좋다. 2. 한강이 내려다보이는 팔각초소전망대.
3. 산길이 끝나면서 진강정을 만난다. 4. 덕양산 정상에는 옛 대첩비가 있는 대첩비각과 새로 세운 거대한 행주대첩비가 함께 있다.

덕양산(125m) 정상 일대를 둘러싼 행주산성은 임진왜란 승리의
역사가 전해지는 현장이다. 일반적으로 행주산성 탐방은 정문인
대첩문을 기점으로 정상까지 오르내린다. 하지만 행주산성역사공원을
들머리로 하면 한강을 접한 행주산성을 입체적으로 감상할 수 있다.
덕양산 정상에 자리한 행주대첩비 앞에서 펼쳐지는 한강과 서울 일대
조망은 10년 묵은 체증이 뚫릴 만큼 장쾌하다. 행주산성 트레킹은
아이들과 가볍게 걸으며 역사 공부하기에 제격이다.

한강이 만들어낸 천혜의 요새, 행주산성

행주산성이 자리한 덕양산은 한강이 만들어낸 천혜의 요새다. 한강이 마포를 지나 서울을 빠져나가는 지점에 덕양산이 봉긋 솟았다. 한강 바로 옆에 솟은 덕분에 조망이 탁월하다. 동쪽에서 흘러와 서쪽 임진강 쪽으로 흘러가는 한강이 한눈에 잡히고, 북쪽으로 북한산과 일산 일대, 남쪽으로 김포가 거침없이 펼쳐진다.

출발점은 ①행주산성역사공원 주차장이다. 행주산성 정문인 대첩문 앞에서 한강 쪽으로 700m쯤 떨어져 있다. 주차장이 넓고 무료로 차를 세울 수 있다. 한강과 이어져 강변 산책을 즐기는 사람들도 많다. 행주양수장 옆으로 들머리가 있다. 그 앞에 고양시에서 만든 걷기 길인 고양누리길 안내판이 서 있다.

안내판과 지도를 확인하고 길을 나서면 108계단이 이어진다. 한 발짝 한 발짝 걸으면 곧 ②팔각초소전망대에 닿는다. 전망대 앞에서 한강이 넓게 나타나고 빨간 방화대교가 예쁘게 보인다. 초소는 리모델링해 쉬기 좋고, 책장에는 볼 만한 책도 많다. 잠시 조망을 즐기다가 엉덩이를 털고 일어나면, 길은 철조망을 따라 이어진다. 철조망 안의 모래사장에서 왜가리 한 마리가 사냥에 집중하고 있다. 겨울철이면 청둥오리를 비롯한 철새들이 많이 찾아온다.

호젓한 숲길에는 시든 아까시나무꽃이 비처럼 쏟아진다. 눈부시게 흰 찔레꽃은 달콤한 향기를 내뿜고, 때죽나무꽃은 가지에 쫑쫑 거꾸로 매달려 있다. 뻐꾹뻐꾹~ 숲속에서 뻐꾸기가 가는 5월이 아쉬워 쉴 새 없이 울어댄다. 나뭇가지 사이로 방화대교가 살짝 보인다.

조망이 열린 곳에는 작은 봉분의 무덤들이 하염없이 한강을 바라보고 있다. 이곳은 임진왜란 행주대첩 당시 전사한 병사, 아낙, 승병 등의 무덤이 자리 잡았다고 한다. 무덤을 지나면 제법 큰 진강정 정자가 나타난다. ③진강정은 잠시 쉬었다가 가기 좋다. 한강이 코앞이지만, 웃자란 나뭇가지들이 조망을 가린다. 진강정을 지나면 정상으로 이어진 산책로를 만나고, 덕양정에 닿는다. ④덕양정은 커다란 팔각지붕의 정자로 강바람이 시원하게 불어온다. 여기서 ⑤행주대첩비는 코앞이다.

덕양산 정상에 건립한 행주대첩비

행주산성에는 권율 장군을 기리는 행주대첩비가 총 3개가 있다. 먼저 대첩비각 안의 아담한 비석으로 1602년 당시 전투에 참여했던 장병들이 손수 세웠다. 비문에 사병들이 권율의 공적을 사모하여 비를 세우게 되었다고 적혀 있다. 1593년 2월 권율이 정예군 2,300명을 거느리고 행주산성에 주둔, 수만의 일본군의 공격에 맞서 육박전으로 승리하고, 적군의 깃발·투구·갑옷·무기 등을 노획하는 혁혁한 전과를 세웠다. 행주대첩은 한산도대첩, 진주대첩과 함께 임진왜란 3대 대첩 중 하나다.

두 번째 비는 1842년(헌종 8) 8월에 세웠는데, 권율 장군 사당인 충장사 앞에 있다. 비각 뒤편 덕양산 정상에 거대한 대첩비가 우뚝 서 있다. 경기도민이 힘을 모아 1963년 8월에 건립했고, 앞면에 새긴 큰 글씨는 박정희 전 대통령이 직접 쓴 것이다.

행주산성의 최고 묘미는 조망이다.
행주대첩비 앞에 서면 자유로, 한강과 관악산 등이 한눈에 들어온다.

대첩비 앞에 서면 사방으로 조망이 통쾌하게 열린다. 이곳 덕양산 정상의 높이는 불과 124.6m에 불과하지만, 가히 조망은 1,000m급이다. 북한산에서 서울 도심을 거쳐 관악산까지 한눈에 들어오고, 굽이치는 한강과 자유로가 훤히 내려다보인다. 대첩비 뒤의 큰 건물은 대첩기념관이다. 당시 우리 군이 사용하던 화차, 신기전, 총통기 등 무기류와 대첩기록도 등이 전시되어 있다. 대첩기념관 뒤로 ⑥토성이 이어진다. 행주산성이 삼국시대부터 주요 전략적 요충지임을 알려주는 유적이다. 450m쯤 이어진 토성은 맨발로 걷고 싶을 만큼 발바닥의 촉감이 좋다.

토성을 지나면 행주산성 정문인 ⑦대첩문에 이른다. 대첩문 앞 ⑧주차장에서 왼쪽으로 행주산성역사공원 가는 길이 이어진다. 700m쯤 도로를 따르면 출발점인 공원에 닿는다. 대중교통으로 왔다면 대첩문에서 걷기를 마무리할 수 있다.

삼국시대부터 쌓은 토성은 호젓하며 걷기 좋다.

코스 정보 COURSE DATA

길잡이

보통 행주산성 입구인 대첩문을 기점으로 행주대첩비까지 오르내린다. 하지만 행주산성의 뒤편인 행주산성역사공원을 들머리로 하면, 한강을 접한 행주산성을 입체적으로 감상할 수 있다. 등산보다는 가벼운 산책에 가까운 코스다. 이정표는 고양시에서 만든 걷기 길인 고양누리길 중 하나인 '행주산성역사누리길' 안내판을 따르면 된다.

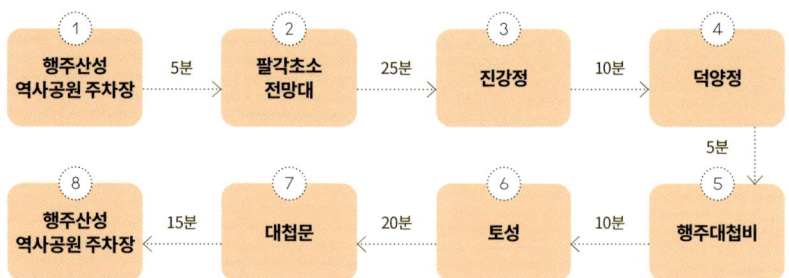

교통

자가용은 자유로를 이용해 접근한다. 행주산성 음식문화거리를 지나 행주산성역사공원 또는 고양인재교육원 주차장에 닿는다. 대중교통은 지하철 3호선 화정역 또는 9호선 개화역에서 85-1번 버스를 타고 고양인재교육원 입구 정류장에 내려 찾아간다.

맛집

행주산성 일대에는 국수의 거리, 장어의 거리 등에 맛집이 많다. 국수의 거리에는 원조국수(전화 031-972-8688)가 유명하다. 잔치국수와 비빔국수가 전문이지만, 여름철에는 냉메밀국수가 인기다. 성인 남자도 남길 만큼 양이 넉넉하다. 생선국수를 좋아하는 사람은 지리산어탕국수(전화 031-972-6736)가 좋다. 걸쭉한 국물이 보양식을 먹은 느낌이다.

코스 지도 COURSE MAP

팔각초소전망대를 지나면 호젓한 산길이 이어진다.

강화도와 서울 지키는 한강의 요새
김포 문수산성

코스 가이드 COURSE GUIDE

주소	경기도 김포시 월곶면 성동리 일대
코스	북문 > 동아문 > 장대 > 문수산 산림욕장 주차장
총 거리	5.5km
시간	2시간 40분
난이도	무난해요
좋을 때	사계절
원점 회귀	○

장대까지 이어진 문수산성의 웅장한 흐름이 일품이다.

1. 트레킹 출발점인 북문. 2. 문수산성의 동아문.
3. 북문에서 10분쯤 오르면 한강 하류의 시원한 조망이 펼쳐진다.

문수산성은 1866년(고종 3) 병인양요 때 프랑스군과 격전을 벌였던 호국의 성지다. 문수산(376m)은 김포에서 강화대교를 건너기 직전에 자리한다. 아래에서 보면 그저 평범한 야산 같지만, 위로 올라가면 눈이 휘둥그레진다. 서울과 김포, 강화도와 북녘땅, 그리고 한강과 임진강이 한눈에 들어온다. 천혜의 요새에 쌓은 문수산성을 한 바퀴 돌아보면 한강 하류와 강화도 일대가 얼마나 아름다운지, 또한 북녘땅이 얼마나 가까이 있는지 실감할 수 있다.

북문 출발점으로 한 바퀴 돌아야

문수산성 트레킹의 출발점은 대개 문수산 산림욕장으로 하지만, 북문으로 하는 게 좋다. ①북문에서 출발해야 산성의 탁월한 조망을 물 흐르듯 만날 수 있기 때문이다. 북문은 문수산성 삼림욕장 입구에서 성동리 방향으로 400m쯤 더 들어가면 나온다. 북문 앞에 작은 공터가 있어 차를 주차할 수 있다.

북문은 도로 옆에 있다. 문수산성은 산정 능선은 물론 해안 지대까지 둘러싸고 있었다. 병인양요 때 프랑스군과 치열한 격전을 치르면서 해안 쪽의 성벽과 문루가 부서졌다. 남문과 북문 등은 복원됐지만 해안 성벽은 사라졌다.

북문에는 옛 깃발을 복원한 문기(門旗)와 영기(令旗) 등이 휘날리고 있다. 북문을 출발하면 성벽 위로 올라선다. 10분쯤 걸었을까 왼쪽으로 한강 너머 북녘땅이 시원하게 펼쳐진다. 뒤를 돌아보니 강화 시내 쪽이 한눈에 잡힌다. 과연 조망이 일품이다. 울창한 솔숲을 20분쯤 더 오르면 주능선에 올라붙는다. 여기서 길은 오른쪽 장대 방향으로 이어지는데, 잠시 왼쪽 봉우리에 들르는 것이 좋다.

왼쪽 봉우리는 천혜의 전망대다. 한강이 부드럽게 흘러가고, 강 건너 개성 땅이 손을 뻗으면 잡힐 듯하다. 이렇게 북녘땅이 가깝게 보이는 곳이 또 있을까. 이제 능선을 따라 장대 방향을 따르면 먼저 ②동아문이 나온다. 현재 문수산성에는 남문과 북문, 그리고 동아문과 남아문이 남아 있다. 아문은 누각이 없이 적에게 보이지 않는 곳에 숨겨져 앉은 작은 성문을 말한다.

동아문부터 이어진 급경사를 오르면 길이 쉬워진다. 능선에 두 개의 전망대가 세워졌다. 두 곳 모두 한강과 서울 북한산까지 시원하게 조망된다. 능선에서는 발길 멈춘 곳이 다 전망대라 해도 과언이 아니다. 두 번째 전망대에서 문수산 정상이자 장대가 지척이다.

③장대의 성벽은 강화도에서 쉽게 볼 수 있는 돈대의 둥그런 성벽으로 복원됐다. 밖에서 바라보면 내부를 완벽하게 감싸고 있다. 감히 범접할 엄두가 안 나게 한다. 안으로 들어가자 정자가 나온다. 정자에 앉아 오후 빛을 받는 강화도 쪽을 바라보는 맛이 일품이다. 하염없이 멍 때리기 좋다.

문수산 정상에 자리한 장대

장대에서 하산은 유장하게 흘러가는 성벽을 따른다. 성벽 너머로 강화도 염하가 빛을 받아 반짝반짝 빛난다. 빛을 쫓아가는 느낌이 좋다. 길은 성벽 위에도 성벽 밖에도 있고, 어디를 가도 상관없다. 한동안 내려가다가 뒤를 돌아보니, 성벽이 장대까지 유장하게 이어진 모습이 일품이다. 문수산성은 1694년(숙종 20)에 쌓았고, 1812년(순조 12) 대대적으로 중수했다. 다듬은 돌로 견고하게 쌓았고 그 위에 여장(女墻)을 둘렀다. 당시 3개의 성문과 3개의 암문이 있었다고 한다.

성벽을 따라 내려오다 보면 ④남아문을 만난다. 문이 무지개 '홍예' 모양이라 홍예문

4. 문수산 정상에 자리한 장대.
5. 능선에 놓인 2개의 전망대에서 장쾌한 조망을 즐길 수 있다.
6. 하산길에 만나는 남아문은 홍예문이라 부른다.
7. 하산 지점인 문수산 산림욕장.

이라고도 부른다. 성문 밖으로 나무 계단이 이어지는 길은 김포대학 방향의 하산길이다. 김포 평화누리길도 그곳으로 이어지는데, '애기봉 6km'라는 이정표가 보인다. 남아문에서 500m쯤 더 가면 ⑤갈림길이 나온다. 여기서 남문과 문수산 산림욕장이 갈린다. 북문에 세운 차를 회수하려면 산림욕장 방향으로 가야 한다. 그 방향으로 조금 가면 팔각 정자가 나온다. 정자 앞에서 마지막으로 강화도 일대 조망을 즐기고, 나무 계단을 내려오면 ⑥문수산 산림욕장을 만나면서 트레킹이 마무리된다. 문수산 삼림욕장에서 북문까지는 600m 거리다. 차량을 회수해 성동마을입구 삼거리 직전에 문수산성의 정문 격인 남문이 있으니 잠시 들러보면 좋다.

코스 정보 COURSE DATA

길잡이

문수산성 트레킹의 출발점은 대개 주차가 편한 문수산 산림욕장으로 한다. 하지만 북문에서 출발해야 산성의 탁월한 조망을 물 흐르듯 만날 수 있다. 자가용을 이용한다면 북문에 출발해 문수산 산림욕장으로 내려오면 원점 회귀가 가능하다. 대중교통을 이용한다면 남문으로 내려와도 좋다. 북문 앞 공터에 주차 공간이 있다.

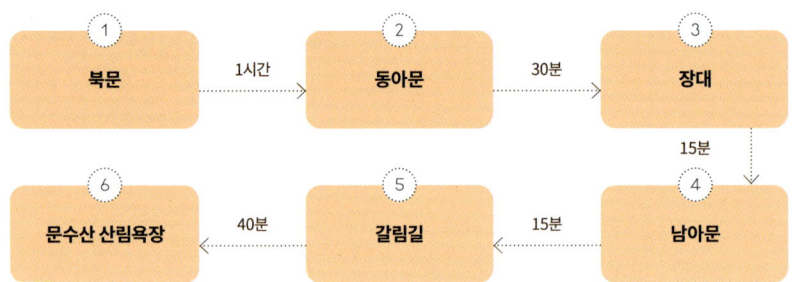

교통

자가용은 김포한강로를 통한다. 강화대교 직전 성동마을입구삼거리에서 성동마을 방향으로 우회전한다. 대중교통은 지하철 2호선 합정역 또는 홍대입구역 등에서 3000번 버스를 타고 성동검문서 앞에서 내린다.

맛집

성동마을입구삼거리 근처에 식당들이 흩어져 있다. 연지연곰탕(전화 0507-1338-9968)은 가마솥에서 24시간 사골을 끓여 만든 곰탕을 잘하고, 손짜장마을(전화 031-988-0486)은 면을 수타로 뽑은 쫄깃한 면발이 괜찮다. 고기짬뽕이 인기다. 강화섬쌀밥집(전화 0507-1348-9090)에서는 강화 쌀을 기본으로 한 푸짐한 한정식을 먹을 수 있다.

코스 지도 COURSE MAP

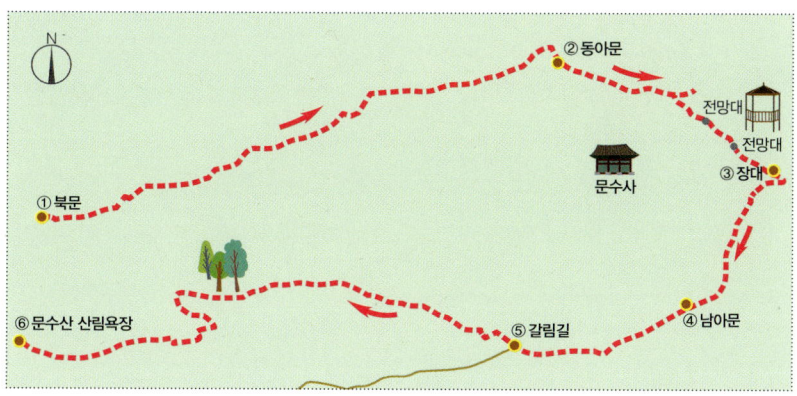

성벽 위를 걷는 사람 뒤로 북녘땅과 한강이 거침없이 펼쳐진다.

역사·문화·자연이 어우러진 강화도 보물 세트
인천 강화산성

남장대는 천혜의 전망대다. 날렵한 남장대 건물 오른쪽으로 강화 시내가 살짝 보이고, 먼지 멀리 북녘의 개풍 땅이 한눈에 보인다.

코스 가이드 COURSE GUIDE

주소	인천시 강화군 강화읍 일대
코스	남문 > 남장대 > 북문 > 동문
총 거리	7km
시간	3시간 30분
난이도	무난해요
좋을 때	사계절
원점 회귀	○

강화읍엔 강화산성이 있다. 외지 사람들은 산성이 강화읍을 두르고 있음을 잘 모른다. 강화도가 우리 역사의 중심이었을 때가 있었다. 고려가 몽골의 침입에 대항해 개경에서 강화도로 천도한 강도江都 시기(1232~1270)가 그때다. 고려는 강도 시기에 내성·중성·외성을 갖춘 강화산성을 쌓았다. 그중 둘레 약 1.2km의 내성이 현재의 강화산성이다. 강화산성을 한 바퀴 돌다 보면, 우리의 아픈 역사와 강화도의 수려한 아름다움을 느낄 수 있다.

1. 남문에는 '안파루'란 현판이 붙어 있다. 주민들이 드나드는 모습이 평화롭다.
2. 남장대를 오르다가 뒤돌아본 풍경. 강화 시내가 잘 보이고, 오른쪽으로 보이는 산에 문수산성이 있다.
3. 남장대를 내려오면 만나는 석수문.

강화산성 정문인 남문에서 출발

강화산성 트레킹의 출발점은 ①남문이다. 버스로 강화터미널에 내렸다면, 10분쯤 걸으면 남문이 나온다. 남문 근처에 강화도행렬도 복제 그림이 있는데, 꼭 살펴보라고 권하고 싶다. 이 그림에 강화산성의 예전 모습이 그대로 담겼다. 1849년 6월, 조선 헌종의 왕위를 계승하게 될 강화도령(철종)을 모시러 오는 왕실의 행렬을 그린 역사기록화다. 원본은 평양의 조선미술박물관에 있다.

당시 행렬을 보면 김포 문수산성 앞에서 배를 타고 강화도 갑곶나루에 도착했고, 최근에 복원된 강화산성 외성의 진해루(鎭海樓)를 통해 들어왔다. 이어 행렬은 남문을 통해 내성으로 들어와 고려궁지로 향했다. 행렬도에는 강화산성의 동문과 북문, 남장대와 아직 복원하지 못한 북장대까지 자세하게 그려져 있다. 앞으로 걸어야 할 강화산성 공간을 머릿속에 그려보는 데 도움이 된다.

강화 주민들이 한가롭게 남문을 드나드는 모습이 평화롭다. 남문은 강화산성의 내성에 연결되었던 4대문 중의 하나다. 조선 숙종 37년(1711) 강화유수 민진원이 세웠다. 2층 누각으로 만든 남문은 강화산성의 정문 역할을 했다. 앞쪽에 강도남문, 뒤쪽에는 '안파루(晏波樓)'라는 현판을 달았고, 홍예문 천장에는 봉황을 그려 넣었다. 안파루는 '파도가 늦게 온다', '파도로부터 편안하다'라는 뜻이다. 하지만 또 다른 외세인 일본에게 강화도는 유린당했다. 1876년 운요호사건 이후 진행된 조일회담 때에 일본 대표가 이 남문을 통해 들어왔다. 우리 역사와 아픔을 함께 겪은 남문에서 평화의 소중함을 되새겨본다.

남문 왼쪽에 자리한 비석은 남문을 만든 강화유수 민진원의 송덕비다. 송덕비 뒤로 이어진 성곽길을 따르면서 트레킹이 시작된다. 15분쯤 지났을까. 뒤를 돌아보니 조망이 시원하다. 선화골 약수터 갈림길을 지나 조금 급경사인 성곽길을 오르면 남산 정상에 우뚝한 ②남장대를 만난다.

2010년에 복원한 남장대는 단아하면서도 위풍당당하다. 2층 구조의 지붕은 비례가 날렵하다. 남장대는 조선시대 서해안 방어를 담당하던 진무영에 속한 군사 시설로 감시와 지휘소 역할을 담당했다. 이곳 조망은 감동적이다. 북쪽으로 강화 시

4. 첨화루 현판이 붙은 서문.
5. 낮은 북문을 중심으로 산성이 날개를 펼친 형상이다.

내와 고려궁지가 손에 잡힐 듯하고, 그 뒤로 한강 너머 개풍 땅이 선명하다. 동쪽으로는 서울 북한산과 도심이 한눈에 잡힌다.

남장대에서 계속해서 성곽을 따라 길이 이어진다. 육교처럼 연결한 나무 계단을 오르면 성 밖으로 나갈 수 있다. 그 길을 따르면 강화나들길 15코스가 이어진다. 산성길은 성곽을 따라 반원을 그린다. 그리고 앞쪽으로 펼쳐진 강화 시내를 바라보며 내려오게 된다. 강화공설운동장을 지나면 세 개의 홍예로 이루어진 석수문을 만난다. 석수문은 강화읍으로 흘러드는 동락천에 세워졌다. 석수문 뒤 널찍한 공간이 연무당 터다.

연무당은 일본의 강압으로 1876년 강화도조약(병자수호조약)이 체결된 역사적 장소다. 연무당은 원래 강화진무영 병사들이 훈련하던 곳이었다. 강화도조약으로 인천, 부산, 원산의 항구가 개항되었으며 결과적으로 조선은 일본에 나라를 빼앗기게 된다.

석수문에서 길을 건너면 첨화루(瞻華樓) 현판이 붙은 ③서문이 있다. 1711년 강화유수 민진원이 남문과 함께 건립하고 현판도 직접 썼다. 홍예 천장에는 흰 수염 가득한 호랑이가 그려져 있다.

석수문과 연무당 터가 있는 서문

서문에서 다시 성곽길을 따른다. 부드러운 흙길이 이어지다가 강화여고 솔밭길을 만나고, 숲길의 끝 지점에서 불쑥 ④북문이 나타난다. 진송루(鎭松樓) 현판이 붙은 북문 안으로 들어서면 호젓한 숲길이 이어진다. 봄철에 벚꽃 터널을 이루는 아름다운 길이다. 그 길을 따라가면 고려궁지를 만날 수 있다. 북문에서 다시 산성을 따른다. 길이 제법 가파르다. 20분쯤 발품을 팔면 ⑤북장대지에 올라선다. 북장대는 아직 복원되지 못했다.

북장대지 일대는 공사 중이라 다소 산만하지만, 강화의 드넓은 벌판과 한강을 조망할 수 있다. 임진강과 한강이 어우러지는 한강 하류 너머로 황해도 개풍군 일대가 잘 보인다. 남쪽으로는 강화도와 육지 사이를 흐르는 염하가 아스라하다.

북장대지에서 내려오다가 ⑥고려궁지 이정표가 보이면, 그쪽으로 내려오는 게 좋다. 고려궁지, 용흥궁, 성공회 강화성당 등의 문화유적을 둘러보고 동문에서 마무리하는 걸 추천한다. 만약 산성에서 곧장 동문을 만났다면, 성공회 강화성당, 용흥궁, 고령궁지 순으로 구경하면 된다.

고려궁지는 고려 고종 때 몽골의 침략에 대항하기 위해 강화도로 도읍을 옮긴 뒤 39년 동안 사용한 궁궐과 관아가 들어섰던 공간이다. 터만 남았던 자리에 강화유수부 동헌, 외규장각, 이방청 등이 복원되어 그런대로 옛 모습을 갖추었다. 프랑스에서 반환된 외규장각 의궤는 1866년 병인양요 때 프랑스가 이곳에서 약탈해간 것이다.

강화도령의 애틋한 사랑 이야기

고령궁지에서 길을 따라 내려오면 용흥궁(龍興宮)에 닿는다. 조선 25대 임금 '강화도령' 철종(1831~1863; 재위 1849~1863)이 왕위에 오르기 전까지 살던 집이다. 철종 이원범은 이곳에서 18세까지 나무꾼 떠꺼머리총각으로 살았다. 부모도 없어 의지할 데가 없었던 원범은 양순이라는 처녀와 만나며 외로움을 달랬다. 나무꾼 원범은 어느 날 영문도 모른 채 갑곶나루에서 배를 타고 한양에 올라가 임금이 되었다.

철종은 늘 나무꾼 시절을 그리워했다고 한다. 결국 철종은 서른둘의 이른 나이로 숨을 거둔 뒤, 경기 원당의 서삼릉(예릉)에 묻혔다. 강화도의 양순이는 평생 홀로 살다 죽었다. 용흥궁은 지금은 기와집이지만 원래 볼품없는 초가집이었다. 철종이 즉위한 뒤에 강화유수가 기와집으로 고쳐 짓고 '용이 승천한 궁'이라는 뜻으로 용흥궁이라 명명했다.

용흥궁 바로 위에 성공회 강화성당이 자리한다. 이곳은 1896년 김희준이 강화도에서 처음 세례받은 것을 계기로 1900년 세운 한국 최초의 성공회성당이다. 경복궁 중건에 참여했던 도편수가 참여해 백두산에서 자란 100년생 소나무로 지었다고 한다.

전체적으로 배 모양인 성당 건물은 조선의 전통 한옥에 서양의 기독교식 건축양식을 절충했다. 그래서 언뜻 보면 영락없는 절간이지만, 내부에는 전형적인 바실리카 양식의 예배 공간을 갖췄다. 초창기 선교사들의 세심한 배려와 토착화 노력이 엿보이는 걸작이다. 재미있는 것은 종이다. 교회당 종탑식으로 높이 서 있는 것이 아니라, 절집의 범종처럼 땅 위에 낮게 드리워져 있다.

강화성당에서 골목길을 따라 내려가면 종착점인 ⑦동문에 닿는다. 동문에는 망한루(望漢樓) 현판이 붙어 있다. 한양을 바라본다는 뜻이다. 홍예 천장에는 용이 그려져 있다. 장날(2, 7일)이면 강화장에 들러 구경도 하고 허기도 채우면 좋다.

6. 북장대지로 오르면서 만난 시원한 조망. 한강 하류 너머로 북한 개풍 땅이 아스라하다.
7. 고려궁지의 외규장각.
8. 거대한 배 모양이 일품인 성공회 강화성당. 조선의 한옥에 서양의 기독교식 건축양식을 절충해 지었다.
9. 남문 근처에 있는 강화도행렬도.

코스 정보 COURSE DATA

길잡이

강화버스터미널에서 가까운 남문에서 출발하는 게 정석이다. 자가용은 서문 앞의 무료 주차장에 세우고 서문부터 한 바퀴 돌아도 괜찮다. 강화산성은 전체적으로 거의 다 복원됐다. 성곽을 따라 걸으면 길 잃을 염려가 없다. 참고로 강화나들길 15코스 고려궁성곽길이 강화산성을 한 바퀴 도는 길이다. 하지만 강화산성이 복원되기 전에 만든 길이기 때문에 강화산성 트레킹 코스와 똑같은 건 아니다. 중간중간 산성길이 15코스와 만나고 헤어지니 참고한다.

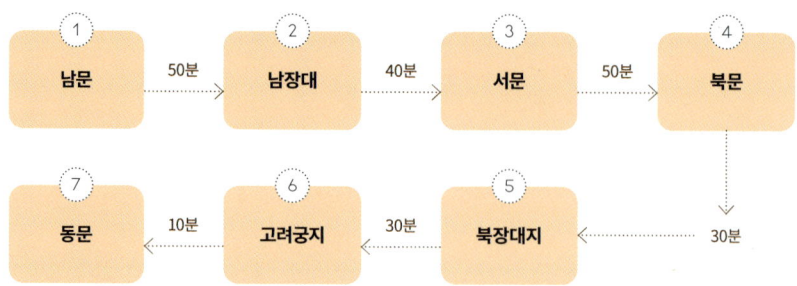

교통

자가용은 올림픽대로와 김포한강로를 이용하면 강화도에 닿을 수 있다. 지하철 2호선 신촌역, 홍대입구역, 합정역 등에서 3000번 버스를 타면 강화터미널에 간다. 그 밖에 인천, 부평, 일산 등에서 강화 가는 버스가 있다.

맛집

강화풍물시장 2층은 먹거리 장터로 전통 순대, 팥죽, 밴댕이 요리 등을 전문으로 하는 식당들이 가득하다. 40년 전통의 제일식당(전화 032-934-0682)의 순댓국이 일품이다. 강화고려궁지 앞에 있는 왕자정묵밥(전화 032-933-7807)은 묵밥과 젓국갈비를 잘하는 집이다.

코스 지도 COURSE MAP

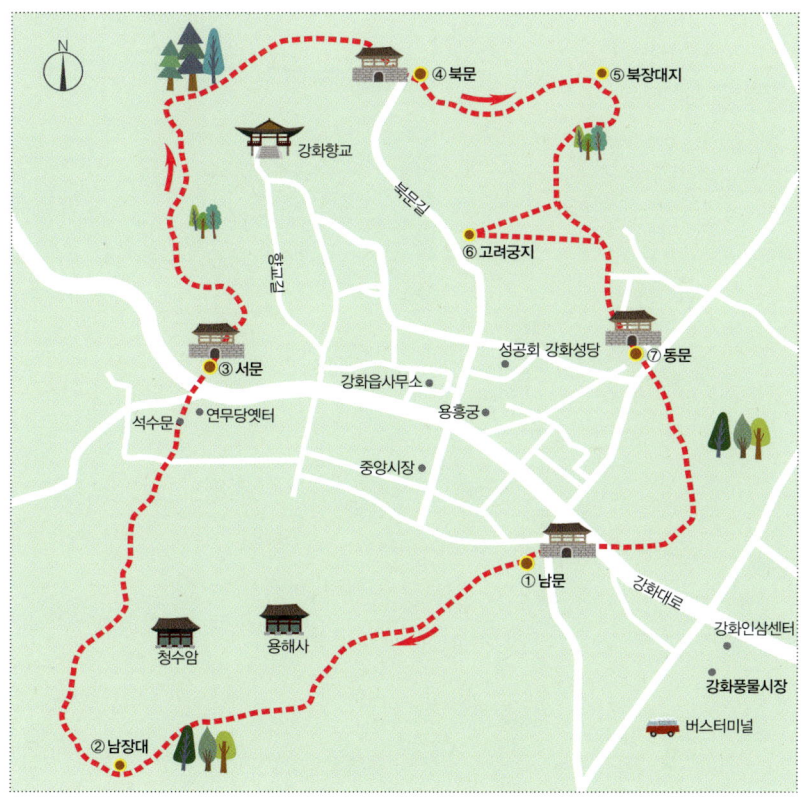

권율 장군의 승리가 전해지는 예쁜 산성
오산 독산성

남문에서 서문으로 가는 길이 독산성의 하이라이트다.
서문 근처 산성과 주변 산이 어우러진 풍광이 일품이다.

1. 보적사 아래의 주차장. 이곳에 차를 세우는 게 좋다.
2. 백제 시대 산성 축성과 함께 세워진 보적사.
3. 보적사 앞에서 본 시원한 조망. 펑퍼짐한 양산봉 뒤로 동탄의 아파트들이 보인다.
4. 독산성의 남문. 벚꽃이 필 때 산성이 예쁘다.
5. 서문에서 암문으로 이어지는 산성의 유장한 곡선.

독산성은 백제가 쌓은 성으로 알려졌다. 평야 지대에 우뚝 솟은 덕분에 통일신라나 고려 시대에도 군사적 요충지였고, 임진왜란 때에는 권율 장군이 한양으로 북상하는 왜군 수만을 무찌르고 적을 진로를 차단했다. 독산 정상 일대에는 백제 시대에 창건한 보적사가 있고, 권율 장군이 쌀로 말을 씻었다는 이야기가 전해지는 세마대 정자가 있다. 산성은 작고 아담해 느긋하게 한 바퀴 돌아보기 좋다. 4월 벚꽃이 만개할 때 찾으면 금상첨화다.

백제가 쌓은 산성으로 임진왜란 때 권율 장군이 활약해

독산성 트레킹의 출발점은 보적사 아래 주차장이 적당하다. 독산성 음식문화거리에 널따란 주차장이 있지만, 여기 세우고 올라가기에는 좀 멀다. '독산성세마다산문'이란 현판을 단 보적사 일주문 안으로 차를 몰고, 좁은 시멘트 길을 10분쯤 오르면 ①보적사 아래 주차장이 나온다. 이곳은 독산성과 양산봉이 만나는 안부의 널찍한 공터다.

주차장에서 출발하면 보적사로 오르는 가파른 오르막이 시작된다. 길이 워낙 가팔라 천천히 오르는 게 좋다. 만개한 벚나무에서 꽃잎이 우수수 떨어진다. 가로수가 벚꽃이라 길이 환하다.

10분쯤 오르면 독산성 ②동문을 통해 보적사 절마당으로 들어선다. 동문에 '해탈의 문'이라 써 놓은 것이 재미있다. 절마당에서 뒤돌아보면 조망이 시원하게 열린다. 평퍼짐해 후덕해 보이는 양산봉과 그 뒤로 동탄의 아파트들이 잘 보인다. 보적사는 손바닥만 한 절로 독산성의 축성과 짝을 이뤄 생겼다.

독산성과 보적사가 잘 보존된 건 정조의 역할이 크다. 정조 시대에 독산성을 대규모로 보수했고, 보적사도 새로 세웠다. 정조는 아버지 사도세자 묘인 융릉을 다녀오면서 사도세자가 방문했다는 독산성도 올랐다.

보적사부터 시계 방향으로 성을 한 바퀴 돈다. 커다란 느티나무 아래를 지나면 슬그머니 내리막이 이어진다. 산성은 ③남문에서 다시 평탄하게 이어진다. 휘파람이 절로 나는 호젓한 길이다. 산성 주변에는 노란 꽃다지가 가득하다. 무리 지어 펴 마치 유채꽃처럼 보인다.

남문에서 암문을 거쳐 ④서문까지가 독산성의 하이라이트다. 지형을 따라 구불구불 이어지는 곡선이 아름답다. 암문을 지나면 조망 좋은 치성을 만난다. 치성은 산성에서 돌출한 곳이라 조망이 열린다. 치성 앞쪽으로 서문이 있다. 서문에서는 하산하는 길이 있는데, 그 길을 따르면 독산성 서문주차장에 닿는다. 서문 앞은 작은 공터로 공원처럼 가꾸었다. 쑥을 캐는 아낙들과 벤치에서 도시락을 먹는 사람들이 평화롭게 보인다.

서문부터는 완만한 오르막이다. 10분쯤 가면 북문을 지나 치성에 올라선다. 왼쪽으로 수원과 오산을 적시는 황구지천이 유장하게 흘러간다. 치성에서 모퉁이를 돌

서문 앞의 널찍한 공터로 휴식 장소로 이용된다.

면 보적사가 코앞이다. 여기서 세마대 쪽으로 오르는 길이 있다. 울창한 솔숲 가운데 ⑤세마대가 놓여 있다.

세마대(洗馬臺)는 '말을 씻었다'는 뜻이다. 권율 장군은 2만의 병력으로 독산성에 진을 치고 왜적을 기다렸다. 독산성의 최대 약점은 물 부족이었다. 이를 간파한 왜장은 물 한 지게를 산 위로 올려보내 조롱하면서 성안에 식수가 동나기를 기다렸다. 권율 장군은 꾀를 내 백마를 산 위로 끌고 가 흰쌀을 말에 끼얹으며 목욕을 시키는 시늉을 했다. 이를 본 왜군은 성에 물이 많은 줄 알고 퇴각했다는 이야기가 내려온다.

세마대 북쪽으로 이어진 길을 따라가다 보면, 아름드리 벚나무들이 많다. 봄철에는 이곳도 빼먹지 말고 들러보자. 세마대 마루에 앉으니 시원하다 못해 서늘하다. 세마대에서 한숨 돌리고 느긋하게 내려와 출발점이었던 ⑥보적사 아래 주차장에서 트레킹을 마무리한다.

산성 주변에 노란 꽃다지가 무리 지어 피었다.

코스 정보 COURSE DATA

길잡이

느릿느릿 산책 삼아 독산성을 한 바퀴 돌아보는 코스다. 산성이 비교적 잘 보존됐고, 조망도 일품이다. 역사적 유적지라 아이들과 함께 걸으면 더욱 좋다. 독산성은 오산의 숨은 벚꽃 명소로도 유명하다. 4월 벚꽃이 만개할 때 찾으면 금상첨화다.

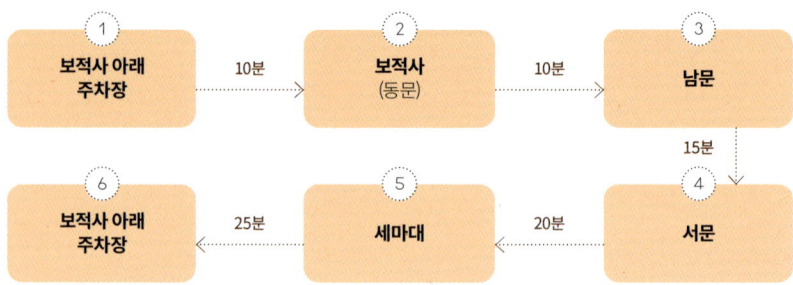

교통

대중교통이 불편해 자가용을 이용해야 한다. 자가용은 오산화성고속도로 안녕IC 또는 수도권제2순환고속도로 북오산IC로 나와 찾아간다. 주차장은 독산성 서문주차장과 독산성 공용주차장이 있지만, 보적사 방향으로 올라 보적사 아래 주차장을 이용하는 게 좋다.

맛집

독산성과 가까운 세마보리밥(전화 031-373-0016)이 주민들이 애용하는 맛집이다. 10여 가지 재료와 한우 사골로 직접 만든 강된장을 사용하며, 각종 나물에 보리밥을 비벼서 상추에 싸 먹는다.

코스 지도 COURSE MAP

울창한 솔숲 사이에 자리한 세마대

이천시를 품은 순둥이처럼 착한 산
이천 설봉산성·설봉산

코스 가이드 COURSE GUIDE

주소 경기도 이천시 관고동·마장면
코스 설봉공원 제1주차장 > 설봉산성 > 정상 > 설봉공원 제1주차장
총 거리 7km
시간 3시간
난이도 쉬워요
좋을 때 사계절
원점 회귀 ○

하늘에서 본 설봉호수와 설봉산. 벚꽃이 만개해 환하다.

1. 설봉산성 안으로 들어서면서 능선에 올라붙는다. 2. 하늘에 제사를 지내던 사직단.
3. 설봉산 정상에 놓인 역삼각형 모양의 비석. 4. 설봉산 삼림욕장 대문을 지나면서 본격적인 트레킹이 시작된다.

설봉산성은 이천의 진산鎭山인 설봉산(394m) 동쪽 봉우리 일대에 쌓은 삼국시대 산성이다. 백제의 성을 6세기 중반 신라가 돌로 다시 쌓은 것으로 추정하는데, 신라 김유신 장군이 삼국통일의 작전을 논하면서 활약했던 곳으로 알려졌다. 산성은 흔적이 얼마 남지 않았기에 부드러운 능선을 따라 설봉산까지 둘러보기 좋다. 설봉산은 산세가 순한 육산이라 산린이와 장년층이 부담 없이 걷기 좋다. 특히 봄철에는 벚꽃과 진달래가 만발한다.

너른 호수 품은 설봉공원에서 출발

중부고속도로와 영동고속도로가 교차하는 이천시는 대개 자가용으로 휙~ 지나치는 곳이었다. 하지만 이천시에 설봉산과 도드람산, 산수유 마을을 품은 원적산 등 산린이들에게 적당한 아기자기한 산이 여럿 있다.

출발점인 설봉공원은 설봉산의 너른 품에 설봉호수, 월전미술관, 세계도자기엑스포 등이 자리해 이천 시민의 마실 장소로 사랑받고 있다. 특히 봄철 벚꽃이 만개하면 이천 시민 모두 나와 호수를 걷는다고 해도 과언이 아니다. 비교적 알려지지 않아 호젓하게 벚꽃을 즐길 수 있다.

출발점은 ①설봉공원 제1주차장이다. 차를 세우고 앞쪽으로 가면 설봉산 등산 안내도와 이정표가 보인다. 안내도가 꼼꼼하게 잘 나와 있으므로 코스를 잘 살펴보자. 이정표 따라 안쪽으로 들어가면 '설봉산 삼림욕장' 입구를 만나면서 본격적인 트레킹이 시작된다. 길은 구렁을 넘듯 부드럽게 이어져 발바닥 촉감이 좋다. 설봉산은 부드러운 육산이라 시종일관 걷는 맛이 좋고, 무릎 관절에 부담이 없다.

15분쯤 가면 ②호암약수터를 만난다. 운동시설이 많은 곳으로 이천 시민이 애용하는 장소다. 호암약수터부터 제법 오르막이 이어진다. 주변으로 울창한 활엽수림이 가득하다. 바닥에는 묵은 낙엽이 가득해 마치 깊은 산속에 와 있는 듯하다. 구불구불 산길을 따라 오르면 능선에 올라붙으면서 설봉산성 안으로 들어선다. 산성을 만나는 지점은 최근에 복원된 듯 성곽 돌이 희다.

③설봉산성은 전체 둘레 약 1km가 넘고 서문·북문·동문, 4개의 치성 등이 있었다고 하는데 찾아보기가 쉽지 않다. 산성 탐방을 위한 길이 없기 때문이다. 설봉산성에는 신라의 지방 군사 조직인 10정(十停) 중 하나인 남천정(南川停)이 설치될 만큼 행정·군사적 요충지였다고 하지만, 직접 찾아볼 수 없어 아쉽다.

설봉산성에서 왼쪽 능선을 따라 정상으로 향한다. 조금 가면 성화봉이 나온다. 예로부터 이곳에 봉화대가 있어 이런 이름이 붙었다. 봉화대 옆으로 돌로 쌓은 팔각 형태의 사직단이 있다. 사직단은 하늘에 제를 올리는 시설로 예전 신라가 사용했던 것으로 추정된다. 사직단 위에는 '2000년대는 이천의 시대'라고 쓴 새 천년탑이 서

5. 봄철 설봉산 능선에서는 진달래가 곱게 핀다.
6. 설봉산 정상을 지나면 만나는 소나무 군락지.
7. 부벽루에서 본 설봉호수와 이천 시내.

있다. 탑 뒤에는 설봉산성의 흔적인 남장대지가 남아 있다. 장대는 장수의 지휘소다. 15개의 초석만 쓸쓸하게 남았다.

다시 능선을 밟으면 완만한 오르막이 꾸준히 이어지고, 연자봉을 지나면 ④정상에 닿는다. 정상에는 역삼각형 모양의 제법 큰 비석이 서 있다. 앞쪽 잡목 위로 이천 시내가 살짝 보인다. 다시 길을 나서면 나무 계단이 이어지는데, 주변이 온통 솔숲이다. 소나무들은 가지가 심하게 휘어져 그윽한 풍광을 연출한다.

이천 시내가 한눈에 잡히는 부학루

소나무 구간이 끝나면 다시 활엽수가 가득하고, 앞쪽으로 정자 하나가 불쑥 나타난다. 부학루다. 설봉산은 산의 형상이 학이 날개를 편 것 같다고 해서 부학산(浮

鶴山)으로도 불렸다. 부학루 이름은 거기서 따왔다. 정자에 올라서자 비로소 시원하게 조망이 열린다. 설봉호수와 그 너머 이천 시내가 펼쳐진다.

다시 길을 나서면 도드람산 갈림길과 영원암 갈림길을 지나 오백년송에 닿는다. 거대한 소나무가 우뚝하고, 그 아래 운동시설에서 한 아저씨가 열심히 팔굽혀펴기를 한다. 오백년송을 지나자 급경사 계단이 이어진다. 여기가 '화두재 365계단'이다. 설봉산을 통틀어 가장 어려운 구간이다. 계단을 내려오면 화두재에 닿는다.

⑤화두재는 마장면에서 이천 시내로 드나들던 옛길이다. 화두재에서 설봉공원으로 내려갈 수 있지만, 여기서 하산하기에는 좀 아쉽다. 내처 이섭봉까지 가보는 게 좋다. 화두재를 지나면 인적이 뚝 끊기고 휘파람이 절로 나는 호젓한 숲길이 이어진다. 긴 소나무 하나가 마치 대문처럼 길 위로 비스듬히 누워 있다. 이섭봉의 대문처럼 느껴진다. 소나무 대문을 통과해 완만한 오르막이 끝나면 이섭봉에 닿는다.

⑥이섭봉은 설봉산 능선 중에서 조망이 가장 좋다. 정상부에 운동시설이 있다. 허리돌리기에 서서 이천 시내를 바라보며 운동하는 맛이 삼삼하다. 이섭봉을 지나면 완만한 능선을 타고 하산하게 된다. 설봉산의 왼쪽 날개를 타고 내려가는 셈이다. 40분쯤 가면 ⑦갈림길이 나오고, 여기서 설봉공원 방향으로 내려서면 설봉호수가 나온다. 호수 둘레길을 따라 ⑧설봉공원 제1주차장을 만나면서 트레킹이 마무리된다.

이섭봉으로 가는 길에 만난 누운 소나무.

코스 정보 COURSE DATA

길잡이

설봉공원을 기점으로 설봉산 능선을 한 바퀴 도는 게 정석이다. 짧게 트레킹하고 싶다면, 화두재에서 곧장 설봉공원으로 내려오면 된다. 벚꽃이 절정일 때에는 가볍게 설봉호수를 한 바퀴 도는 것도 괜찮다.

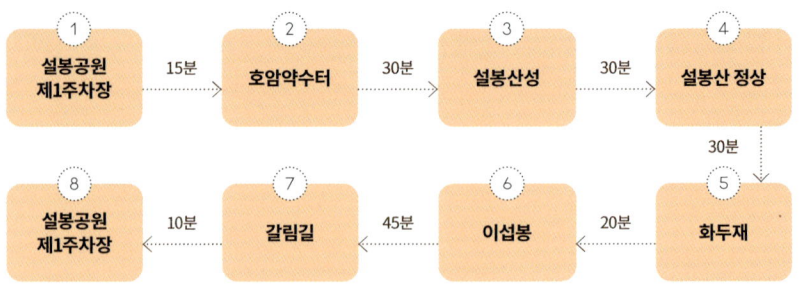

교통

자가용은 중부고속도로 서이천IC로 나와 찾아간다. 대중교통은 동서울터미널에서 이천 가는 버스가 06:30~19:45, 1일 13회 다닌다. 시간은 1시간 20분쯤 걸린다. 이천종합터미널에서 설봉공원 제1주차장까지 도보 30분쯤 걸린다.

맛집

이천은 이천 쌀이 유명하고 이를 이용한 이천쌀밥정식이 별미다. 설봉산 서쪽 장암리에 자리한 진미쌀밥(전화 031-635-1036)은 세계한식요리 경연대회에서 2년 연속 대상을 받은 저력 있는 집이다. 직접 담근 고추장과 된장을 베이스로 맛깔스러운 한정식을 내온다. 쌀밥정식 1만3,000원. 설봉정식 2만 원.

코스 지도 COURSE MAP

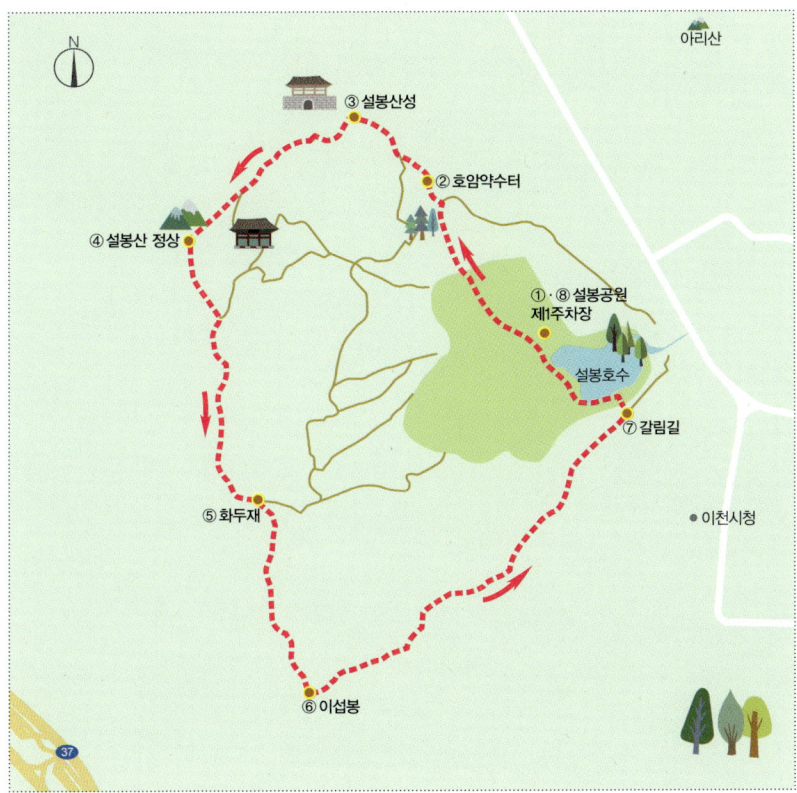

벚꽃이
가득한
설봉호수.

영남대로 지키는 작지만 큰 산성
안성 죽주산성·비봉산

비봉산 갈림길 앞쪽으로 죽주산성이 유장하게 흘러간다. 벚꽃 한 그루는 자연이 만든 화룡점정이다.

코스 가이드 COURSE GUIDE

주소	경기도 안성시 죽산면 일대
코스	죽주산성 주차장 > 중성 북벽포루 > 비봉산 > 죽주산성 주차장
총 거리	5.6km
시간	2시간 30분
난이도	쉬워요
좋을 때	봄(벚꽃), 가을(단풍)
원점 회귀	○

1. 중성 남문지에서 모퉁이를 돌면 중성 동문지와 산성 안쪽이 보인다.
2. 중성 동문지를 통해 산성 안으로 들어가면 광장 같은 공간이 펼쳐진다.
3. 중성 북벽포루. 몽골군과 서로 포를 쏘며 싸우던 현장이다. 죽은 오동나무와 부서진 포루가 애잔하다.
4. 드론으로 본 죽주산성. 숲 사이로 거대한 S자를 그리는 죽주산성이 보인다.
5. 주차장 앞에 죽주산성 안내판이 있다. 옆의 지도를 잘 살펴보고 출발하자.

> 죽주산성만큼 걷기 좋은 산성도 드물다. 대로처럼 널찍한 산성길은 고운 잔디가 깔렸고, 산성은 부드럽게 휘어져 산정을 에두른다. 작은 산성이지만, 역사적 무게는 만만치 않다. 몽골군과의 전투에서 승리한 대표적인 곳이며, 고려 왕건이 견훤을 만난 곳으로도 전해진다.
> 산성은 연결된 비봉산과 함께 둘러보면 더욱 좋다. 정상 일대에는 벚나무 2만 5,000여 그루가 있어 봄철에 장관을 이룬다.

신라가 축성, 고려와 조선이 고쳐 쌓은 산성

죽산면은 조선 시대 영남대로가 조령과 추풍령 방면으로 갈라지는 분기점이었다. 조령으로 가는 사람과 추풍령을 넘는 사람들로 북적였으리라. 지금은 중부고속도로와 평택제천고속도로가 교차하는 교통의 요지다. 죽주산성 트레킹의 출발점은 ①죽주산성 주차장이다. 중부고속도로 일죽IC에서 불과 5분 거리다. 죽양대로에서 이정표를 보고 산길을 조금 오르면 주차장이 나온다. 여기에 차를 세우고 출발한다. 입구에 죽주산성 안내판과 지도가 있다. 지도를 주의 깊게 보자. 중성, 외성, 내성이 모두 나와 있다. 정작 현장에서는 안내가 부실하다. 휴대폰으로 사진을 찍어 중간중간 보면 도움이 된다. 트레킹 코스는 시계 반대 방향으로 산성을 한 바퀴 돈다. 중간쯤 만나는 갈림길에서 비봉산을 다녀와 원점 회귀한다.

죽주산성은 6세기 중반 신라가 한강 유역 진출과 중국과의 교역항이 있었던 당항진(남양만 일대)으로 진출하기 위한 거점으로 쌓았다. 그리고 고려와 조선이 고쳐 사용했다. 삼국시대부터 전략적 요충지였고 고려와 조선 시대에는 도성의 방어와 관련하여 중요한 거점이었다. 1236년(고종 23)에는 죽주방호별감 송문주가 죽주산성에서 몽골군과 15일간의 전투에서 승리했다. 이에 따라 발굴 조사가 활발하게 이뤄졌고, 말끔하게 복원됐다.

죽주산성은 내성, 중성, 외성 등 3중 성벽 구조로 내성은 조선 시대, 중성은 신라 시대, 외성은 고려 시대에 쌓은 것으로 확인됐다. 둘레는 중성이 1,336m, 내성이 1,125m, 외성이 618m다. 성벽의 본래 높이는 6~8m, 내성 및 복원 성벽은 2.5m 내외다.

애잔한 폐허, 중성 북벽포루

주차장에서 가파른 길을 100m쯤 오르면 ②중성 동문지를 통해 성안으로 들어선다. 동문지의 동문은 비교적 원형이 잘 남아 있다. 성안에는 광장처럼 너른 공간이 나온다. 성안은 나중에 구경하고, 우선 오른쪽 길을 선택해 성을 시계 반대 방향으로 돈다.

성을 조금 오르자 길이 넓어진다. 성벽 위가 이렇게 넓은 곳은 처음 본다. 설상가상 바닥에 고운 잔디가 깔려 있어 발바닥이 푹신푹신하다. 곱게 잔디 깔린 길을 5분쯤 가자 오동나무 한 그루와 ③중성 북벽포루가 보인다. 오동나무는 죽었지만 꼿꼿하게 서 있고, 포루 역시 부서졌지만 당당하다. 옛 사연을 품은 폐허의 풍경은 애잔하면서도 정겹다. 여기서 송문주 장군의 고려군과 몽골군은 서로 포를 쏘며 싸웠다. 포루 앞에 서면 일죽면 일대가 아스라이 보인다.

포루를 지나면 산성은 구불구불 이어진다. 휘파람이 절로 나는 호젓한 길이다. 크

6. 비봉산 정상에는 거대한 벚꽃 군락지가 있다. 7. 비봉산 갈림길에서 조금만 내려가면 외성 서문지가 보인다.
8. 산성을 한 바퀴 다 돌 무렵에 나타나는 중성 남문지. 9. 산성 안에 자리한 연못. 죽주산성은 물이 많이 산성이다. 풍부한 물은 송문주 장군이 몽골군을 격파하는 바탕이 됐다. 10. 송문주 장군 사당인 충의사.

게 S자를 그리면서 가다 보면, 언덕에 올라선다. 여기서 비봉산으로 가는 길이 갈린다. 비봉산 방향으로 내려서는 지점에 ④외성 서문지가 있다. 서문지는 암문처럼 아담하다.

서문지를 지나면 길은 산성을 벗어나 능선길을 따른다. 군데군데 진달래가 환영하는 호젓한 능선길을 30분쯤 가면 ⑤비봉산 정상에 올라붙는다. 정상 일대는 벚나무가 울창하다. 안내판에는 죽산발전추진위원회에서 2만 5,000여 그루를 심었다고 적혀 있다. 나무가 정상 환경에 자리를 잡으면 경기도의 벚꽃 명소로 떠오르리라. 정상에는 벤치가 있어 죽산면 시내를 바라보며 쉬기 좋다.

다시 외성 서문지로 돌아와 산성길을 잇는다. 외성 서문지에서 모퉁이를 돌면 유장하게 흘러가는 매혹적인 산성의 모습을 만난다. 흐르는 산성 중간쯤 벚꽃 한 그루가 흠뻑 꽃을 피웠다. 누군가 산성에 꽃 배지를 꽂아놓은 것 같다. 벚꽃 한 그루에 기분이 좋아져 어깨를 들썩이며 걷는다.

송문주 장군의 승리 비결은 풍부한 물

⑥중성 남문지는 갈림길이다. 성 안쪽으로 들어가면 송문주 장군의 사당이 나온다. 우선 성곽을 한 바퀴 돌아야 하기에 계속 성길을 따른다. 중성 남문지에서 죽산면을 굽어보고 모퉁이를 돌면 중성 동문지에 닿으면서 성 한 바퀴가 완성된다. 성 안쪽을 둘러보자. 성안에 작은 연못이 보인다. 연못에 이어지는 물길을 돌로 다듬어 놓았다. 그 물길을 따라 오르면 약수터가 나온다. 졸졸 물이 끊임없이 잘 나온다. 죽주산성은 물이 많은 성이다.

송문주 장군이 몽골군을 격퇴할 수 있었던 가장 큰 무기가 바로 물이었다. 몽골군이 성을 에워싸고 물이 떨어질 때를 기다리는 전략을 쓰자, 송문주는 "멀리서 왔으니 어찌 배가 고프지 않겠는가! 삼가 이 생선으로 군량을 삼으라!" 하는 편지와 함께 연못의 잉어를 몽골군에 보냈다고 한다. 이를 본 몽골군은 기가 질려 도망갔고, 이를 쫓아 대승을 거뒀다. 약수터에서 조금 더 오르면 정갈한 돌계단이 보이고, 그 끝에 ⑦송문주 장군 사당인 충의사가 있다. 사당에서 산성을 굽어보며 ⑧주차장쪽으로 하산하면 죽주산성 트레킹이 끝이 난다.

코스 지도 COURSE MAP

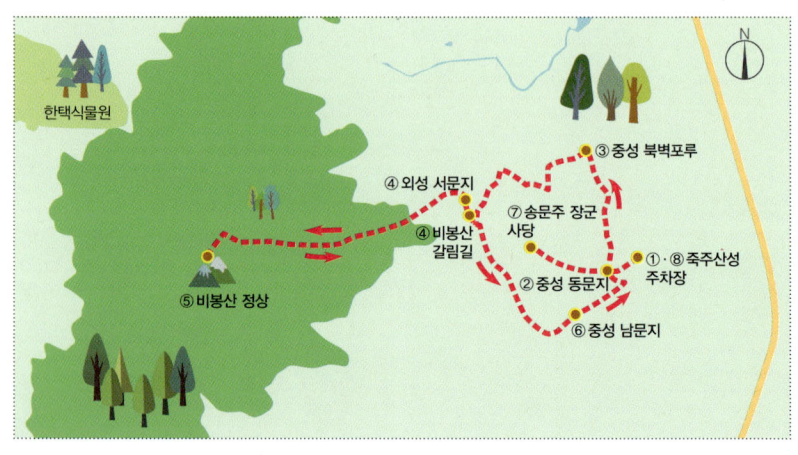

코스 정보 COURSE DATA

길잡이

죽주산성은 걷기 좋고, 산성의 유장한 곡선이 일품이다. 봄·가을로 도시락을 싸 들고 소풍 오면 더없이 좋겠다. 트레킹 코스는 중성 동문지를 기점으로 시계 반대 방향으로 성을 한 바퀴 돈다. 중간쯤 만나는 갈림길에서 비봉산을 다녀온다. 비봉산 정상은 봄철 벚꽃 군락지가 환상적이고, 죽산면 시내 조망도 훌륭하다.

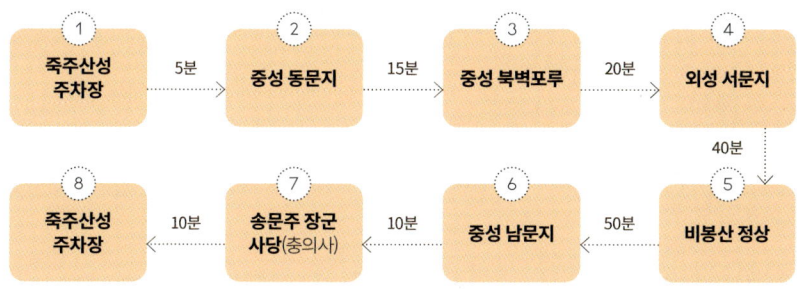

교통

자가용은 중부고속도로 일죽IC로 나와 찾아간다. 죽주산성 주차장까지 불과 5분 거리다. 대중교통은 동서울터미널에서 죽산행 버스가 06:30~20:30, 11회 운행하며 1시간쯤 걸린다. 죽산터미널에서 죽주산성까지는 택시를 이용하는 게 좋다.

맛집

죽산면 주민자치센터 앞에 있는 죽산분식(전화 031-676-6481)은 50년 넘은 중국집이다. 달지 않고 야채가 듬뿍 들어간 간짜장과 탕수육이 유명하다. 영업시간이 11:00~15:00이고, 재료가 소진되면 일찍 문을 닫는다.

테마편 | 역사·문화

우리가 미처 몰랐던
옛사람들의 흔적을 따라 걷는

이야기 트레킹

슬프고 의연한 역사의 현장을 걷다
서울 경희궁·서대문

코스 가이드 COURSE GUIDE

주소	서울시 종로구, 서대문구 일대
코스	경희궁 > 홍난파가옥 > 딜쿠샤 > 서대문형무소역사관
총 거리	3km
시간	1시간 40분
난이도	매우 쉬워요
좋을 때	사계절
원점 회귀	×

소담하게 눈이 내린 서대문형무소역사관.

일제 강점기 수탈당한 우리 문화재와 탄압받았던 독립운동가들의 흔적을 돌아보는 코스다. 시종일관 우리의 아픈 역사가 펼쳐지지만, 더불어 의연한 항일정신을 만날 수 있다. 김구, 홍난파, 권율, 유관순 등 걸출한 인물들의 발자취를 따르면서 역사 공부를 할 수 있는 점도 매력적이다.

1. 기상청 서울관측소의 단풍나무가 활활 타오른다. 이 나무가 서울의 단풍 측정목이다.
2. 경희궁의 정전인 숭정전. 본래 숭전전 건물은 일제에 의해 팔렸다가 지금은 동국대학교 구내에 자리하고 있다.
3. 경교장에는 김구 선생이 저격 당시 입었던 옷이 전시되고 있다.
4. 경교장에서 홍난파가옥 가는 길에 새로 만든 서울한양도성 성곽.

'비운의 궁궐'로 불리는 경희궁

출발점은 ①경희궁이다. 경희궁은 경복궁, 창경궁, 창덕궁, 덕수궁과 더불어 우리나라 5대 궁궐 중 하나다. 그러나 다른 궁궐과 달리 일제에 의한 원형 훼손이 심하고, 사람들의 무관심 속에서 쓸쓸하게 자리를 지키고 있다. 경희궁이 궁궐인지도, 어디에 있는지 모르는 사람들도 있다.

경희궁은 숙종과 경종이 태어난 곳이며 경종·정조·헌종이 즉위한 곳이다. 창덕궁과 창경궁을 동궐이라 부르고 그와 짝을 이루어 경희궁을 서궐이라고 불렀다. 인조 이후 역대 왕들이 당시의 법궁인 창덕궁과 이곳을 번갈아 오가며 정무를 보고 생활을 영위했다. 이는 경희궁이 조선 후기 정치사의 중심 무대라는 뜻이다.

경희궁 정문은 정면 3칸, 측면 2칸에 우진각 지붕을 얹은 흥화문이다. 이 문은 경희궁에 남은 유일한 옛 건물이다. 본래 흥화문의 자리는 서울역사박물관 초입의 구세군회관 앞이었다. 흥화문은 한때 한반도 침략에 앞장선 이토 히로부미를 기리기 위해 1932년 남산 자락에 세운 절인 박문사의 정문을 지켰다. 이처럼 치욕을 겪으면서도 1618년 창건 때의 모습을 비교적 충실히 간직하고 있다.

흥화문 안으로 들어서면 넓은 잔디밭이 펼쳐지고 주변은 한적하다. 특이한 점은 입장료를 받지 않는다는 점이다. 궁궐이 아니라 마치 공원에 온 느낌이다. 계단을 오르면 유일하게 복원된 숭정전 영역으로 들어선다. 안타깝게도 정전인 숭정전은 영혼 없는 건물처럼 보인다. 창덕궁과 경복궁의 정전들이 보여주는 엄숙함과 장엄함이 없다. 숭정전의 본래 건물은 다른 곳에 현존하고 있다. 1926년 일본 조계사로 팔려 갔던 옛 숭정전은 지금은 동국대학교 구내로 옮겨져 현재는 정각원이란 이름의 법당으로 사용되고 있다.

안타까운 마음으로 주변을 둘러보고 건물 뒤편으로 돌아가면, 자그마한 운동장이 나온다. 주말에는 동네 조기축구회의 축구 시합이 열린다. 이곳에 운동장이 있는 이유는 예전 일제가 경희궁을 학교로 사용했기 때문이다. 1910년 일제는 경희궁의 전각 대부분을 헐어내고 일본인 학교인 총독부중학교를 세운다. 이 학교는 1915년 경성중학교로 이름을 바꿨고, 광복 후에는 서울중학교가 이곳에서 개원했다.

경희궁을 나와 길을 따르면 새문안로를 만난다. 강북삼성병원으로 오르는 길에 '돈의문 터'를 알리는 조형물이 서 있다. 옛 돈의문 자리임을 표시하기 위해 설치한 공공미술 작품 '보이지 않는 문'이다. 돈의문은 서울 서쪽 큰 문으로 태조 5년(1396) 준공했으며 서대문, 새문, 신문 등으로 불렸다. 1915년 전차 궤도를 복선화한다는 명목으로 일제에 의해 철거된 비운의 문이다.

김구가 살던 경교장과 홍난파가옥

돈의문 조형물 위가 강북삼성병원이고, 그 안에 경교장이 있다. ❷경교장은 대한민국 임시정부의 주석이었던 김구 선생이 1945년 중국에서 돌아와, 1949년 6월 암살당하기 전까지 집무실과 숙소로 사용했던 건물이다. 내부에는 탄흔과 깨진 유리 등이 전시돼 있어 김구 암살 당시의 상황을 살펴볼 수 있다.

경교장을 지나 잠시 골목길을 따르면 서울교육청 앞을 지난다. 교육청과 그 위에 있는 기상청 서울관측소는 모두 예전 경희궁 자리였다. 교육청 위쪽 언덕에 자리한 ❸기상청 서울관측소에 들러보자. 예전 기상청이 여기에 자리했다. 기상청이 쓰던 흰색 근대 건축물은 국립기상박물관으로 바뀌었다. 건물 앞의 너른 터에서 바라보는 서울 시내 조망이 탁월하다. 여기에 기상 관측 표준목인 벚나무, 매화, 진달래, 단풍나무 등이 있다. 재밌는 건, 여기에 벚꽃이 펴야 서울에 벚꽃이 핀 것이고, 단풍잎이 물들어야 서울에 단풍이 든 것이다.

다시 교육청으로 내려와 언덕을 오르면 월암근린공원이 나온다. 공원 앞에는 새로 복원한 서울한양도성이 힘차게 흘러간다. 공원 한편에 붉은 벽돌로 지은 2층 양옥집이 눈에 들어온다. 이 집이 ❹홍난파가옥이다. 1930년대 독일 선교사가 지은 서양식 건물을 홍난파가 인수해 살았다. 홍난파는 이곳에서 '봉선화', '고향의 봄', '낮에 나온 반달' 등 주옥같은 작품을 작곡했다. 홍난파가 없었다면, 우리나라의 동요는 얼마나 빈곤했을까. 그의 업적은 아무리 강조해도 지나치지 않지만, 일제를 찬미하는 글과 작품을 발표해 친일 행적에서 자유롭지 않다.

홍난파가옥을 지나 송월1길을 따르면 거대한 은행나무 한 그루를 만난다. 여기가

2층 양옥 건물과 담쟁이가 이국적인 홍난파가옥.

⑤권율장군 집터다. 행촌동이라는 동명은 이 은행나무에서 유래했다. 권율 장군 집터 은행나무 옆에는 '딜쿠샤(DILKUSHA)'라는 이름의 낡고 오래된 이층집이 있다. 1923년 테일러가 살았던 딜쿠샤는 새롭게 단장해 2021년 3월 개방했다. 테일러는 집을 짓고 딜쿠샤라는 이름을 붙였다. 딜쿠샤는 힌디어로 '기쁜 마음의 궁전'이란 뜻이다. 앨버트 테일러(Albert Wilder Taylor, 1875~1948)는 AP통신의 통신원으로 활동하면서 3·1운동을 세계에 알린 인물이다.

독립문공원 안의 서대문형무소역사관

딜쿠샤에서 골목길을 둘러 나가면 대신중학교를 지나 독립문역 사거리에 닿는다. 길을 건너면 ⑥독립문이 우뚝하다. 독립문 안으로 걸어 들어가면 왠지 감격스럽다. 독립문은 왜 이 자리에 세워졌을까. 이곳은 조선시대 한양을 찾아오는 청나라의 사신을 영접하던 장소인 모화관의 영은문이 있던 자리다. 1897년 서재필이 주도한 독립협회가 국민모금행사를 통해 모은 자금으로 민족의 자주독립과 자강의 의지를 담아 독립문을 세웠다. 독립문 앞에는 거대한 돌기둥 2개가 서 있는데, 이것이

영은문의 주춧돌이다. 영은문이 주춧돌만 남고 독립문이 우뚝한 것이 보기 좋다. 독립문공원 안에는 붉은 벽돌 건물이 이색적인 ⑦ 서대문형무소역사관이 자리한다. 서대문형무소는 일제 강점기의 대표적인 탄압기관으로 1908년 처음 문을 연 후 유관순을 비롯한 수많은 애국지사가 투옥되어 고문과 처형, 옥사를 한 곳이다. 광복 후에도 많은 민주 인사가 옥고를 치렀으며 형무소가 1987년 경기도 의왕으로 이전하면서 역사관으로 꾸몄다. 옥사, 사형장 등을 두루 둘러보면서 걷기를 마무리한다.

5. 철거된 영은문 주춧돌 뒤에 독립문이 우뚝 솟았다. 자주독립과 자강의 의지를 담아 세운 자랑스러운 대문이다.
6. 권율장군 집터를 알리는 비석과 은행나무. 7. 앨버트 테일러가 살았던 딜쿠샤 건물.

코스 지도 COURSE MAP

코스 정보 COURSE DATA

길잡이

이 길은 서울시에서 운영하는 '서울도보해설관광' 코스 중 하나다. 여기에 기상청 서울관측소를 추가했다. 전 구간에 이정표는 뜸하지만, 주요 지점을 연결하면 길 찾기는 어렵지 않다. 경교장은 강북삼성병원 안에 있다. 월요일 휴관이고 관람 시간은 09:00~18:00, 문의는 02-735-2038. 홍난파가옥의 내부 관람은 사전에 문의해야 한다(전화 070-8112-7900). 서대문형무소역사관은 월요일 휴관, 관람시간은 09:00~18:00, 문의는 02-360-8590. 해설 신청은 서울도보관광 홈페이지(http://dobo.visitseoul.net/)를 이용한다.

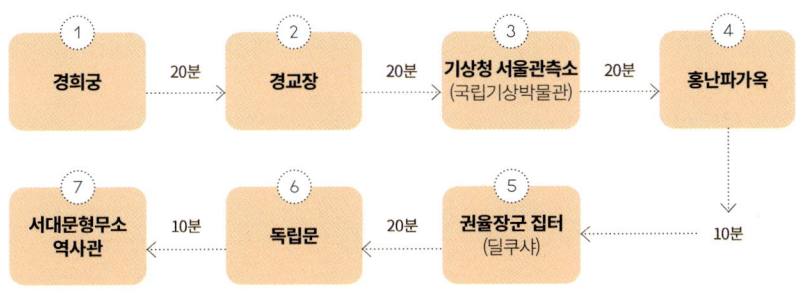

교통

지하철 5호선 광화문역에서 경희궁까지 도보 10분쯤 걸린다. 130번·150번·270번 등 시내버스가 서대문역사박물관·경희궁 정류장에 선다.

맛집

독립문에서 가까운 영천시장은 오래된 시장으로 다양한 맛집이 있다. 갈현동할머니떡볶이둘째네(전화 02-312-1929)는 45년 전통의 노포 갈현동할머니떡볶이집 할머니의 둘째 아들이 영천시장에 문을 연 곳이다. 원조의 맛 그대로 국물떡볶이를 내온다. 홍가네면옥(전화 02-312-5013)은 50년 전통으로 부부가 운영한다. 냉면 종류뿐 아니라 삼겹살, 차돌박이 등도 품질이 좋다. 칼국수를 2,500원에 주는 도깨비비손칼국수(전화 02-364-9981)도 인기가 좋다.

내일 향해 꿈꾸는 사람들의 터전
서울 서촌

코스 가이드 COURSE GUIDE

주소	서울시 종로구 누하동·옥인동·통의동 일대
코스	경복궁역 > 통의동 백송 터 > 수성동계곡 > 창의문
총 거리	3km
시간	1시간 50분
난이도	쉬워요
좋을 때	사계절
원점 회귀	×

윤동주 시인의 언덕 꼭대기의 잘생긴 소나무 한 그루. 그곳에 한양도성이 흐르고 북한산 비봉능선이 병풍처럼 펼쳐진다.

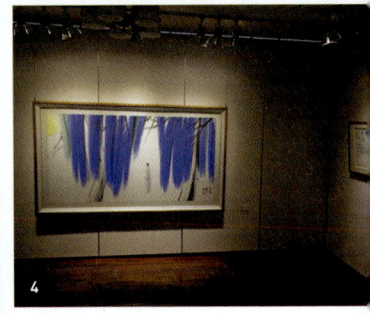

1. 제비다방은 문인 이상이 유년과 청춘기를 보냈던 집이다. 이름은 그가 종로에 냈던 다방 이름에서 따왔다.
2. 북촌의 랜드마크인 통의동 백송 터. 이곳은 영조의 장지다.
3. 친일파 윤덕영이 딸을 위해 지었던 건물은 지금은 박노수미술관으로 바뀌었다.
3. 박노수 화백의 '달과 소년' 전시.

인왕산과 경복궁 사이에 자리한 서촌은 파란만장한 우리의 역사가 켜켜이 쌓인 매혹적인 공간이다. 사대부 양반들이 살았던 북촌과 달리 왕실, 사대부, 중인, 친일파, 문인과 예술가들이 시대를 달리하여 거주했다. 서촌에서 태어났던 겸재 정선은 인왕산과 북악산 사이 명소를 찾아다니며 그림을 그렸고, 이를 화첩 <장동팔경첩壯洞八景帖>에 남겼다. 서촌 트레킹은 수려한 인왕산 자락에 서린 다양한 계층의 꿈과 희망을 찾아보는 보물찾기 같은 여행이다.

서촌의 랜드마크, 통의동 백송 터

서촌은 북촌과 짝을 맞춰 새롭게 붙여진 이름이다. 본래 청계천 상류 지역이어서 '웃대'라고 불렀다. 경복궁 서문인 영추문 밖으로부터 인왕산 기슭에 이르기까지의 공간으로 지금의 누상동, 누하동, 청운동, 통인동 일대를 가리킨다.

서촌에 가장 먼저 살았던 사람은 누구일까. 조선이 건국되고 경복궁의 배후지 역할을 했기에 당연히 왕족이다. 그중 대표적 인물이 세종(1397~1450)이다. <세종실록>에 의하면 세종은 "태조 6년 4월 임진일에 한양 준수방 잠저에서 탄생했다"고 한다. 잠저(潛邸)란 왕이 즉위 전에 살았던 집을 말한다. 그 밖에 효령대군, 안평대군, 광해군 등이 서촌에 발자취를 남겼다.

서촌 트레킹의 출발점은 ①경복궁역이다. 3번 출구 앞의 버스정류장을 지나 오른쪽 골목으로 들어가면 나온다. 백송은 높이 16m로 늠름한 자태가 일품으로 천연기념물이자 서촌의 랜드마크였다. 하지만 1990년 태풍으로 쓰러져 안타깝게 고사했고, 현재는 터로 남아있다(②통의동 백송 터). 1994년에 분석한 결과 1690년경에 심은 것으로 밝혀졌고, 일제 강점기였던 1910년부터 1945년까지는 성장을 거의 멈추었다고 한다.

나무는 잘려 나가고 밑동만 남았지만, 그 옆에 네 그루의 백송이 자라고 있다. 백송의 후손이 아니라 주민들과 종로구청 등에서 백송을 기리기 위해 심은 것이다. 백송 터의 벽면에는 추사 김정희(1786~1856)의 액자가 마치 문패처럼 걸려 있다. 백송 터는 추사의 집터라고 알려졌지만, 이는 잘못이다. 이곳은 어린 영조가 자랐던 잠저 창의궁 자리다. 영조가 태어난 해가 1694년이니 백송을 심었을 때와 비슷하다. 영조와 백송은 함께 무럭무럭 자랐을 것이다. 훗날 경복궁역 3번 출구 근처의 '월성위궁'에서 지냈던 추사 역시 이곳을 찾아와 백송의 그늘에서 놀지 않았을까.

백송 터에서 골목을 이리저리 휘돌아 나오면 자하문로를 만나고, 길을 건너면, 우리은행 효자동 지점이 나온다. 여기서 왼쪽 골목을 따라 들어가면 곧 ③제비다방(이상의 집)을 만난다. 한옥 형태의 이 집은 소설가 이상의 큰아버지의 집이다. 이상은 두 살 때 큰아버지의 양자로 들어와 스물두 해를 살았다. 이상은 스물여덟의 나이로 요절했으니 이 집은 그의 자의식과 세계관이 형성된 자궁과 같은 곳이었다.

소설가 이상이 살았던 '제비다방'

이상은 낯설고 새로운 시도로 문단에 혜성처럼 등장했지만, 결핵으로 요절하고 만다. 이상의 꿈이 서린 제비다방을 구경하고, 다시 길을 나서면 통인시장이 나온다. 전통시장 중에서 통인시장만큼 활기찬 곳도 드물다. 점심시간이라면 시장 안의 도시락 카페를 이용하면 재미있다. 시장을 돌아다니며 맘에 드는 음식을 담아 먹는다. 통인시장 입구에서 옥인길 골목으로 접어든다. 10분쯤 걸으면 ④박노수미술관을 만난다. 미술관 자리는 서촌을 통틀어 가장 핵심 지역이라 할 수 있다. 왕족들이 살던 서촌에 권문세가의 사대부들이 들어오기 시작한 것은 성종(1469~1494) 때였다. 17~18세기에는 장동김씨 가문이 세력을 떨친다. 장동은 조선시대 서촌의 장의동을 가리키는 말이다. 대표적인 사람은 병자호란 때 충절의 상징인 김상용(1561~1637)과 김상헌(1570~1652) 형제다. 장동김씨가 탄탄하게 닦아놓은 서촌은 18세기 중반부터 완숙기를 맞는다. 그 주인공이 겸재 정선이다. 지금의 경복고등학교 자리에서 태어난 겸재는 장동팔경을 비롯해 여러 점의 그림을 남겨 서촌의 옛 모습을 복원하는 데 결정적으로 기여했다.

인왕스카이웨이에서 바라본 북악산. 그 아래 경복고등학교 자리가 겸재의 집이었다.

겸재의 그림을 따라 복원한 수성동계곡. 그림에 나온 기린교가 그대로 발견됐다.

18세기 영·정조대의 '조선 르네상스'를 맞아 서촌의 주인공은 사대부에서 중인으로 바뀐다. 천문학자, 규장각 서리, 화원 등 전문기술직에 종사했던 중인들은 사대부들처럼 시사 모임을 열었다. 대표적인 것이 서당 훈장 천수경이 좌장으로 장혼, 김낙서 등이 참여한 '송석원시사'다. 중인들의 지식과 취향은 사대부들과 어깨를 나란히 하기에 이르렀고, 거기에다 재력도 갖추었다. 그들은 당대 최고 도화서 화원인 이인문과 김홍도에게 그림을 주문했고, 화원들은 기꺼이 그림을 그렸다. 이는 '송석원 시사'와 '송석원 야연도'로 남아 있다.

박노수미술관 일대는 서당 훈장이었던 천수경이 인왕산 옥류천 위에 초가집 '송석원(松石園)'을 짓고 시모임을 열던 바로 그 장소다. 일제 강점기 친일파 윤덕영(1873~1940)이 이곳을 사들였고 1914년 건평 1,983㎡에 달하는 호화 별장(벽수산장)을 지었다.

'송석원시사' 열렸던 박노수미술관 일대

윤덕영은 자신의 별장 터에 딸을 위해 동서양 건축기법을 절충한 2층 벽돌 건물을 짓는다. 이곳이 현재 박노수미술관이다. 박노수(1927~2013) 화백이 집을 사들여 살다가 종로구청에 기증했다. 박노수가옥은 미술관으로 새롭게 태어났다.

미술관에 들어서면 마당에는 박노수 화백이 수집한 기이한 수석들로 가득하다. 내부에는 '달과 소년'전이 열린다. 박노수 화백은 해방 후 한국화 1세대로 꼽히는 작가로 고아한 품격과 절제된 운필, 그리고 파격적 구도와 색감의 작품으로 우리 미술사에 한 획을 그었다.

미술관을 나오면 인왕산을 바라보며 빌라 건물 사이를 걷는다. 빌라 건물 중에 '윤동주 하숙집터' 동판이 붙어 있다. 이 빌라촌 일대에서 연희전문학교 학생인 윤동주는 후배 김송의 집(누상동 9)에서 하숙했다. 김송의 회상에 의하면, 윤동주는 아침 일찍 인왕산을 오르내리며 시심을 닦았다고 한다. 윤동주는 이곳에서 '별 헤는 밤', '자화상' 등의 절창을 남겼다.

다시 길을 나서면 ⑤수성동계곡에 닿는다. 앞쪽으로 인왕산의 시원한 이마가 훤하다. 물소리를 듣는 계곡이란 뜻인 수성동은 예로부터 명소였다. 추사 김정희는 '수성동 우중에 폭포를 구경하다'란 시를 썼고, 많은 선비가 찾아 풍류를 즐겼.

과거 수성동계곡은 옥인아파트에 묻혀 있었다. 2012년 7월 아파트가 철거되고, 겸재의 '수성동' 그림과 최대한 비슷하게 복원됐다. 그림 속에 나오는 기린교가 발견되어 큰 화제가 됐다. 수성동 앞에 나온 겸재의 수성동 그림과 비교해서 보면 더 재미있다. 물소리와 계곡 소리를 듣고 있으면, 저절로 근심이 사라진다.

5. 윤동주문학관의 영상실. 윤동주의 감동적인 일대기가 펼쳐진다.
6. 봄꽃이 핀 창의문. 도성의 실질적인 북대문 역할을 담당했던 문으로 인왕산의 종착점이자 북악산의 시작점이다.

무무대에서 바라본 서울 도심 전경. 겸재의 장안연우와 비교해 보면 재미있다.

수성동계곡에서 인왕산을 바라보고 오르면, 인왕스카이웨이를 만난다. 스카이웨이를 따라 이어진 흙길이 인왕산 자락길이다. 구불구불 이어진 길을 따라 10분쯤 가면, 조망이 시원하게 열리는 ⑥무무대에 닿는다. 서울 도심과 경복궁, 남산, 낙산, 관악산 등이 한눈에 잡힌다. 인왕산이나 북악산 꼭대기를 제외하고 무무대처럼 서울 조망이 좋은 곳도 드물다. 야경 또한 일품이다.

무무대에서 10분쯤 더 가면 '윤동주시인의 언덕'에 닿는다. 도심 전망이 열리는 곳에 윤동주의 '서시'가 쓰여진 큰 비석이 있다. 서시를 천천히 읽어보면 왠지 눈물이 나온다. 언덕에서 위쪽으로 조금 가면 한양도성이 흐른다. 이곳 소나무 앞에서 보는 북한산 비봉능선 조망이 일품이다.

언덕을 내려오면 ⑦윤동주문학관을 만난다. 2012년 인왕산 자락에 버려진 수도가압장과 물탱크를 윤동주문학관으로 조성했다. 윤동주의 육필원고, 시집, 사진 등을 전시하고, 윤동주 일대기가 담긴 감동적인 영상을 상영한다.

윤동주문학관 앞에서 도로를 건너면 종착점인 ⑧창의문에 닿는다. 창의문은 1396년(태조 5) 서울 성곽을 쌓을 때 세운 사소문 중의 하나다. 1623년 인조반정 때 반정군이 문을 부수고 들어와 반정에 성공했다. 1740년(영조 16) 문루를 세우고 다락 안에 인조반정 공신들의 이름을 판에 새겨 걸었다. 창의문을 지나면 부암동이다. 창의문에서 서촌 걷기를 마무리한다.

SPECIAL PAGE

서촌을 담은 겸재의 그림을 찾아서

경복고등학교 안에는 겸제의 집터를 알리는 기념 비석이 서 있다.

인왕산과 경복궁 사이에 있는 서촌은 궁궐과 관청, 북악산과 인왕산이 인접해 산과 도심이 어우러진 동네다. 겸재가 태어난 곳도 현재 경복고등학교가 있는 북악산 기슭 유란동(幽蘭洞)이다. 겸재는 인왕산과 북악산 사이 명소를 찾아다니며 그림을 그렸고, 이를 화첩 <장동팔경첩(壯洞八景帖)>에 남겼다. 장동은 지금의 서촌 일대를 가리키는 말이다.

겸재는 진경산수화(眞景山水畵)라는 우리 고유의 화풍을 개척했다. 당시 중국의 산천이 아닌 조선의 산천을 있는 그대로 그렸다는 것은 그만큼 우리의 문화에 대한 자부심을 가졌다는 뜻이다. 겸재가 활동했던 영조 시대는 양란의 후유증을 극복하고, 조선 고유의 진경문화를 이룬 전성기로 평가된다.

겸재의 장동팔경 그림 중 인왕제색, 수성동계곡, 장안연우, 창의문 등 그림의 현장을 찾아 서촌 일대를 둘러볼 수 있다. 겸재의 대표작인 인왕제색은 북안산 언저리에서 인왕산을 본 그림이다. 경복고등학교, 정독도서관 운동장 등 여러 군데에서 비슷한 풍경을 볼 수 있지만, 필자가 추천하는 곳은 경복궁 홍례문 앞 광장이다. 여기서 인왕산을 바라보면 그림과 비슷하다.

인왕제색은 말년 겸재의 걸작으로 평가된다. 1751년 윤5월 하순 겸제가 76세에 그렸다. 인왕제색은 비가 오고 난 후의 인왕산 모습을 말한다. 비 그친 후에 인왕산을 그렸다는 뜻이다. 겸재는 본래 흰 화강암 봉우리를 먹으로 검게 칠했다. 빗물 머금은 화강암을 표현하기 위해서다. 그림 오른쪽 아래에 울창한 소나무 사이로 그럴듯한 집이 있다. 이 집은 겸재의 절친 사천 이병헌의 집인 취록헌과 겸재 자신의 집이라는 두 가지 설이 있다.

인왕제색

장안연우

창의문

미술사가 오주석은 병석이었던 절친 이병헌의 쾌유를 빌며 그린 그림으로 해석한다. 그는 <승정원일기>를 뒤져 당시의 날씨를 찾았다. 19~25일까지 7일 동안 지루한 장맛비가 내렸고, 25일 오후 날이 갰다. 그날 오후에 이 그림을 단숨에 그린 것으로 본다. 그리고 다음과 같이 말했다.

"궂은 날씨 속에서 사경을 헤매는 벗을 생각하며 정선은 마치 쫓기는 사람처럼 조급한 마음으로 이제 막 물안개가 피어올라 개어가는 인왕산처럼 이병연이 하루빨리 병석을 털고 일어날 것을 빌면서 작품을 완성했던 것이다. 그 안개에는 희망처럼 보일 듯 말 듯한 푸른 먹빛이 배어 있다."

수성동계곡은 1755년(영조 31) 겸제가 80세에 그린 그림이다. 장안연우(長安烟雨)는 북악스카이웨이에 자리한 무무대에서 보면 제격이다. 장연연우는 1741년(영조 17) 겸제가 66세에 그렸다. 장안연우는 봄을 재촉하는 이슬비가 촉촉이 내리는 날을 그린 것이다. 남산, 관악산, 청계산 등 연봉이 아련하게 나타나고, 나머지 부분은 안개구름에 잠기게 하여 꿈속 도시인 듯 환상적인 분위기가 물씬 풍긴다. 재미있는 건 남산의 상징인 N타워가 없는 옛 남산의 민낯을 볼 수 있다.

창의문은 1755년(영조 31), 겸제가 80세에 그린 그림이다. 인왕산 자락과 북악산 자락이 마주치는 능선 위에 자리한 모습을 잘 그려냈고, 군데군데 송림이 우거지고 작고 큰 바위들이 널려 있는데 성안 바위산 묘사가 빼어나다. 가장 높은 곳에 인왕산 벽련봉을 그렸다.

벽련봉은 지금은 사용하지 않아 낯선 이름이다. 지금은 기차바위라고 부른다. 겸제 덕분에 기차바위의 본래 이름이 벽련봉임을 알 수 있다. 재밌는 건, 겸제가 즐겨 그리던 벽련봉의 꼭대기 부침바위를 축구공처럼 제법 크게 그렸다. 겸제 그림에 인왕산이 나오면 대개 부침바위가 나오는데, 이를 찾아보는 재미가 쏠쏠하다.

코스 정보 COURSE DATA

길잡이

서촌은 우후죽순 많은 길이 나 있다. 이 코스는 서촌의 명소를 두루 둘러볼 수 있는 코스다. 이 길을 중심으로 취향에 따라 스팟을 넣어 구성하면 알찬 서촌 탐방이 되겠다. 길에 안내판이 없으니 주요 명소를 중심으로 이동하면, 길 찾기가 어렵지 않다.

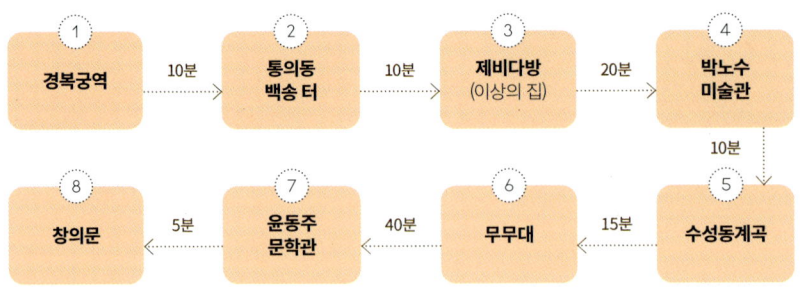

교통

지하철 3호선 경복궁역 3번 출구로 나오면 통의동 백송 터로 갈 수 있다. 3번 출구 버스정류장에서 1020번 버스를 타면 창의문과 윤동주시인의 언덕, 3번 마을버스를 타면 박노수미술관과 종점인 수성동계곡으로 갈 수 있다.

맛집

창의문에서 가까운 자하손만두(전화 02-379-2648)는 만두로 일가를 이룬 집이다. 담백하고 깔끔한 맛의 서울 스타일로 자극적인 맛이 없다. 만둣국이 대표 메뉴로 녹두전을 곁들일 수 있다. 청운동의 '자하문로118 들풀'(전화 02-720-4323)은 푸짐한 한정식을 즐길 수 있는 집이다. 금천교시장의 체부동잔칫집(전화 02-730-5420)은 시장의 터줏대감 격으로 녹두전과 잔치국수 등이 푸짐하다.

코스 지도 COURSE MAP

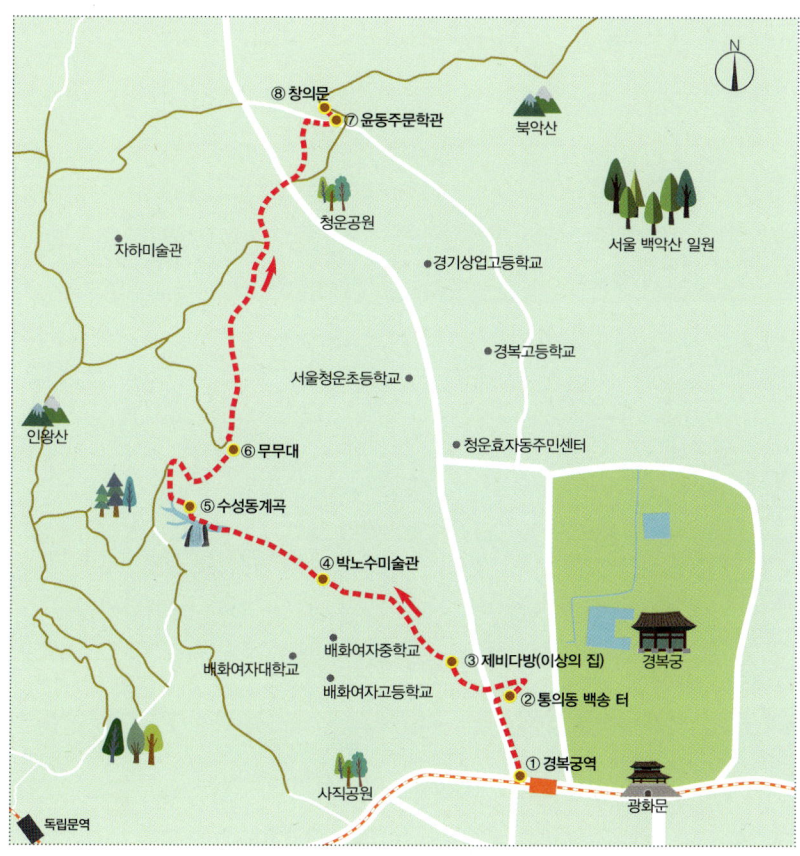

조선 왕조를 찾아가는 시간 여행
서울 도심 고궁나들길

코스 가이드 COURSE GUIDE

주소	서울시 종로구 일대
코스	경복궁 > 창덕궁 > 창경궁 > 종묘
총 거리	8km
시간	3시간
난이도	매우 쉬워요
좋을 때	사계절
원점 회귀	×

대한민국역사박물관 8층 옥상정원에서 바라본 경복궁과 북악산. 북악산 뒤로 북한산이 병풍처럼 둘러싸고 있다.

1. 해태상과 경복궁의 정문인 광화문.
2. 경복궁 근정전 천장에 새겨 넣은 칠조룡.
3. 한복을 입고 온 여중생들이 궁궐에 활기를 불어넣는다.

> 서울의 5대 궁궐 중 세 곳과 종묘를 걷는 코스다. 조선의
> 정궁인 경복궁에서 시작해 조선 궁궐의 원형이 잘 보존된
> 창덕궁과 그 후원인 비원을 거쳐 창경궁을 거닌 후, 역대
> 왕과 왕비들의 신위를 모신 종묘에서 걷기를 마무리한다.
> 파란만장한 궁궐의 역사와 종묘를 통한 조선의 건국이념,
> 그리고 유교 전통을 이해할 수 있는 매력적인 길이다.

칠조룡이 지키는 조선의 상징, 경복궁

출발에 앞서 광화문사거리에 자리한 대한민국역사박물관 8층 옥상정원(황토마루 정원)에 들르는 것이 순서다. 옥상에 오르면 시야가 넓게 열리면서 ①경복궁이 한눈에 들어온다. 기품 넘치는 북악산과 수려한 인왕산이 경복궁을 따뜻하게 품고 있다. 경복궁의 자리는 가히 서울 최고의 명당이다.

조선을 건국한 이성계는 전격적으로 한양 천도를 결정한다. 이에 따라 한양 어느 곳에 경복궁이 자리하느냐가 가장 큰 숙제였다. 정도전, 하륜, 무학대사 등 풍수지리를 겸비한 당대 최고 학자와 승려들의 치열한 논쟁을 거쳐 지금의 북악산 아래에 경복궁이 들어섰다. 그 결과 내사산(內四山)으로 주산 북악산, 좌청룡 낙산, 우백호 인왕산, 안산으로 남산을 배치했고, 그곳에 무려 18.6km 길이의 도성을 쌓았다. 조선왕조는 경복궁과 한양도성을 건설하면서 비로소 실체를 갖췄다.

광화문 앞에서 늠름한 해태상과 눈을 맞춘다. 해태는 '부정한 기운을 물리치는 상상 속의 동물'이고, '불을 다스리는 물의 신'이다. 풍수지리적으로 관악산의 화기를 누르기 위한 역할도 했다. 해태상은 조선 초기부터 있었던 건 아니고, 흥선대원군이 경복궁을 중건하면서 생겼다. 본래 지금 자리는 아니고, 광화문 앞의 육조거리에 있었다. 해태상 앞에서부터는 말에서 내려야 해 하마비 역할도 했다.

광화문을 통해 경복궁 영역으로 들어선다. 홍례문을 지나면 조선 왕실의 상징인 근정전을 만난다. 1395년(태조 4)에 경복궁이 창건되면서 지어진 근정전은 역대 국왕의 즉위식이나 대례 등이 열렸다. 또한 근정전 앞에서 과거시험을 봤으며, 명나라

4. 경복궁 집옥재의 화려한 문양.
5. 창덕궁 삼삼와와 승화루 주변으로 봄꽃이 만발했다.

사신을 위해 불꽃놀이 이벤트를 열기도 했다. 근정전 내부를 보면, 왕이 앉았던 옥좌가 가장 먼저 눈에 들어온다. 뒤편의 일월오악병은 옥좌의 위엄을 더해준다.

유심히 봐야 할 것은 근정전 보개천장에 새겨진 황룡 한 쌍이다. 근정전 황룡의 특이한 점은 발톱이 일곱 개인 칠조룡이라는 점이다. 황룡은 용 중의 으뜸이며 칠조룡은 황룡 중에서도 가장 높은 품격을 자랑한다. 여기에 칠조룡을 넣은 것에 대해선 명확하게 밝혀지지 않았지만, 경복궁 재건과 관계가 있을 것으로 추정한다. 경복궁은 선조 2년인 1592년 임진왜란으로 전소해 270여 년간 방치됐다. 이후 고종 4년인 1867년 흥선대원군의 주도로 중창됐다. 흥선대원군은 당시 왕권 강화를 위해 노력했고, 중국의 권위에 벗어나고자 했다.

창덕궁 후원의 아름다움

최근 서울의 궁궐을 더욱 아름답게 하는 것이 한복 패션이다. 학생들이 한복 매무새를 자랑하며 한껏 뽐내고 사진을 찍는 모습이 참 예쁘다. 하늘하늘 한복을 입고 걸어 다니는 모습이 궁궐과 잘 어울린다. 외국 관광객들도 연방 함께 기념사진을 사진을 찍으며 흐뭇해한다. 아예 한복을 입고 돌아다니는 외국인들도 제법 많다.

경회루는 왕이 신하들과 연회를 주재하던 누각이다. 국내 누각 중 규모가 가장 크다. 조선시대 왕들은 경회루를 둘러싼 사각형의 인공 연못에서 뱃놀이를 즐겼다고 한다. 경회루는 단종이 숙부 수양대군에게 옥새를 넘겨준 아픈 현장이기도 하다. 경회루 옆의 향원정은 고종이 아버지 흥선대원군의 간섭에서 벗어나고자 1873년 세운 건청궁의 전용 휴식처다. 왕과 그 가족들의 사적 휴식 공간이었던 탓에 분위기가 아늑하다.

국립민속박물관 출입구로 경복궁을 나오면 북촌으로 접어든다. ②정독도서관과 재동초등학교를 지나면 작은 언덕을 오른다. 언덕 아래로 ③창덕궁 건물들이 펼쳐진다. 여기서 바라보는 풍경이 북촌팔경의 1경이다. 창덕궁은 1405년(태종 5) 완공된 이궁이지만, 경복궁보다 오랜 세월 정궁 역할을 했다. 경복궁 복원이 너무 늦은 탓이다.

창덕궁 후원은 늦가을 단풍이 유명하다.

창덕궁의 정문인 돈화문은 현존하는 궁궐의 정문으로는 가장 오래됐다. 임진왜란 때 불탄 것을 1609년(광해군 원년)에 완공해 기특하게도 이때의 모습이 현재까지 남아 있다. 돈화문을 들어서 금천교 건너면 인정전이 나온다. 엄숙하고 고풍스러운 인정전의 모습에 감탄이 터져 나온다. 여기서 효종·현종·숙종·영조 등 조선 왕조의 여러 임금들이 즉위식을 거행하고 왕위에 올랐다. 창덕궁은 특히 봄철 매화가 만개할 때 아름답다. 연분홍 홍매화가 구름처럼 피면 향기가 온 궁궐을 진동한다. 창덕궁 관람은 ④후원을 빼놓을 수 없다. 조선시대 궁궐의 후원 가운데 가장 넓고 경치가 아름다워 일찍부터 왕실 사람들의 사랑을 받아왔다. 지금은 누각 18채와 정자 22채만 남았다. 후원의 최고 덕목은 자연스러움이다. 자연의 구릉과 계곡에 최소한의 인공을 가해 가다듬고 여기에 어울리게 연못과 건물을 배치했다. 후원은 정조의 꿈이 서린 곳이기도 하다. 정조는 후원에 규장각을 세우고 여러 서고를 지어 왕실 도서관을 마련하면서 새로운 정치와 문화를 꿈꾸었다. 후원이 가장 아름다울 때는 늦가을을 꼽는다. 활엽수들이 저마다 단풍을 내뿜으며 후원을 붉게 물들인다.

건축과 자연의 조화, 종묘

후원을 나오면 창경궁으로 들어가는 함양문이 보인다. ⑤창경궁은 1418년 왕위에 오른 세종이 상왕인 태종을 모시기 위해 지은 궁이다. 창덕궁의 부족한 기능을 일정 부분 보완하는 궁궐로서 자리 잡았다.

창경궁이 결정적으로 훼손된 것은 일제가 창경궁의 전각을 헐고 그 자리에 동물원과 식물원을 만들면서부터다. 1911년에는 궁궐의 이름도 창경원으로 바꾸어 궁궐이 갖는 왕권과 왕실의 상징성을 격하시켰다. 일반인에게 개방된 창경궁은 해방 후 1970년대까지 줄곧 서울의 대표적 유원지로 이용되었다. 일명 '야사쿠라'라는 벚꽃 놀이터로 널리 알려졌다.

춘당지를 둘러보고 홍화문을 나서면, 원남동사거리에 이른다. 여기서 종묘 담벼락을 따라 내려오면 종묘 정문을 만난다. ⑥종묘는 조선 왕실에서 가장 신성한 공간이다. 유교를 지배 이념으로 삼았던 조선시대의 역대 왕과 왕비의 신위를 봉안하

6. 일제에 의해 창경원으로 격하된 아픔을 간직한 창경궁 전경.
7. 창경궁 명정전의 야경. 밤에는 은은한 조명 덕분에 궁궐의 새로운 아름다움을 느낄 수 있다.
8. 조선왕조에서 가장 신성한 공간인 종묘 정전.

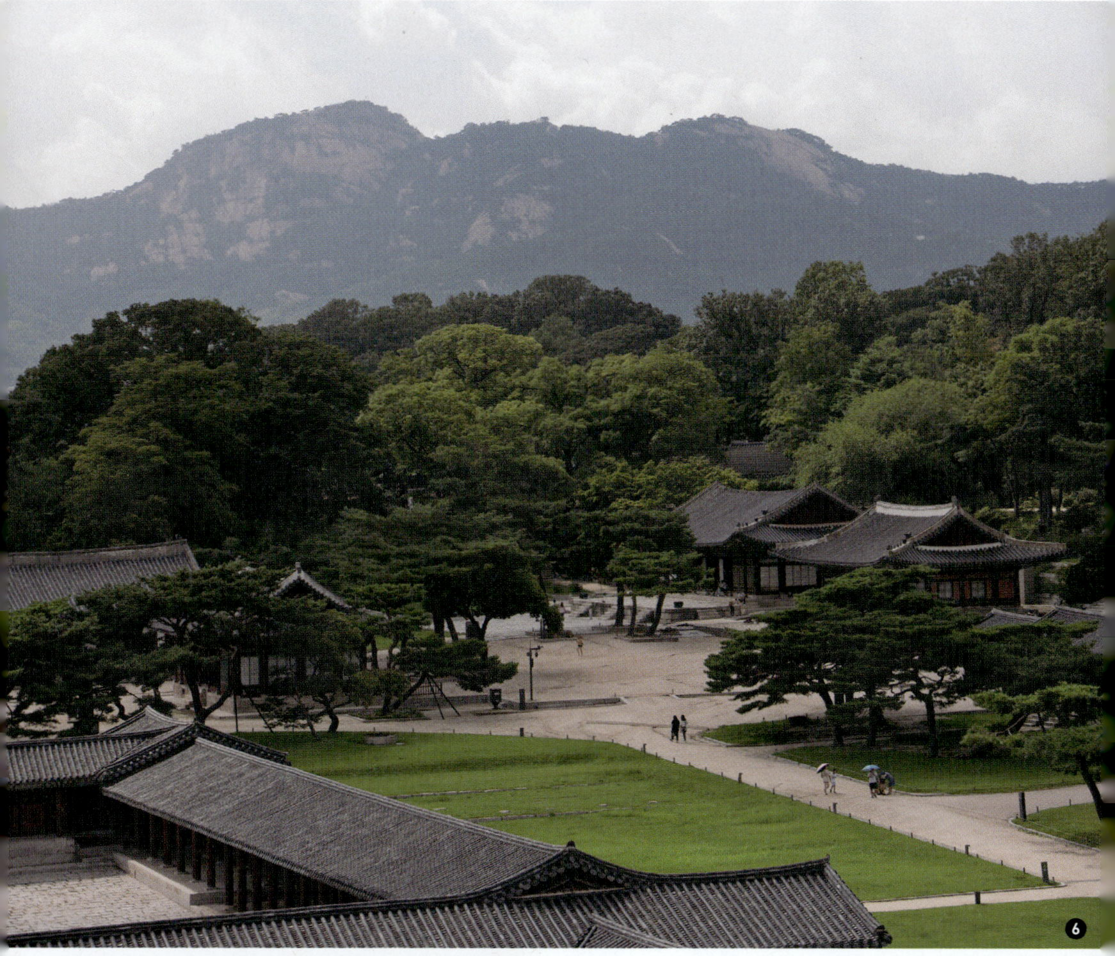

6

7

8

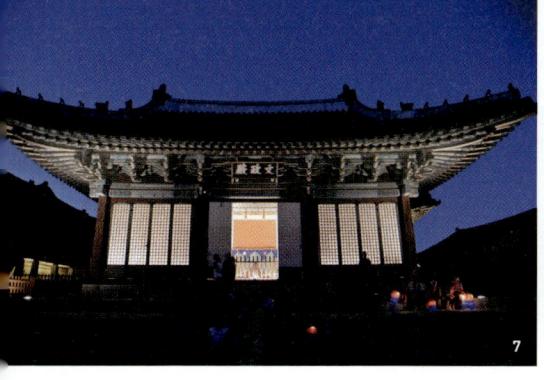

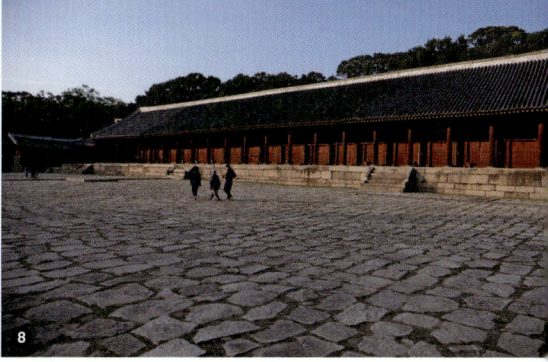

고 국가적인 제사를 지내는 곳이다.

조선의 개국공신 정도전은 <조선경국전>에서 "임금은 하늘의 명을 받아 나라를 열면 반드시 종묘를 세운 다음 조상을 받드는 법이다. 이것은 자신의 근본에 보답하고 먼 조상을 추모하는 것이니 후한 도리이다"라고 했다. 이처럼 종묘는 국가적인 제례를 올리며 왕권의 존엄성을 내외에 과시하고 왕조의 근간을 확립했던 최고의 사당 건축이다.

종묘는 숭고하면서도 엄숙하다. 종묘의 중심 건물인 정전과 박석이 깔린 광장은 보는 사람이 저절로 옷깃을 여미게 한다. 정전 맞배지붕 위로 참나무들의 우듬지가 보이는데, 마치 설치미술처럼 조화롭다. 자연과 어우러진 건축물이 이처럼 엄숙할 수 있을까 하는 의문이 든다. 종묘를 마지막으로 도심의 고궁나들길이 마무리된다.

코스 지도 COURSE MAP

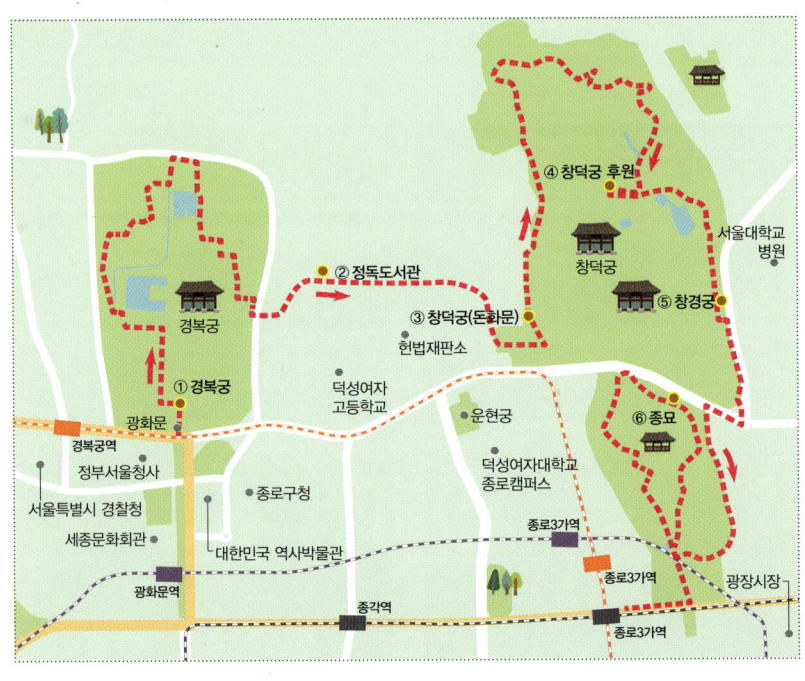

길잡이

도심 고궁나들길은 서울시에서 운영하는 생태문화길 중 하나다. 세 개의 고궁과 종묘를 둘러보다 보면 시간이 생각보다 오래 걸린다. 넉넉하게 시간을 잡자. 이정표는 거의 없지만, 누구나 어렵지 않게 찾아갈 수 있다. 5대궁 통합관람권(어른 1만 원, 구입일로부터 1개월 사용)을 이용하면 조금 저렴하다. 창덕궁과 창경궁은 월요일에 휴궁하며, 경복궁과 종묘는 화요일에 휴궁한다.

> **TREKKING TIP 5대궁 통합관람권**
>
> 4대궁(경복궁, 창덕궁, 창경궁, 덕수궁)과 종묘를 둘러볼 수 있는 통합관람권. 4대궁 및 종묘 매표소에서 구입할 수 있으며, 구입일로부터 3개월간 사용 가능하다. 단, 창덕궁 후원 특별관람의 경우, 일일 관람 인원을 제한하고 있어 통합관람권이 있어도 관람 당일에 매표소에서 후원 입장권을 따로 교환해야한다.
>
> · **성인 요금** 1만 원

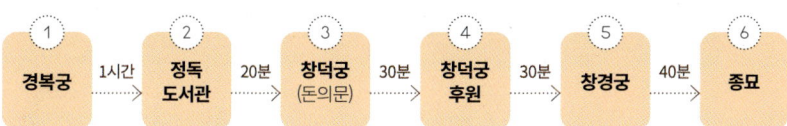

교통

경복궁은 지하철 3호선 경복궁역 5번 출구로 나온다. 종묘는 종로3가역이 가깝다.

맛집

종묘에서 멀지 않은 광장식당에는 빈대떡과 육회를 파는 맛집이 많다. 통큰누이네 육회빈대떡(전화 02-2268-3344)은 저렴하고 푸짐해 인기가 좋다. 종묘의 왼쪽 골목인 서순라길에서 가까운 잘빠진메밀 익선점(전화 070-4531-1214)은 막국수와 만두전골이 일품이다.

전통과 예술의 향기가 흐르는 길
서울 성북동길

코스 가이드 COURSE GUIDE

주소	서울시 성북구 일대
코스	한성대입구역 > 길상사 > 심우장 > 한성대입구역
총 거리	5km
시간	1시간 40분
난이도	쉬워요
좋을 때	부처님 오신 날(길상사 연등), 사계절
원점 회귀	○

길상사는 연등이 예쁘기로 유명하다.
해가 지면 나무에 걸린 연등은 별처럼 반짝인다.

성북동은 전통의 향기가 은은하게 풍기는 동네다. 북악산 품에 기대고 서울한양도성이 흐르는 빼어난 자연환경 속에서 우리의 역사와 문화가 살아 숨 쉰다. 성북동을 둘러보는 길에서는 시인 백석과 기생 김영한의 애틋한 사랑 이야기와 무소유의 정신이 깃든 길상사, <무량수전 배흘림기둥에 기대서서>를 집필한 최순우 옛집, 만해 한용운이 머물던 심우장, 소설가 이태준이 작품을 썼던 수연산방 등을 둘러볼 수 있다.

1. 길가에 자리한 선잠단.
2. 길상사 진영각에는 법정 스님의 진영이 모셔져 있다.
3. 만해공원의 한용운 동상.
4. 만해가 말년을 보낸 심우장. 남향으로 터를 잡으면 조선총독부와 마주 본다는 이유로 북향으로 지었다고 한다.

법정 스님 무소유 정신이 깃든 길상사

①한성대입구역 6번 출구로 나오면 아기자기한 포장마차들이 늘어서 먹거리를 팔고 있다. 길 건너편으로 유명한 나폴레옹제과점도 보인다. 10분쯤 올라가면 성북동의 명물인 올레국수, 구포국수 등 맛집들이 나온다. 다시 길을 나서면 길이 왼쪽으로 꺾이면서 선잠단지 앞 삼거리에 이른다.

홍살문이 보이는 곳이 ②섬잠단이다. 선잠단은 조선시대 제9대 임금인 성종 때 '뽕나무가 잘 크고 살찐 고치로 좋은 실을 얻게 해달라'는 기원을 드리기 위해 혜화문 밖에 세운 제단이다. 나라에서는 일반 백성들에게 누에치기를 장려하기 위해 왕비가 손수 뽕잎을 따고 누에에게 뽕잎을 먹이는 행사인 '침잠례'를 열기도 했다. 선잠단은 1908년 사직단으로 옮겨 제사를 지내면서 폐허가 되었고, 일제 강점기에는 개인 소유로 넘어갔다. 현재는 이 자리에 조그마한 터만 남았고, 들어갈 수도 없어 아쉽다.

선잠단 터를 끼고 우회전해 들어가면 사거리가 나온다. 선잠로를 따라 구불구불 따르면 성북동 성당을 지나 길상사를 만난다. ③길상사는 사연 많은 도심의 절이다. 본래 1980년대 말까지 '대원각'이란 이름의 요정이었다. 요정의 주인이 기생 출신 김영한이다. 그는 당대 최고 인기 시인 백석과 러브스토리를 남긴 것으로 유명하다. 백석은 김영한을 자야로 불렀고, 그를 생각하며 '나와 나타샤와 흰 당나귀'를 썼다고 한다.

정문 안으로 들어서자 알록달록 예쁜 연등들이 눈에 띈다. 길상사는 연등이 예쁘기로 유명하다. 특히 나무 위에 걸어놓은 연등은 해가 지면서 별처럼 반짝인다.

법당 앞에는 길상사의 상징인 관음보살상이 서 있다. 이 불상의 생김새는 마치 성모 마리아상과 비슷하다. 법정 스님의 권유로 독실한 천주교 신자인 최종태 씨가 만들었기 때문이다. 왼손에는 맑은 물이 담긴 정병을 들었고, 오른손은 아무 걱정하지 말라는 뜻으로 손바닥을 펴고 있다. 땅에는 나라도 종교도 다르지만, 하늘로 가면 경계가 없고 같은 울타리라는 뜻이 담겨 있다.

길상사에는 구석구석 수행을 할 수 있는 작고 아담한 건물들이 많다. 수행 공간

가장 위쪽에 법정 스님이 머물던 건물이 있다. 김영한 씨의 부탁으로 법정 스님이 잠시 길상사에 머무르면서 주옥 같은 법회를 열었다. 건물 앞에 법정 스님이 만들었다는 빠삐용 의자가 놓여 있다. 이 의자는 법정 스님이 오래 살았던 송광사 불일암에도 있다. 천천히 경내를 한 바퀴 둘러보고 계곡 옆 벤치에 앉아 잠시 고요함을 즐겨본다.

만해 한용운이 말년을 보낸 심우장

길상사를 나와 위쪽으로 조금 가면 삼거리가 나온다. 여기서 왼쪽 대사관로를 구불구불 따른다. 차가 다니므로 주의해야 한다. 다시 만나는 사거리에서 성북로를 타고 10분쯤 내려오면 만해 한용운 동상이 눈에 들어오는데, 여기가 만해공원이다. 공원의 위쪽 골목길을 5분쯤 오르면 심우장에 닿는다.

대문을 들어서면 넓은 마당 안에 자그마한 한옥집이 소박하게 서 있다. ④심우장은 독립운동가 겸 승려인 만해 한용운이 말년을 보낸 집이다. 심우는 '나의 본성을 찾는다'라는 의미를 담고 있다. 한용운은 1919년 3·1운동 때 민족대표 33인의 한 사람으로서 독립선언서에 서명했다는 이유로 체포되어 3년 형을 선고 받고 복역했으며, 1926년 시집 <님의 침묵>을 출판하여 일제의 식민 지배를 비판했다.

심우장은 북향집이다. 만해는 집을 지을 때 남향으로 터를 잡으면 조선총독부와 마주 본다는 이유로 북향으로 지었다고 한다. 평생 민족 독립을 위해 애썼던 그는 끝내 조국의 광복을 보지 못하고 이곳 심우장에서 생을 마감했다. 한용운이 생활하던 방에는 그의 글씨와 연구 논문집, 옥중 공판기록 등이 그대로 보존되어 있다.

이태준과 최순우의 흔적

다시 만해공원으로 나와 한성대입구역 방향으로 200m쯤 내려와 길을 건너면 수연산방이 골목에 숨어 있다. ⑤수연산방은 소설가 상허 이태준이 1933년부터 1946년까지 머물면서 <달밤>, <돌다리>, <황진이> 등의 명작을 집필했다. 지금은 이태

5. 수연산방은 소설가 이태준이 머물며 집필한 장소다. 지금은 고풍스러운 찻집으로 운영된다.
6. 우리나라를 대표하는 미술사학자인 최순우 선생의 옛집.
7. 성북초등학교 앞에서 본 서울한양도성. 성북동이라는 이름은 도성에서 나왔다.

5

6

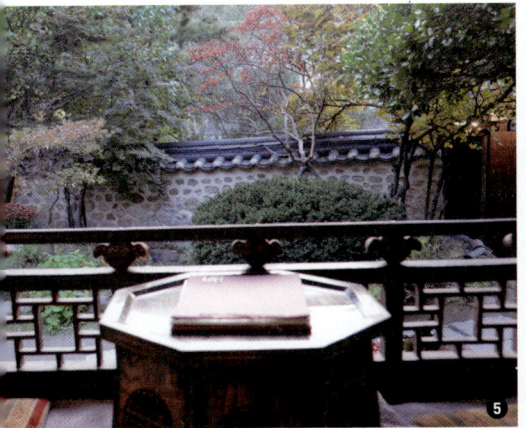

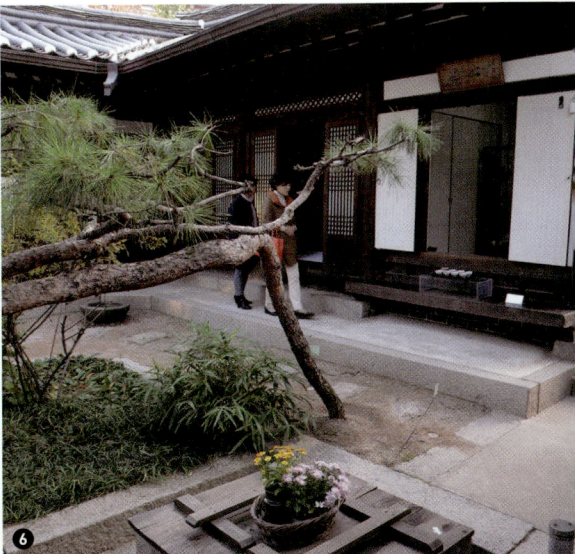

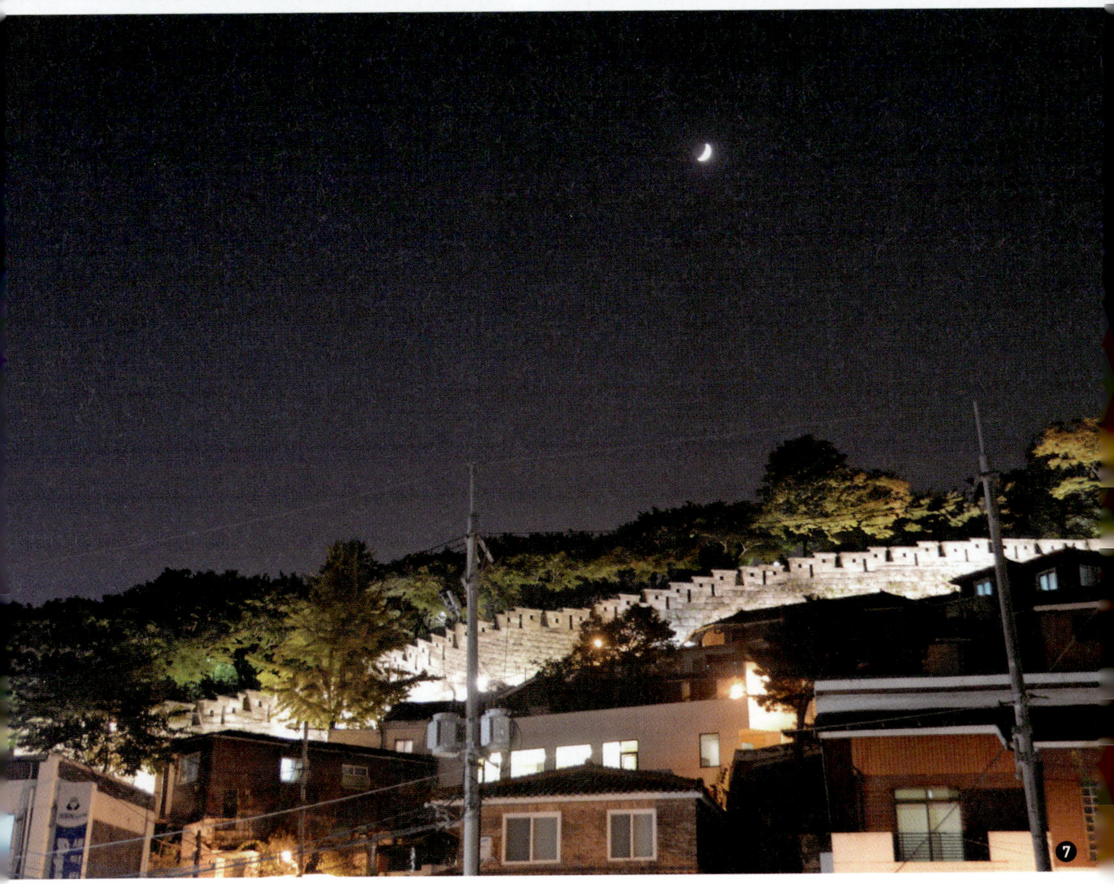

7

준 선생의 외종손녀가 당호인 '수연산방'이라는 이름으로 전통찻집을 운영한다. 대문을 들어서면 바로 장독대가 보인다. 오른쪽으로 사랑방과 안방, 마루로 이뤄진 본채가 있다. 마루나 안방에 앉아 고풍스러운 분위기를 즐길 수 있다.

수연산방을 나와 다시 한성대입구역 방향으로 5분쯤 내려가면 성북초등학교 입구가 나온다. 여기서 신한은행 옆의 골목으로 들어서면 ⑥최순우 옛집이 보인다. 이 집은 국립중앙박물관장을 지낸 고 최순우(1916~1984) 선생이 1976년부터 작고할 때까지 살았던 고택이다.

우리나라를 대표하는 미술사학자인 최순우는 <무량수전 배흘림기둥에 기대서서>라는 책을 통해 한국 미술의 아름다움을 널리 알렸다. 안채의 대청과 사랑방에는 선생의 유품이 전시되어 있다. 툇마루에 앉아 잠시 쉬면서 고택이 주는 편안함에 잠겨본다. 걷기는 ⑦한성대입구역에 돌아오면서 마무리된다.

코스 지도 COURSE MAP

코스 정보 COURSE DATA

길잡이

서울시에서 운영하는 '서울도보해설관광' 코스 중 하나다. 한성대입구역부터 길상사까지는 마을버스를 이용해도 된다. 차도와 인도가 구분되지 않은 구간이 많으니 차량을 조심하자. 해설 신청은 서울도보관광 홈페이지(http://dobo.visitseoul.net/)를 이용한다.

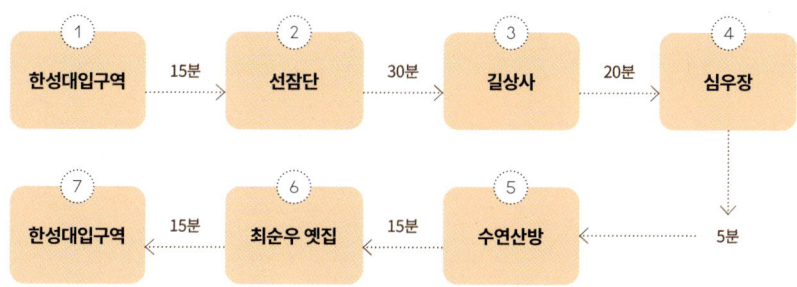

고도표

교통

지하철 4호선 한성대입구역 6번 출구로 나온다. 길상사 가는 성북02번 마을버스는 6번 출구 앞쪽의 정류장에서 탄다.

맛집

성북동엔 다양한 맛집이 있다. 국수는 올레국수(전화 02-6348-1974)와 구포국수(전화 02-744-0215)가 잘한다. 구포국수는 맛있는 안주가 많아 뒤풀이하기 좋다. 밥을 먹기에는 안동할매청국장(전화 02-743-8104)이 푸짐하고 친절하다. 메뉴는 청국장, 순두부 등이 있는데 맛깔스러운 반찬들이 나온다.

뼈아픈 역사가 숨 쉬는 근대로의 시간 여행
인천둘레길 12코스 성창포길

코스 가이드 COURSE GUIDE

주소	인천시 동구·중구 일대
코스	동인천역 > 자유공원 > 차이나타운 > 인천역
총 거리	5km
시간	2시간 10분
난이도	쉬워요
좋을 때	사계절
원점 회귀	×

붉은색이 가득한 차이나타운의 거리는 먹거리와 볼거리가 다양하다.

인천은 '개항도시'다. 쇄국정책을 고수하던 조선은 1876년 외세의 강압에 굴복해 문호를 개방했다. 조선은 강화도조약에 따라 부산과 원산을 차례로 개항하고, 마지막으로 서울의 관문인 인천의 문을 열었다. 1883년 제물포항을 통해 신문물이 밀물처럼 들어왔고, 인천 중구 일대는 중국·일본·서양 건물들이 들어섰다. 인천둘레길 중 12코스는 개항의 역사와 문화를 둘러보는 길이다. '성창포'는 조선시대에 지금의 인천항 일대를 가리키는 말로 군량미를 보관하던 창고가 있어 붙은 이름이다.

자유공원 상징인 맥아더 장군 동상.

1. 답동성당은 한국에서 두 번째로 생긴 서양식 성당으로 유구한 역사와 아름다움이 어우러진다.
2. 일본인들이 자신들의 거주지를 확대하기 위해 만든 홍예문. 3. 출발점인 동인천 북광장.

배다리마을의 애환과 답동성당

인천둘레길은 인천의 S자 축을 따라 발견한 길로 서구 검단 가현산에서 연수구 청량산까지 인천의 중심부를 흐른다. 둘레길은 계양산, 천마산, 원적산, 함봉산, 만월산, 문학산, 청량산 등 아름다운 산과 도심, 해안을 따라 흐른다. 총 14개 코스가 열려 있다. 그중 12코스는 동인천역~인천역까지 걸으며 개항의 흔적들을 둘러볼 수 있다.

①동인천역 4번 출구로 나오면 북광장이다. 광장 오른쪽 중앙시장 한복가게 골목을 지나면 ②배다리사거리가 나온다. '배다리'는 나이 지긋한 인천 주민들에게 친숙한 지명이다. 오늘날 금곡동 지역을 일명 '배다리'로 불렀다. 그곳에는 옛 모습을 간직한 헌책방 거리가 명물로 남아 있다.

'배다리'란 이름은 19세기까지 큰 갯고랑에 배가 닿는 마을이라는 뜻이다. 제물포항 개항과 더불어 그곳에 일본인과 청인이 거주하자 떠밀려온 조선인들이 배다리에 정착했다. 당시 이 일대에 간장공장, 성냥공장, 고무신공장 등이 들어섰고, 조선인들이 터를 잡고 노동자로 일했다. 1970~80년대 남성들이 술자리에서 흔히 불렸던 '인천의 성냥공장 성냥공장 아가씨~' 하는 외설적인 노래에는 당시 인천 지역 여성 노동자의 애환이 담겨 있다.

둘레길은 배다리사거리에서 길 건너 개항로를 따라 들어간다. 골목을 몇 구비 돌면 답동성당(구 제물포성당) 후문을 만난다. 답동의 가장 높은 언덕에 자리한 성당은 마치 거대한 배가 산꼭대기에 앉아 있는 듯하다. 하늘을 찌르는 3개의 종탑과 붉은 벽돌로 쌓은 지붕은 이국적 향기를 물씬 풍긴다.

한국 최초의 서구식 근대공원, 자유공원

③답동성당은 1897년 한국에서 두 번째로 건립된 서양식 성당이다. 1889년 프랑스 파리 외방선교회 빌렘 신부가 초대 본당 신부로 부임했고, 코스트 신부의 설계로 고딕 양식으로 지어졌다. 지금의 건물은 1937년 기존 건물의 외곽을 벽돌로 쌓아 올리며 로마네스크 양식으로 바꾼 것이다. 이곳에 성당을 세운 까닭은 서울의 관문이고 외국 무역의 거점인 입지적 조건을 갖췄기 때문이다. 1892년 기록에 따르면 한국인 신자는 192명이고, 일본인 신자는 38명이었다고 한다.

답동성당을 나와 길을 건너면 ④신포시장으로 들어선다. 신포시장은 닭강정을 필두로 형형색색의 만두와 화덕만두, 순대 등 다양한 먹거리가 가득하다. 시장을 나오면 홍예문을 만날 차례다. ⑤홍예문은 응봉산 산허리에 높이 13m, 폭 7m의 화강암 석축으로 쌓은 석문이다. 지금까지도 차가 통과하고, 사람들도 수시로 드나든다. 이 석문은 중앙동과 관동에 거주하던 일본인의 수가 늘어나자 만석동으로 거주지역을 늘리기 위해 일본 공병대가 뚫었다.

홍예문 위로 올라서면 인천항이 한눈에 내려다보인다. 여기서부터 자유공원이 시작된다. ⑥자유공원은 1888년 개항장 조계지(외국인이 거주하며 치외법권을 누릴 수 있는 구역) 내에 조성된 한국 최초의 서구식 근대공원이다. 1897년 조성된 서

4. 자유공원을 내려오면 만나는 청일조계지. 5. 인천개항박물관은 개항장 경제의 중심인 일본제1은행 인천지점 건물을 고쳐 만들었다.

6. 짜장면의 역사를 한눈에 알 수 있는 짜장면박물관.
7. 근대문학을 총괄할 수 있는 근대문학관은 우리나라에 세워진 문학관 중에서 으뜸으로 꼽힌다.

울 탑골공원보다도 9년 먼저 만들어졌다. 자유공원의 상징은 맥아더 장군의 동상이다. 동상은 인천항 일대를 하염없이 바라본다. 동상은 때때로 자신의 몸에 앉은 비둘기들을 날려 보내면서 자신의 건재함을 과시한다.

자유공원에서 둘레길은 ⑦송월동 벽화마을 쪽으로 둘러간다. 벽화마을을 생략하고 그대로 내려오면, 삼국지의 장면을 벽화로 그린 삼국지 거리를 만난다. 공자상의 발아래로 ⑧청일조계지 계단이 보인다. 이 계단을 중심으로 서쪽은 청나라, 동쪽은 일본 조계지였다. 건축물의 모습과 느낌도 확연히 다르다. 계단을 내려오면 르네상스 양식의 석조 건축물들이 나타나는데, 우리나라인지 눈이 휘둥그레진다. 이곳에 인천개항박물관이 있다.

개항박물관과 근대문학관

⑨인천개항박물관은 당시 개항장 경제의 중심인 일본제1은행 인천지점 건물이다. 이곳에서는 개항부터 일제 강점이 시작된 1910년까지 유물을 300종 넘게 전시하고 있다. 특히 갑신정변이 일어나 실제 사용하지 못한 우리나라 최초의 우표와 등대 모양의 최초 우체통 등 신기한 볼거리가 많다. 아울러 개항장, 근대건축박물관, 근대문학관, 아트플랫폼도 천천히 둘러보자.

한국의 근대문학을 총망라한 근대문학관은 건물 자체가 예술적이다. 건축가이자 사진작가인 황순우 작가가 참여해 옛 벽장, 서까래, 목재 등을 그대로 사용했다. 건물에서 근대의 시간이 그대로 느껴진다. 최남선, 한용운, 백석, 나도향, 김소월 등의 작품과 자료 3만여 점을 전시한다. 2층에서는 이상화, 임화, 현진건 등 유명 작가 11명의 캐리커처 도장을 찍을 수 있다. 이 캐리커처는 당시 화가이자 작가인 안석영(1901~1950)의 작품인데, 작가의 특징을 기막히게 잡아내 형상화했다. 이 도장만 찍어도 문학관을 방문한 특별한 기념품이 된다.

문학관을 나오면 발길은 차이나타운으로 이어진다. 차이나타운의 거리는 온통 붉은색이다. 중국 음식점과 기념품 가게가 들어선 건물은 전형적인 중국식 건축 구조를 띠고 있다. 이곳의 명물은 짜장면을 처음 만들었던 공화춘으로 지금은 짜장면박물관이 들어섰다. 짜장면의 모든 것을 한눈에 알 수 있는 곳이다. 박물관을 둘러보고 나오면 배가 출출하면서 저절로 발걸음이 중국 음식점으로 이어진다. 옛 추억을 떠오르며 맛나게 짜장면을 먹고, 우리나라 최초의 증기기관차가 운행하던 ⑩인천역에 닿으면서 걷기가 마무리된다. 인천역 앞에는 당시 최초 기관차의 모형이 서 있다.

코스 지도 COURSE MAP

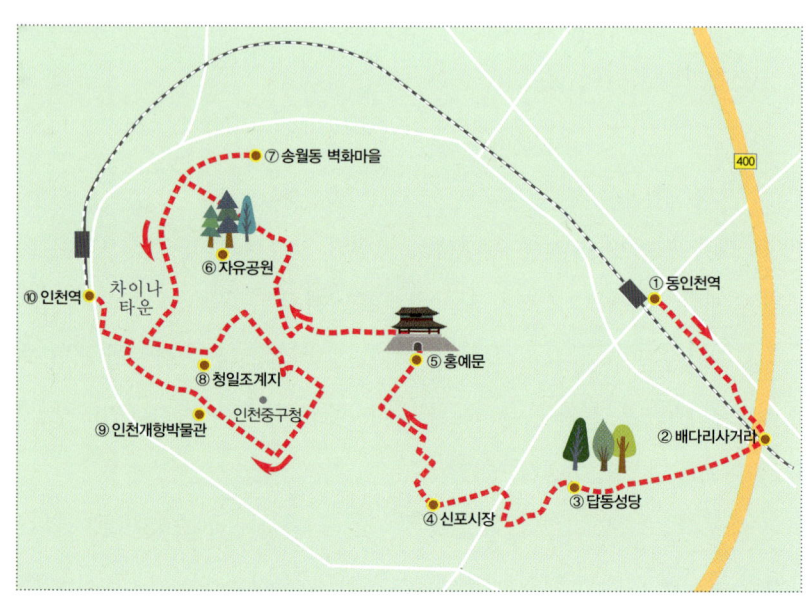

코스 정보 COURSE DATA

길잡이

비교적 이정표가 잘 나와 있는 편이다. 둘레길은 자유공원에서 송월동 벽화마을로 이어지는데, 생략하고 곧장 차이나타운 쪽으로 내려와도 괜찮다. 인천개항박물관, 근대문학관, 짜장면박물관 등은 천천히 시간을 갖고 둘러보자. 인천역에서 걷기를 마무리하고, 멀지 않은 북성포구에서 일몰을 감상하면 금상첨화다.

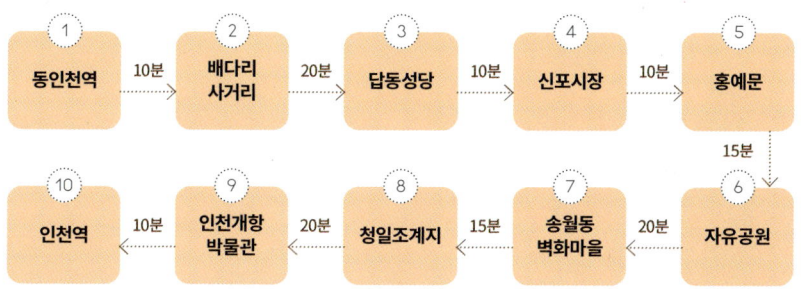

고도표

교통

자가용은 지하철 동인천역에서 가까운 동인천역2공영주차장에 세우면 된다. 지하철 1호선을 이용해 동인천역 4번 출구로 나온다.

맛집

동인천역에서 가까운 달큰철판두루치기(전화 0507-1335-7798)는 가성비 좋은 두루치기 전문집으로 모듬철판두루치기가 대표 음식이다. 신포시장의 신포순대는 오래된 노포로 직접 만든 순대 요리와 족발을 판매한다. 또한 신포시장에서 원조신포닭강정(전화 032-762-5853)을 빼놓으면 섭섭하다. 차이나타운의 만다복(전화 032-773-3838)은 하얀백년짜장으로 유명하다.

테마편 | 둘레길

사계절 내내
가볍게

걷기 좋은 길

고구려의 기상이 서린 짧고 굵은 길
서울둘레길 2코스
용마·아차산

코스 가이드 COURSE GUIDE

주소 서울시 중랑구·광진구 일대
코스 화랑대역 > 용마산 > 아차산 > 광나루역
총 거리 12.6km
시간 4시간 20분
난이도 무난해요
좋을 때 사계절
원점 회귀 ×

봄철 망우산 구간은 화사한 벚꽃이 가득하다.

1. 망우리공원 전망대에서 바라본 조망. 북한산과 도봉산이 서울 도심을 병풍처럼 둘러싸고 있다.
2. 화랑대역을 나와 길을 건너면 서울둘레길 스탬프 찍는 곳(빨간 우체통)이 나온다.
3. 서울 캠퍼들에게 각별한 사랑을 받는 중랑캠핑숲.

서울둘레길 2코스는 서울 동쪽의 중랑구와 광진구를 통과한다. 서울둘레길 중 가장 짧지만 볼거리가 많은 구간이다. 망우리공원묘지에는 애국지사와 예술가들이 잠들어 있다. 용마산과 아차산 일대는 예로부터 군사적 요충지였다. 아차산성은 고구려 온달장군이 전사한 역사의 현장이다. 아차산 4보루에서 바라보는 한강과 서울 시내 조망은 서울둘레길의 명풍경 중 하나다.

2014년 서울둘레길 개통

서울둘레길은 2014년 열렸다. 면적 605㎢의 서울시를 시계 방향으로 한 바퀴 돈다. 8개 코스로 총 길이는 157㎞에 달한다. 관악산(629m)·북한산(837m)·수락산(638m) 등 도심 명산과 외곽의 크고 작은 산을 연결해 거대한 원을 그린다.

서울둘레길 2코스의 핵심은 서울의 동쪽을 수호하는 아차산 군(群)을 걷는 것이다. 아차산 군은 봉화산, 망우산, 용마산, 아차산 일대를 총칭하는 말이다. 지금은 각각 독립적인 산으로 부르지만, 예전에는 봉화산은 아차산 봉수대, 용마산은 아차산 용마봉으로 불렀다. 아차산과 이어지는 검암산은 왕실 공동묘지라 할 만하다. 이성계가 묻힌 건원릉을 비롯해 현릉, 목릉, 숭릉, 휘릉, 혜릉, 원릉, 경릉, 수릉 등 여덟 개의 능이 더 모셔졌다. 동쪽에 있는 아홉의 왕릉군이라고 해서 동구릉이라 부른다.

출발점은 ①화랑대역. 4번 출구로 나오면 공원 앞에 스탬프 우체통이 서 있다. 도장을 찍고 출발해 묵동천을 따라 걷는다. 묵동천은 봉화산 기슭에서 발원해 중랑천으로 흘러 들어가는 작은 하천이다. 2011년 생태하천으로 복원돼 주민들의 산책 코스가 됐다.

봉화교 아래를 지나 홈플러스가 보이는 지점에서 묵동천을 빠져나온다. 아기자기한 천변길을 걸으면 경춘선이 지나는 ②신내역을 만난다. 역 앞에서 골목을 몇 번 꺾어 메타세쿼이아 가로수 지대를 통과하면 중앙선 양원역 앞이다. 도심 구간 걷기가 싫다면 양원역에서 출발하는 것도 방법이다. 망우청소년회관 옆의 넓은 공원을 지나 ③중랑캠핑숲에서 한숨을 돌린다. 이곳 캠핑장은 난지도 노을캠핑장과 더불어 서울 최고의 캠핑장으로 꼽힌다. 평일임에도 몇 동의 텐트가 자리 잡고 있다.

애국지사와 예술가들이 잠든 망우리공원

캠핑장을 지나 6번 국도를 건너면 ④망우리공원으로 들어간다. 과거 유명했던 망우리공동묘지는 이제 공원으로 탈바꿈했다. 망우(忘憂)란 죽어서 공동묘지에 묻히면 삶의 모든 근심이 없어진다고 해서 붙은 이름이다. 전하는 이야기에 따르면, 태조

아차산 4보루는 천혜의 전망대. 유장하게 흐르는 한강의 모습이 일품이다.

이성계가 여기서 가까운 검암산 아래 지금의 건원릉에 자신의 묫자리를 정하고 한양으로 돌아오다가 망우리고개에서 잠시 쉬면서 "이제야 한시름을 잊겠다"고 해서 망우리고개란 이름이 나왔다고 한다.

망우리공원에선 한용운과 조봉암 등 애국지사와 이중섭과 박인환 등 예술가들의 묘소를 둘러볼 수도 있다. 둘레길은 능선이 아닌 망우산의 오른쪽 허리를 타고 돈다. 호젓한 숲길이지만, 길이 포장된 것이 흠이다. 얼마 가지 않아 박인환 시인 기념석을 만난다. 기념석에는 '인생은 외롭지 않고 그저 잡지의 표지처럼 통속하거늘..' 그의 대표작 '목마와 숙녀'의 시구가 적혀 있다. 박인환의 묘소는 기념석 아래쪽으로 조금만 내려가면 만날 수 있다.

다시 길을 나서면 오른쪽으로 서울 시내 조망이 시원하다. 길섶에는 벚나무가 많아 4월에는 환한 꽃길을 이룬다. 한동안 이어진 포장도로가 끝나면 흙길이 나타난다. 이제 용마산으로 넘어간다는 뜻이다.

용마산으로 이어지는 오르막 초입에 스탬프 우체통이 서 있다. ⑤깔딱고개 570계

단을 오르면 넓은 데크를 만난다. 데크 앞에서 기막힌 조망이 펼쳐진다. 드넓은 서울 시내가 한눈에 잡히고 북한산~도봉산~수락산~불암산이 하늘에 스카이라인을 그린다. 반대편에는 유장하게 흐르는 한강이 아차산의 옆구리를 휘돌아나간다. 헬기장이 있는 곳이 용마산 5보루이며 갈림길이다. 여기서 용마산 정상과 아차산이 갈린다. 시간 여유가 있으면 용마산 정상을 찍고 가도 좋다. 용마산 정상은 서울 시내가 한눈에 잡히는 조망 명소다. 아차산 방향으로 들어서면 아차산 4보루 앞에서 길이 오른쪽으로 꺾인다. 간혹 사람들은 4보루를 앞에 두고 그냥 통과하기도 한다.

온달장군이 전사한 아차산

⑥ 아차산 4보루는 유일하게 복원 개방한 보루이기에 꼭 들러봐야 한다. 고구려의 군사 유적인 보루는 적의 침공을 저지하면서 봉화대를 이용해 상부에 연락을 취하는 곳으로 요즘의 군 초소와 같은 곳이다. 아차산 능선에 산재한 보루는 아직도

발굴 중인데, 온돌·토기·도끼 등의 고구려 유물이 무더기로 쏟아져 나왔다.

아차산 일대는 백제가 세우고 고구려가 빼앗았다가 신라가 최종 점령한 곳이다. 475년 고구려 장수왕이 3만 대군을 이끌고 아차산을 점령했고, 이때 백제 개로왕이 아차산으로 압송돼 죽임을 당했다. 이 사건 이후 백제는 수도를 한성에서 웅진(공주)으로 옮긴다. 그 후 아차산의 주인은 신라로 넘어갔다. 590년 고구려 평원왕의 사위이자 평강공주의 남편이었던 온달장군이 성을 수복하고자 싸우다 아차산에서 전사했다.

4보루에 올라서면, 유유히 흐르는 한강을 바라보는 온달장군의 모습이 그려진다. 타향 먼 땅에서 평강공주가 사무치게 그립지 않았을까. 이제 휘파람 불면서 아기자기한 아차산 능선을 밟으면 해맞이 광장에 닿는다.

'서울의 우수경관 조망 명소'인 해맞이 광장은 매년 해맞이 행사가 열리는 곳이다. 이곳 전망대에서는 동쪽에서 흘러온 한강이 올림픽대교와 잠실대교 밑으로 유유히 흐르는 모습이 압권이다. 능선을 내려오면 아차산생태공원이 나오고, 공원을 가로지르면 종착점인 ⑦광나루역에 닿으면서 서울둘레길 2코스가 마무리된다.

4. 아차산이 끝나는 지점에 있는 아차산 생태공원.
5. 용마산 깔딱고개부터 570개의 계단이 이어진다.
6. 아차산 해맞이광장 전망대. 시원한 도심 전망을 즐길 수 있다.

코스 정보 COURSE DATA

길잡이

이정표가 잘 설치되어 있다. 길에서는 주황색 리본이 이정표 역할을 한다. 서울둘레길 2코스의 스탬프는 지하철 6호선 화랑대역 4번 출구로 나와 길을 건너면 보이고, 용마산 깔딱고개에 있다. 거리를 줄이고 싶다면, 6호선 신내역 또는 경의중앙선 양원역부터 출발하면 된다. 용마산은 일몰, 아차산은 일출 명소다.

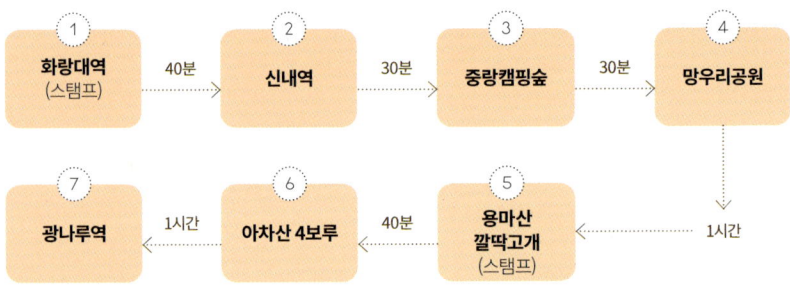

TREKKING TIP 서울둘레길 스탬프

서울둘레길을 따라 걷다 보면 곳곳에서 빨간 우체통을 만날 수 있다. 둘레길을 상징하는 28개의 스탬프를 찍을 수 있는 시설로, 스탬프북에 스탬프를 찍어 추억을 남길 수 있다. 스탬프북은 서울시청, 서울둘레길 안내센터(창포원, 양재) 등 지정된 곳에서 받을 수 있다. 28개의 스탬프를 모두 찍어 인증하면, 완주 인증서를 받을 수 있다.

- 홈페이지 gil.seoul.go.kr/walk/sub/tourGuide.jsp

교통

출발점은 지하철 6호선 화랑대역으로, 4번 출구로 나온다. 도착점은 5호선 광나루역이다.

코스 지도 COURSE MAP

맛집

광나루역에서 가까운 다야(전화 02-453-7833)는 민속국수와 칼국수 등을 판다. 도토리묵, 파전과 막걸리 한잔하기 좋고 가격이 저렴해 단골손님이 많다. 아차산역에서 가까운 원조 할아버지손두부(전화 02-447-6540)는 순두부로 일가를 이룬 집이다. 착한 가격에 구수한 두부 맛이 일품이다.

자연의 위대함을 깨닫는 기적의 길
서울 마포난지생명길 1코스

마포난지생명길의 숨은 명소인 메타세쿼이아 숲길.

코스 가이드 COURSE GUIDE

주소	서울시 마포구 상암동 일대
코스	월드컵경기장역 > 노을공원 > 하늘공원 > 월드컵경기장역
총 거리	14km
시간	4시간
난이도	무난해요
좋을 때	가을(억새), 봄
원점 회귀	○

1. 월드컵경기장역을 나와 북문을 지나면서 마포난지생명길이 시작된다.
2. 매봉산 무장애길의 전망대. 북한산이 한눈에 들어온다.
3. 석유비축기지를 새롭게 만든 문화비축기지. 옛 건물의 독특한 외관을 잘 살렸다.
4. 노을공원의 노을캠핑장. 잔디가 깔려 아이들이 뛰어놀기 좋다.
5. 노을공원은 한강 너머로 지는 노을이 일품이다.

> 마포난지생명길 1코스는 쓰레기 매립지라는 오명을 벗고
> 생태공원으로 거듭난 난지도와 월드컵공원 일대의 여러 공원과
> 명소를 둘러보는 도심 속 생태길이다. 난지천공원, 하늘공원,
> 노을공원, 평화의공원 등을 연결해 풍광이 빼어나며 누구나
> 부담 없이 걸을 수 있다. 특히 가을철에 하늘공원에 억새가
> 가득할 때가 장관이며, 한강으로 지는 노을 풍경도 일품이다.

월드컵경기장역 기점의 원점 회귀 코스

난지도(蘭芝島)는 그 이름처럼 난꽃이 자라던 아름다운 섬이었다. 난지도를 만든 것은 북한산 남서쪽에서 흘러내린 불광천과 남동쪽에서 흘러온 홍제천이다. 두 물줄기가 한강에 흘러들어 퇴적물을 형성했고, 그것이 난지도가 됐다. 섬의 이름은 오리가 물에 떠 있는 모습과 비슷하다 하여 오리섬 또는 압도(鴨島)라고도 불렀다. 그러나 아름다운 난지도는 1977년 제방이 만들어지고 1978년부터는 쓰레기를 갖다 버리는 섬으로 전락하고 만다. 산업폐기물과 서울 시민들이 배출한 쓰레기를 15년간 버렸다. 버린 양은 8.5t 트럭 1,300만 대 분량에 이르렀고, 그 결과 지금과 같은 거대한 두 개의 산봉우리가 만들어졌다.

1991년 새로이 김포에 쓰레기매립지가 생기면서 1993년부터 난지도의 쓰레기 반입은 중단되었다. 쓰레기에서 배출되는 많은 공해물질로 몸살을 앓아오다가 지금은 자연생태공원으로 탈바꿈했다. 동쪽 봉우리는 억새밭이 가득한 '하늘공원', 서쪽 봉우리 '노을공원'은 골프장으로 개장했다가 여러 문제가 발생하자 지금은 잔디를 활용한 가족 캠핑장으로 용도를 변경하여 시민의 품에 돌아왔다.

난지생명길 1코스의 출발점은 ①월드컵경기장역 2번 출구다. 출구를 나와 월드컵경기장 북문 앞을 지나면, 담소정 정자와 연못이 보인다. 정자 옆으로 난 길을 따라 조금 오르면 매봉산 무장애 숲길이 나온다. 나무 데크가 깔린 호젓한 숲길을 굽이굽이 돌면 전망대를 만난다. 눈앞에 상암동 아파트들과 북한산이 시원하게 펼쳐진다.

전망대를 지나면 한동안 오르막길이 좀 이어지다가 데크 쉼터를 만난다. 이곳이 ②매봉산 정상이다. 정상에서 조금 내려오면 매봉산 최고의 전망대를 만난다. 월드컵경기장이 한눈에 내려다보이고, 그 뒤로 성산대교와 한강 일대가 시원하게 펼쳐진다. 서울 서부지역의 최고 전망대라 해도 과언이 아닐 정도로 멋진 풍광이다. 전망대에서 매봉산 아래쪽을 바라보면, 거대한 비행접시처럼 생긴 둥근 물체들이 보인다. 여기가 석유비축기지를 문화공간으로 만든 문화비축기지다.

석유비축기지가 문화비축기지로 재탄생

전망대를 내려와 시간 여유가 되면 ③문화비축기지를 둘러봐도 좋다. 본래 석유비축기지는 1970년대 두 차례 석유파동을 겪으며 정부가 석유비축 정책을 추진해 만들었다. 당시 박정희 대통령의 성장 제일주의 경제정책을 뒷받침하는 상징이었던 셈이다. 높이 15m, 지름 15~38m의 대형 석유탱크 5기에는 131만 배럴의 석유를 저장할 수 있었다. 그러나 2000년에 상암월드컵경기장이 들어서며 '대규모 화학물질 시설이 경기장 근처에 있을 순 없다'는 논리로 사용이 금지된다.

결국에는 1979년부터 유지되던 시설이 문을 닫게 되고 그 기능은 용인 기지로 이전됐다. 13년 넘게 흉물스럽게 남았던 석유기지는 2017년 문화비축기지로 새롭게 태어났다. 이국적인 풍경의 문화비축기지로 연인들의 데이트 장소와 가족의 문화체험 공간으로 인기가 좋다.

전망대를 내려오면 월드컵공원 사거리를 만난다. 여기서 도로를 건너면 ④난지천공원이다. 앞에 보이는 봉우리가 ⑤노을공원이다. 길은 노을공원으로 올라가는 것이 아니라 도로를 따라 길게 이어진 난지천공원 가장자리를 걷게 된다. 연못과 널찍한 인조잔디 구장을 지나면 노을공원으로 들어선다. 여기서 난지생명길은 노을공원을 바로 오르는 것이 아니라 시계 반대 방향으로 한 바퀴 돈다. 가양대교 근처를 스치면 노을공원으로 올라가는 길이 보이고 15분쯤 발품을 팔면 노을공원 정상부에 올라선다.

난지매립장의 서쪽 봉우리인 노을공원 안의 노을캠핑장은 우리나라에서 가장 인

6. 하늘공원 정상 일대는 광활한 억새 군락을 품고 있다. 7. 하늘공원 억새 군락지 한가운데 자리한 그릇 모양의 전망대.
8. 평화의공원에 자리한 에너지드림센터.

기 있는 캠핑장 중 하나다. 주말 예약이 '하늘의 별따기'처럼 어렵다. 드넓은 초원지대의 캠핑장 구역을 지나면 노을매점을 만난다. 매점 2층은 한강 조망이 좋아 잠시 시원한 음료를 마시며 쉬기 좋고, 한강 너머로 지는 노을이 일품이다.

노을공원을 내려오면 주차장을 만나고, 이곳에 서울시립미술관 난지미술창작스튜디오가 자리한다. 이 스튜디오는 난지도의 침출수 처리장을 리모델링해 2006년에 열었고, 유망한 신진 작가들에게 오픈해 창작 활동에 전념할 수 있도록 지원한다. 스튜디오 앞의 야외조각공원에서는 다양한 작품들이 전시되어 있다.

이제 하늘공원으로 올라갈 차례다. 스튜디오 앞 주차장에서 바라보면, 하늘공원으로 오르는 급경사 계단길이 보인다. 하지만 길은 왼쪽 자유로 쪽으로 내려온다. 공원 남서쪽에 메타세쿼이아 숲길이 숨어 있기 때문이다. ⑥메타세쿼이아 숲길은 길 양편으로 잘생기고 훤칠한 나무가 쭉쭉 뻗었고, 그 사이로 길이 나 있다. '서울에 이런 곳이 있었나?' 하는 생각이 들 정도로 인상적인 길이다.

노을공원은 캠핑장, 하늘공원은 억새밭

꿈길 같은 메타세쿼이아 숲길이 끝나면 제법 가파른 산길을 거쳐 ⑦하늘공원 정상부로 올라선다. 정상부 일대는 온통 억새밭이다. 어느 방향으로 길을 잡아도 바람에 하늘거리는 억새의 향연을 즐길 수 있다. 하늘공원에서 빼놓을 수 없는 곳이 가장 높은 곳에 자리한 전망대다. 거대한 그릇 모양의 전망대는 임옥상 설치미술가의 작품으로 제목이 '하늘을 담는 그릇'이다. 전망대 꼭대기에 오르면 사방이 억새로 뒤덮인 하늘공원이 내려다보이고, 멀리 북한산 연봉이 아스라하다.

하늘공원을 내려와 월드컵공원 육교를 건너면 ⑧평화의공원으로 들어선다. 에너지드림센터, 메트로폴리스길, 난지연못을 차례로 만난다. 난지연못에서 잠시 쉬었다가 마포농수산물시장을 지나면 ⑨월드컵경기장역에 도착하면서 걷기가 마무리된다.

코스 지도 COURSE MAP

코스 정보 COURSE DATA

길잡이

서울월드컵경기장 일대에는 여러 공원이 몰려 있다. 마포난지생명길은 그 공원들을 연결하는 길이다. 길은 여러 공원을 둘러가면서 이어지기에 헷갈리기 쉽다. 꼭 노선을 따라야 하는 것은 아니기에 공원을 연결한다고 생각하면 된다. 마음에 드는 공원만 정해서 몇 군데만 들러 봐도 좋다. 문화비축기지와 메타세쿼이아 숲길은 놓치지 말고 꼭 들러보자.

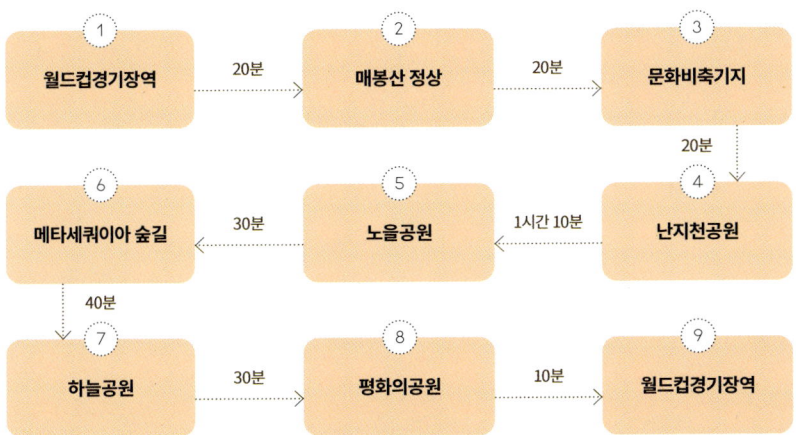

교통

자가용은 월드컵공원 주차장, 문화비축기지 주차장, 난지천공원 주차장 등을 이용한다. 지하철은 6호선 월드컵경기장역이다. 2번 출구로 나오면 된다.

맛집

노을공원의 노을카페는 노선상의 유일한 매점이다. 컵라면 등으로 요기할 수 있다. 마포농수산물시장에서 비교적 저렴하게 싱싱한 과일을 구입하고, 회를 포장할 수 있다. 상암동의 한얼(전화 0507-1314-4376)은 고기국밥과 숯불구이를 전문으로 하는 집이다.

강물과 친구하며 걷는 예쁜 길
양평 두물머리길 1코스
물래길

코스 가이드 COURSE GUIDE

주소	경기도 양평군 양수리 일대
코스	양수역 > 두물머리 > 양수리생태환경공원 > 양수역
총 거리	7km
시간	2시간 10분
난이도	쉬워요
좋을 때	초여름(수련), 여름(연꽃), 한겨울
원점 회귀	○

마음이 시원해지는 두물머리 풍경. 두물머리 상징인 도당 할아버지 느티나무가 우뚝하고 산과 강물이 어우러진다.

두물머리는 이름도, 길도, 강물도 예쁘다. 북한강과 남한강의 큰 물줄기 둘이 머리를 맞대는 곳이라 해서 '두물머리'란 이름이 붙었다. 두물머리는 풍광이 빼어나 오래전부터 데이트 코스와 촬영 및 출사 장소로 인기가 좋았다. 두물머리길은 기존의 두물머리 산책로를 연장하고 스토리텔링을 도입해 만들었다. 두물머리는 사계절 좋지만, 특히 초여름과 여름철에 수련과 연꽃이 필 때 장관이다. 또한 한겨울 추위에 강물이 꽝꽝 얼었을 때도 매혹적이다.

1. 용늪에는 초여름에 수련, 여름철에는 연꽃이 핀다.
2. 세미원과 두물머리를 연결하는 배다리. 배를 연결해 다리를 만들었다.
3. 초여름 기화요초가 만발한 세미원.
4. 두물머리의 명소인 액자. 액자 안에 들어간 풍광이 일품이다.
5. 겨울철 강물이 꽝꽝 얼었을 때의 북한강 철교. 뒤로 운길산이 우뚝 서 있다.

'남한강 자전거길' 길목 양수역에서 걷기 시작

두물머리길 1코스 물래길의 출발점은 전철 경의중앙선 ①양수역이다. 양수역은 '남한강 자전거길'이 지나는 길목이라 주말이면 산꾼, 연인, 자전거 마니아로 북적거린다.

1번 출구로 나오면, 왼쪽으로 커다란 저수지가 보인다. 여기가 용늪이다. ②용늪은 섬처럼 툭 튀어나온 두물머리 일대의 오른쪽 부분을 거의 차지하는 긴 늪이다. 예로부터 용이 살았다는 전설의 장소로 지금은 용바위가 물속에 잠겨 있다고 한다. 물래길은 용늪 산책로를 따라 이어진다. 용늪에는 흰 수련과 빨간 수련 등이 그득하다. 초여름에는 수련, 여름철에는 연꽃이 군락으로 핀다.

구불구불 이어지는 용늪 산책로를 지나면 6번 국도를 만난다. 여기서 길을 건너면 '물과 꽃의 정원' ③세미원(洗美苑)으로 들어선다. 세미원 입구의 바닥은 돌로 된 빨래판이 재미있다. 세미원의 이름은 <장자>에 나오는 '관수세심 관화미심(觀水洗心 觀花美心 물을 보면 마음을 씻고, 꽃을 보면 마음을 아름답게 한다)'에서 따왔다. 이를 상징적으로 보여주기 위해 빨래판을 깔았다. 정문 격인 불이문을 지나면 징검다리가 놓여 있다. 징검다리 옆으로 계곡처럼 물이 흐른다.

세미원은 옛 전통 연못처럼 운치 있게 잘 꾸며졌다. 보기도 좋지만, 수생식물을 이용한 친환경 정화공원으로 조성해 더욱 의미 있다. 연꽃과 수련·창포 등을 심은 6개의 연못을 거친 한강 물은 중금속과 부유물질이 거의 제거된 뒤 팔당댐으로 흘러간다고 한다.

양평군에서는 세미원과 두물머리를 직접 연결하는 배다리를 만들었다. 흔들거리는 배다리를 통해 물 위를 걷는 맛이 일품이다. 너무 빨리 두물머리에 도착하는 게 흠이다. 입장료도 있으니 배다리 구경은 선택이다.

세미원을 나와 다리를 건너면 두물머리로 가는 산책로가 이어진다. 이 길은 연인들의 길이다. 손잡고 걷는 선남선녀의 모습이 보기 좋다. 두물머리가 가까워지면 풍성한 연꽃밭이 나타난다. 두물머리는 사진동호회의 출사지로 인기가 좋다. 가을철 이른 아침에는 수면에서 피어오르는 물안개를 찍고, 여름철에는 연꽃을 촬영한다.

강물을 바라보면서 걷다 보면 느티나무가 우뚝한 두물머리에 닿는다. 강물을 느긋하게 바라보는 거대한 느티나무가 두물머리의 상징이다. 이 나무는 수령 400년이 넘었고, 높이 30m, 둘레가 8m나 된다. 이름은 도당 할아버지 나무다. 옆에 도당 할머니 나무도 있었으나, 팔당댐의 완공으로 수몰됐다고 한다. 느티나무 앞으로 속이 시원하게 뚫리는 드넓은 강변이 펼쳐진다.

옛 영화와 애잔한 이야기가 서린 두물머리

④두물머리는 양수리 일대에서 천주교 묘지인 소화묘원, 운길산 수종사와 더불어 3대 일출 명소로 유명하다. 특히 가을에는 아침마다 일출을 담는 사진가들이 끊이질 않는다. 느티나무 앞 너른 호수에서 금강산에서 발원한 북한강과 금대봉 검룡소에서 시작한 남한강이 각각 긴 여정을 끝내고 서로 몸을 섞는다. 북한강은 휴전선을 넘어와 화천·춘천·가평 등을 적시고, 남한강은 정선·영월·단양·충주·양평 등을 에돌아 두물머리로 들어온다. 여기서 만난 강물은 한강이란 이름으로 수도 서울을 적시고 서해 강화도 앞에서 임진강을 끌어안고 함께 바다가 된다.

두물머리 도당나무 옆에는 두물머리 나루터 안내판이 있다. 예전 남한강에 나룻배가 다녔을 때는 강원 정선과 충북 단양에서 출발한 나룻배가 서울의 뚝섬과 마포나루에 도착하기 전 마지막으로 기착했던 나루터였다. 여기서 하룻밤을 묵고 다시 흐르는 강물을 따라 마포나루까지 8시간 30분이 걸렸다고 한다. 전설처럼 들리지만 불과 40여 년 전의 일이다.

도당나무 건너편은 사유지라 갈 수 없었는데, 양평군에서 사들여 공원으로 개방했다. 그쪽으로 건너가니 두물머리 일대의 조망이 시원하게 열린다. 산줄기와 강물, 두물머리 도당 할아버지 느티나무와 어우러져 장관이다. 이곳의 명물은 거대한 액자다. 그 액자 안으로 두물머리 풍광이 그림처럼 들어 있다. 사람들은 액자에 앉아 기념사진을 찍는다. 두물머리는 한겨울에도 절경이다. 강추위에 강물이 꽝꽝 얼면, 사람들은 강물을 걸으며 대자연의 신비를 온몸으로 체험한다.

양수리의 새로운 명소, 북한강 철교

두물머리를 나오면 삼거리가 나온다. 여기서 ⑤한강물 환경연구소 방향으로 가야 한다. 연구소를 지나면 삼익아파트 담벼락을 따라 양수교 앞에 도착한다. 여기서 도로를 건너 양서우체국을 지난다. 다시 강변 쪽으로 가면, 갑자기 시야가 시원하게 열리면서 북한강 철교와 운길산이 나타난다. 마침 전철이 지나면서 자신의 모습을 강물에 그려놓는다. 두물머리 근처에 이렇게 멋진 길이 있는 줄 몰랐다.

길은 ⑥양수리 생태환경공원으로 들어서 공원을 구석구석 구경시켜준다. 강물과 어우러진 공원은 분위기가 그만이다. 인적도 뜸해 호젓하게 즐길 수 있다. 공원을 나오면 ⑦북한강 철교 입구에 올라선다. 이곳이 남한강 자전거길이다. 옛 철교를 자전거길로 바꿨고, 새로운 경의중앙선 철교가 옆에 세워졌다.

슝~ 시원한 강바람 맞으며 자전거를 탄 사람들이 지나고, 걷는 사람들도 제법 많다. 잠시 걸어서 북한강 철교를 건너본다. 다리 위에서 강물을 바라보니, 오금이 저린다. 다시 북한강 철교 입구로 돌아와 반대편 길을 따른다. 10분쯤 걸으면 출발지점에서 봤던 용늪이 시원하게 내려다보인다. 어느덧 뉘엿뉘엿 지던 해가 용늪에 빠졌다. 해를 품은 호수는 부글부글 끓어오르면서 붉은빛을 토해낸다. 용늪의 노을을 감상하고 다시 ⑧양수역에서 닿으면서 트레킹이 마무리된다.

❻

❼

❽

6. 남한강 자전거길이 통과하는 북한강 철교 앞. 7. 이른 가을 아침의 두물머리 풍경. 물안개가 그윽하다. 8. 노을이 용늪에 담겼다.

코스 정보 COURSE DATA

길잡이

흔히 '두물머리 물래길'이라 불리는 두물머리 1코스는 두물머리 일대의 명소를 모두 둘러보는 코스다. 걷는 내내 '두물머리 물래길' 이정표를 만날 수 있어 길 찾기에 어렵지 않다. 참고로 두물머리길 2코스는 양수역 ▶ 다산유적지 ▶ 능내역 ▶ 능내리 연꽃단지 ▶ (구)팔당역, 13.2km, 4시간쯤 걸린다. 3코스는 (구)팔당역 ▶ 팔당대교 ▶ 덕소강변길 ▶ 구리한강시민공원, 13.3km, 4시간쯤 걸린다.

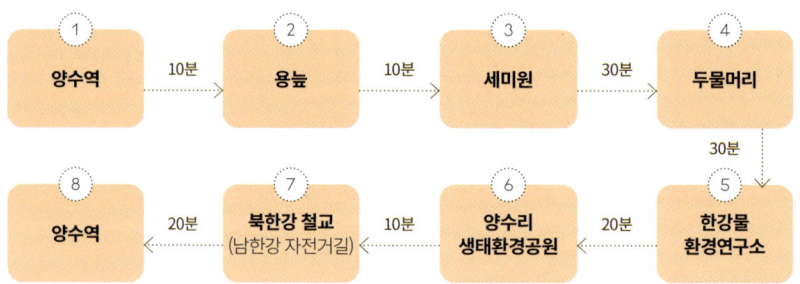

고도표

교통

자가용은 6번 국도를 따라 두물머리에 이른다. 경의중앙선 양수역과 두물머리 주변에 주차장이 있다. 대중교통은 경의중앙선을 이용하면 편하고 빠르게 도착할 수 있다. 용산에서 양수역까지 1시간쯤 걸린다.

맛집

양수리 일대엔 맛집들이 은근히 많다. 양서면사무소 맞은편의 연밭(전화 031-772-6200)은 연잎찰밥을 맛볼 수 있는 집으로 창밖으로 펼쳐진 용늪이 근사하다. 연밭찰밥정식 1인 1만5,000원. 양수교 근처의 청기와순두부(전화 031-772-9157)는 해물순두부, 두부전골 등을 잘한다.

코스 지도 COURSE MAP

수도권 최고의 산수유 꽃길
이천 원적산 둘레길

'연인의 길' 끝 지점의 언덕은 온통 산수유꽃으로 그득하다.

코스 가이드 COURSE GUIDE

주소	경기도 이천시 백사면 일대
코스	도립1리마을회관(주차장) > 육괴정 > 영원사 > 도립1리 마을회관(주차장)
총 거리	5.6km
시간	2시간
난이도	쉬워요
좋을 때	3월 말·4월 초(산수유), 가을
원점 회귀	○

우리나라의 대표적인 산수유 마을은 구례 산동면, 의성 사곡면, 이천 백사면, 양평 개군면 등이 꼽힌다. 그중 이천 백사마을은 수도권의 대표적인 산수유 마을로 도립리, 경사리, 송말리 등 5개 마을에 1만 7,000여 그루의 산수유나무가 군락을 이룬다. 원적산 둘레길(걷고 싶은 둘레길)은 원적산 아래의 산수유 마을 일대를 둘러보는 길로 봄나들이 걷기로 제격이다.

1. 도립1리마을회관 앞 주차장의 안내판. 산수유 둘레길은 여기서 출발해 원점 회귀한다.
2. 낙향한 선비들이 심었다고 전해지는 산수유 시목.
3. 기묘사화로 낙향한 엄용순이 세운 육괴정.

육괴정에서 시작되는 '연인의 길'

이천의 원적산 둘레길은 10km가 넘는 긴 길이다. 그중 이천 산수유 마을인 도립리 일대를 둘러보는 산수유 둘레길 코스가 가볍게 걷기에 좋다. 출발점은 ①도립1리 마을회관 앞이다. 회관 앞쪽으로 주차장이 넓고 '걷고 싶은 둘레길' 커다란 안내판이 있다. 꼭 안내판을 살펴보고 길을 가늠해야 한다.

안내판에 따르면 원적산 둘레길은 총 5개의 코스가 나 있다. 1~3코스가 임도를 따르는 길이고, 산수유를 둘러보는 길이 산수유둘레길이다. 그리고 연인의 길은 육괴정~바람골 왕복 코스로 가볍게 산책하는 코스다. 따라서 이정표는 산수유둘레길을 따르면 된다.

주차장을 출발하면 농어촌 체험마을 시설인 큰 한옥 건물 뒤로 원적산이 우뚝 서 있다. 이천에서 가장 높은 634m 높이의 원적산이 두 발을 벌려 마을을 포근하게 감싸고 있다. 마을 안쪽으로 들어서면 노란 산수유꽃이 보이기 시작하고 영축사 앞을 지나 육괴정 앞에 닿는다.

②육괴정은 1519년(중종 14) 기묘사화로 낙향한 엄용순이 세운 정자다. 엄용순은 조광조와 함께 개혁을 주도한 신진 사대부다. 처음에는 초당이었으나 여러 차례 중건하여, 팔작지붕 한옥과 이를 둘러싼 담장과 대문이 있는 사당의 형태로 변모했다. '육괴정(六槐亭)' 이름은 엄용순을 비롯하여 당대의 명현인 김안국, 강은, 오경, 임내신, 성담령 등 여섯 명의 선비가 시회와 학문을 논하며 우의를 기리자는 뜻이다. 정자 앞에 연못을 파고 여섯 그루의 느티나무를 심었다고 한다. 아직도 육괴정 주변에는 오래된 느티나무가 몇 그루 남아 있다.

육괴정 앞은 간이식당과 상점이 들어서 오일장처럼 떠들썩하다. 육괴정 앞에서 길이 갈린다. 산수유 둘레길은 시멘트 포장도로이고, '연인의 길'은 육괴정 옆의 돌담길이다. 두 길은 위쪽에서 만나므로 연인의 길을 따르는 것이 좋다.

돌담길을 따르면 산수유나무들이 더욱 많아지고, 화사한 노란빛에 봄기운이 살랑거린다. 돌담길은 돌담의 정취와 화사한 산수유가 어울려 더욱 멋지다. 어떤 산수유나무는 열매를 따지 않아 노란 꽃과 빨간 열매가 함께 매달려 있다. 산수유는

열매를 약용으로 쓰는 나무다. 가을에 열리는 빨간 열매도 보기 좋지만, 이른 봄철에 화사한 노란 꽃이 무더기로 펴 봄기운을 느끼기에 안성맞춤이다.

영원사와 송말리를 거쳐 하산

산수유 축제장 위쪽으로 산수유 시목이 있다. 구례 계척마을의 산수유 시목처럼 크지는 않지만, 오랜 세월의 흔적이 수피에 남아 있다. 이 시목은 육괴정으로 낙

4. '연인의 길'이 끝나는 갈림길에서 본 임도길.
5. 산수유꽃은 돌담과 어우러지면 분위기가 더욱 좋다.
6. '연인의 길' 끝 지점에 자리한 그네. 허공 위를 가르며 노란 꽃밭을 구경하는 맛이 일품이다.

향한 선비가 심었다고 전해진다. 그래서 이곳 산수유나무를 선비꽃이라고 부르기도 한다.

산수유 시목을 지나면 마을의 최고 산수유 군락지를 만난다. 화사한 꽃밭 사이에 자리한 벤치에서 사람들이 도란도란 이야기 나누는 모습이 한 폭의 그림이다. 산수유 군락지 가장 높은 곳에 그네가 보인다. 그네에 올라 힘차게 발을 구르자 산수유 꽃밭 위를 훨훨 나는 기분이다.

한바탕 산수유꽃을 즐겼으면, 이제 본격적으로 걸을 차례다. 그네 옆의 길을 따라 언덕에 올라서면 ③갈림길을 만난다. 앞쪽으로 구불구불 이어진 임도가 곤지암읍 신촌리의 동원대학교 쪽에서 오는 임도길 코스다. 산수유 둘레길은 이정표를 따라 위쪽이다. 작은 고개(깔딱고개)를 넘으면 울창한 잣나무 숲을 만난다.

길섶 노루샘에서 목을 축이고 길을 나서면 다시 ④갈림길이 나온다. 곧장 내려가면 도립1리마을회관이 나오고, 영원사는 왼쪽 언덕을 올라야 한다. 다시 작은 고개를 넘으면 영원사에 닿는다. ⑤영원사는 신라 선덕여왕 때 지은 천년 고찰로 유리보전 안에 모신 약사여래좌상이 인상적이다. 약사여래상은 돌로 만든 불상으로 고려 초기의 작품으로 추정된다. 투박한 생김새가 정감 넘친다.

연못에 담긴 원적산을 감상하고 내려오면 ⑥송말리에 닿는다. 이곳도 산수유가 제법 많은 마을이다. 인적 뜸하고 한적해서 좋다. 정겨운 마을길을 따라 돌아 내려오면, 다시 ⑦도립1리의 주차장을 만나면서 걷기가 마무리된다.

코스 지도 COURSE MAP

코스 정보 COURSE DATA

길잡이

이천 원적산 둘레길에는 총 5개의 코스가 있지만, 크게 2개로 압축할 수 있다. 동원대학교 앞의 넋고개에서 도립1리까지 이어진 임도길 코스와 도립1리 산수유 축제장을 중심으로 마을을 한 바퀴 도는 산수유 둘레길이 그것이다. 산수유 최고 군락지를 지나는 연인의 길 코스는 산수유 둘레길과 함께 걸을 수 있다.

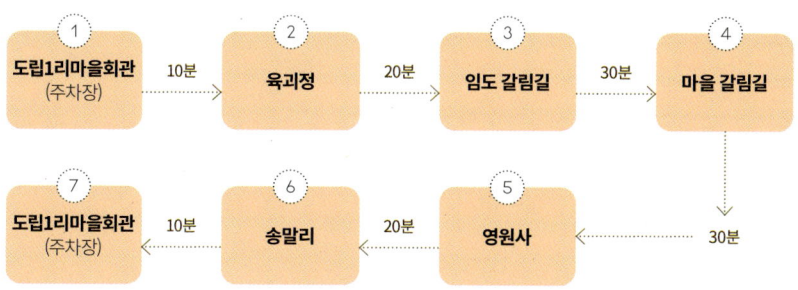

고도표

교통

자가용은 중부고속도로 곤지암IC로 나와 찾아간다. 동서울터미널에서 이천으로 가는 버스는 06:50~19:45, 1일 17회 다닌다. G2100 광역버스가 잠실광역환승센터에서 이천역(이천터미널)까지 06:50~23:50 다닌다. 이천역에서 이천터미널을 거쳐 도립리 가는 23-8번 버스는 1일 4회(8:40, 11:15, 14:45, 17:25) 있다. 문의는 031-637-5111~2.

맛집

도립1리마을회관에서 약 300m쯤 떨어진 두메산골(전화 031-632-4261)은 두부요리를 잘한다. 원적산 산꾼들과 백사마을 방문객들의 단골집이다. 두메산골 이름처럼 토속적이고 건강한 반찬을 내온다. 콩비지정식, 두부전골 등이 주메뉴다.

다 함께 돌자 호수 한 바퀴
포천 산정호수 둘레길

코스 가이드 COURSE GUIDE

주소 경기도 포천시 영북면 일대
코스 산정호수 하동주차장(상동주차장) > 호수광장 > 돌담병원 > 산정호수 하동주차장(상동주차장)
총 거리 3.8km
시간 1시간 30분
난이도 매우 쉬워요
좋을 때 사계절
원점 회귀 ○

소나무 숲에서 본 수변 데크와 호수.

산정호수는 이름처럼 예쁜 호수다. 주변에 산이 많아 '산속의 우물과 같은 맑은 호수'라는 뜻의 어여쁜 이름을 얻었다. 1925년에 농업용수를 사용하기 위해 만든 저수지인데, 주변 풍광이 빼어나 관광지로 개발됐다. 망봉산(363m)과 망무봉(440m), 명성산(923m)이 호수를 병풍처럼 감싼다. 명성산을 담고 일렁거리는 맑은 호수의 모습은 가히 절경이다. 호수에는 수변 데크가 있어 주변 풍광을 즐기며 느긋하게 걷기 좋다. 걷기 싫어하는 사람도 여기서는 한 바퀴 완주하지 않고는 못 배긴다.

1. 하동주차장에서 본 낙천지폭포. 폭포 위로 나무다리가 보인다. 2. 포토존이 있는 호수광장.
3. 산정호수 둘레길에서 본 명성산. 호수와 어우러져 절경이다.

호수로 가지를 드리운 소나무 위에 토끼 조각상들이 재미있다.

궁예의 전설이 내려오는 명성산

산정호수 둘레길의 출발점은 산정호수 상동주차장이다. 주말에 사람이 많아 주차하기 힘들 때는 한화리조트 산정호수 안시에서 가까운 ①하동주차장에 차를 세우면 된다. 하동주차장에 내리자 산정호수가 올려다보인다. 암벽이 드러난 낙천지폭포 위로 둘레길의 나무다리가 보인다. 산정호수는 망무봉과 망봉산 사이, 나무다리 있는 곳에 둑을 쌓고 저수지를 만들었다.

호수로 오르는 길은 두 갈래다. 낙천지폭포 왼쪽으로 오르는 길과 오른쪽 상가를 거쳐 오르는 길이다. 어디를 선택해도 좋다. 길이 짧은 낙천지폭포 쪽으로 향하면, 오른쪽으로 캠핑장이 보인다. 호수 아래에서 하룻밤 묵는 것도 좋겠다.

'호수 가는 길'이라는 안내판이 붙은 나무다리를 건너 가파른 길을 조금 오르니 금방 산정호수에 닿는다. 왼쪽 시계 방향으로 길을 나선다. 모퉁이를 돌자 망무봉 아래로 수변 데크가 시원하게 펼쳐진다. 드넓게 드러난 호수는 명성산을 담고 일렁거린다. 가끔 모터보트가 호수를 가로지르며 명성산을 산산조각 낸다.

시원한 바람의 맞으며 수변 데크를 걷다 보면 기분이 좋아져 콧노래가 절로 나온다. 망무봉에 자라는 기품 있는 소나무들이 긴 가지를 수변 데크로 뻗는 모습이 재미있다. 한동안 데크길을 걷다가 옆의 소나무 숲길로 들어섰다. 솔향 가득한 오솔길 역시 일품이다.

②호수광장에는 포토존을 마련했다. 너도 나도 액자에 얼굴을 넣고 호수를 배경으로 기념 촬영을 한다. 호수에는 오리배 외에도 '꼬마자동차 붕붕'을 닮아 '붕붕이'라고 부르는 자동차배가 많다. 여름철에는 오리배가 둥둥 뜨고, 겨울철 물이 꽝꽝 얼어붙으면 트랙터가 오리썰매를 끈다.

호수 조망이 일품인 김일성 별장 터

호수광장을 지나면 둘레길의 중간쯤 되는 허브와 야생화 마을이 나온다. 여기서는 다양한 허브 식물을 구경할 수 있고, 카페에서 빵과 허브차 등을 먹을 수 있다. 호수를 바라보며 느긋하게 차를 한잔하기 좋다.

다시 길을 나서자 소나무들이 호수로 긴 가지를 드리웠다. 허리를 숙여 지나가야 한다. 소나무 위에 올려놓은 토끼와 피노키오 등의 조각상들이 귀엽다. 아이들이 함께 사진 찍으며 즐거워한다. 울창한 솔숲에 자리한 평화의 쉼터는 1951년 4월 국군 6사단이 중공군의 5차 공세를 막기 위해 전투를 벌인 곳이다. 전사자 유해 발굴에서 136위의 유해와 유품 300여 점을 발굴한 역사적 장소다.

쉼터를 지나면 드라마 '낭만닥터 김사부' 촬영을 알리는 안내판이 서 있다. 안내판 뒤쪽 울창한 솔숲 안에 ③돌담병원 건물이 있다. 드라마의 주요 무대인 돌담병원은 이 병원에서 이름을 따왔다. 돌담병원을 지나면 오리배 승강장 지나 조각공원으로 들어선다. 다양한 조각이 있지만, 특히 물에서 걸어 나오는 사람을 형상화한 작품이 유명하다.

호수길은 상가단지를 지나 궁예 기마상을 만난다. 명성산의 옛 이름이 울음산이다. 왕건의 군사들에게 쫓기던 궁예가 산으로 도망쳤는데 당시 궁예의 울음소리가 산을 울릴 정도로 커서 울음산이라는 이름이 붙었다고 한다.

기마상에서 제방길을 지나면 번듯한 건물이 나오는데, 여기에 옛 ④김일성 별장(김일성 별장 터)이 있었다. 산정호수는 38선이 남북을 갈라놓고 있었을 때엔 북한 땅이었다. 풍광 조망 좋은 이곳에 김일성이 별장을 짓고 머물렀다고 한다. 이제 다리를 건너 ⑤하동주차장으로 내려가면 산정호수 한 바퀴가 마무리된다.

4. 반짝이는 호수에서 오리배와 붕붕이가 둥둥 떠 있다.
5. 드라마 '낭만닥터 이사부'의 배경이 됐던 돌담병원.
6. 화려한 튤립이 가득한 조각공원.
7. 김일성 별장 터에서 호수와 명성산이 잘 보인다.

코스 정보 COURSE DATA

길잡이

상동주차장 또는 하동주차장을 들머리로 한 바퀴 돈다. 풍광을 즐기다 보면 한 바퀴를 금방 돈다. 차를 한잔 마시며 여유롭게 둘러보는 게 좋다. 아이들과 함께라면 오리배나 붕붕이를 타고 유유자적 호수를 즐겨보자.

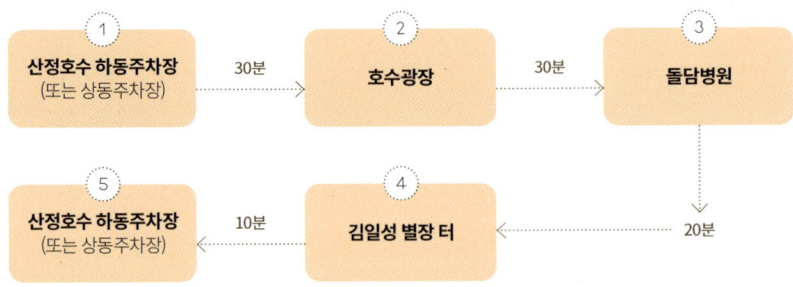

고도표

교통

자가용은 세종포천고속도로 신북IC로 나와 찾아간다. 대중교통은 도봉산역광역환승센터에서 1386번 광역버스가 상동주차장까지 다닌다.

맛집

산정호수 근처의 벚꽃도토리전문점(전화 031-531-1810)은 도토리막국수와 도토리빈대떡이 맛있는 집이다. 주마등(주소 경기도 포천시 영북면 산정호수로 371)은 담백한 사골국밥, 청국장 등을 잘한다.

코스 지도 COURSE MAP

망무봉에 아래로 수변 데크가 시원하게 펼쳐진다.

시간 여행하는 화산 돌멩이와 친구하며 걷는 길
포천 한탄강주상절리길 3코스 벼룻길

코스 가이드 COURSE GUIDE

주소	경기도 포천시 영북면 일대
코스	비둘기낭폭포 주차장 > 한탄강 하늘다리 > 부소천교 > 비둘기낭폭포 주차장
총 거리	13km
시간	3시간 20분
난이도	쉬워요
좋을 때	사계절
원점 회귀	○

부소교 앞에서 바라본 풍경. 한탄강이 굽이쳐 오고, 명성산 줄기가 병풍처럼 둘러싸고 있다.

1. 주상절리와 비췻빛 물이 어우러져 신비로운 분위기를 물씬 풍기는 비둘기낭폭포.
2. 포천 한탄강의 랜드마크로 자리매김한 한탄강 하늘다리.
3. 한탄강 전망대에서 본 한탄강과 하늘다리. 왼쪽에서 견치천이 흘러와 한탄강과 합류한다.

국가지질공원은 지구과학적으로 중요하고 보전 가치가 높은 지질 명소를 교육·관광 자원으로 활용하여 지역 경제 발전을 도모한다. 한탄강지질공원은 한탄강이 흐르는 경기도 포천과 강원도 철원 일대에 흩어져 있다. 그중 포천의 한탄강주상절리길은 느긋하게 걸으며 한탄강이 빚은 빼어난 절경들을 둘러볼 수 있는 길이다. 4개 코스 중 3코스 벼룻길이 걷기 좋고 볼거리가 많다.

포천의 숨은 관광 자원, 한탄강주상절리

포천은 산림 자원이 풍부한 고을이다. 수도권의 많은 관광객이 포천의 산과 계곡을 찾아 즐긴다. 특히 유네스코 생물권보전지역으로 등재된 국립수목원은 포천의 자랑이다. 최근에는 그동안 알려지지 않았던 한탄강이 관광 명소로 떠오르고 있다. 한탄강 일대가 국가지질공원으로 지정되자 포천시는 비둘기낭폭포 옆에 한탄강 하늘다리를 놓았고, 한탄강주상절리길을 열었다.

출발점은 ④비둘기낭폭포 주차장이다. 주차장에 내리면 앞쪽으로 한탄강 하늘다리가 보이고, 멀리 잘생긴 지장봉(876m)이 우뚝하다. 저 수려한 풍경으로 들어간다고 생각하니 마음이 설렌다. 조금 가면 비둘기낭폭포로 내려가는 나무 데크가 보인다. 계단을 내려서면 온갖 새가 지저귀고 울창한 숲 한가운데에 폭포가 자리 잡고 있다. 마치 동화 속에 들어온 느낌이다.

④비둘기낭폭포는 반원 모양의 거대한 주상절리 절벽 가운데 깊은 소가 파여 있다. 폭포는 주상절리 절벽에서 떨어지는데, 평소에는 물줄기가 거의 없다. 장마철에 찾아오면 웅장한 폭포수를 만날 수 있다. 폭포는 보기 어렵지만 짙은 비췻빛 물빛이 환상적이다. 폭포는 신비로운 분위기 덕분에 '추노', '선덕여왕', '킹덤' 등 영화와 드라마 촬영지로 사랑받았다.

폭포에서 올라오면 한탄강 전망대가 나온다. 한탄강을 가로지르는 하늘다리가 보이고, 견치천이 흘러와 한탄강과 몸을 섞는 모습이 장관이다. 전망대를 지나면 강변을 따라 벼룻길이 이어진다. 10분쯤 가면 ④한탄강 하늘다리에 올라선다. 하늘다리는 높이 50m, 길이 200m, 폭 2m로 장대한 규모다.

하늘다리는 살짝 흔들린다. 큰 진동이 없어 아이들과 노약자도 쉽게 건널 수 있다. 바닥은 투명 유리를 깔아 밑을 내려다볼 수 있다. 한 아주머니가 기겁하며, 초등학생 아들에게 손을 잡아달라고 하는 모습이 재미있다. 다린 중간쯤에서 10만~50만 년 전에 만들어진 한탄강 협곡을 감상하는 맛이 일품이다.

다리를 건너면 길이 갈린다. 오른쪽으로 이어지는 길이 4코스인 멍우리길이다. 직진해 언덕을 넘으면 작은 출렁다리인 마당교가 나온다. 마당교는 견치천을 건너는

다리다. 깨끗한 견지천에서 잠시 손발을 담그며 더위를 식힐 수 있다. 다시 하늘다리를 건너와 벼룻길을 잇는다. 하늘다리 옆 공터에는 다양한 푸드 트럭 모여 있다. 출출할 때 여기서 요기하거나 음료를 마시며 쉬기에 좋다.

한탄강과 명성산 조망이 일품인 벼룻교

푸드 트럭을 지나면 인적이 뚝 끊긴다. 이제 걷기를 즐기는 사람들만 남는다. 휘파람이 절로 나는 울창한 숲길이 이어진다. 나무 데크가 깔린 언덕을 오르내리면 강변에 놓인 ④전망대에 닿는다. 쏴~ 시원하게 흐르는 한탄강의 양 절벽은 온통 주상절리다.

예로부터 큰여울, 한여울 등으로 불린 한탄강은 북한 땅인 평강군의 장암산(1,052m)에서 발원해 철원, 포천, 연천 등을 적시고 임진강으로 흘러든다. 한탄강은 화산활동으로 생성된 현무암 평원을 굽이도는 거대한 협곡이다. 길이 136㎞, 평균 강폭 60m의 물줄기가 용암대지 위를 흐르면서 철원의 고석정, 포천의 비둘기낭폭포, 연천의 재인폭포 등의 경승지를 빚어놓았다.

다시 길을 나서면 멍우리협곡 캠핑장 옆을 지난다. 한탄강을 낀 호젓한 캠핑장에서 여유 있게 하룻밤 묵고 싶다. 캠핑장을 지나 다시 울창한 숲을 통과하면 부소

하늘다리를 건너 언덕을 넘으면 마당교가 견지천에 걸려 있다.

4. 벼룻길은 울창한 숲길이 이어진다.
5. 부소천교에서 바라본 부소천 주상절리. 시원한 폭포가 걸렸다.
6. 벼룻길을 걷다가 한탄강 조망을 즐길 수 있는 전망대.
7. 벼룻교를 만나기 전에는 전원적인 풍경을 만끽할 수 있다.
8. 부소천교를 건너 전망대에서 본 한탄강. 벼룻교가 보인다.

교가 나온다. 시야가 넓게 열린 부소교의 조망은 가히 일품이다. 다리 왼쪽으로 한탄강 물줄기가 유장하게 흘러들고, 멀리 산정호수를 품은 명성산 줄기가 병풍처럼 둘러싸고 있다.

④벼룻교를 지나 구불구불 이어진 길을 15분쯤 더 가면 부소천을 건너는 ④부소천교를 만난다. 부소천은 한탄강으로 합류하는 작은 지류다. 다리 위에서 부소천의 주상절리가 잘 보인다. 한탄강주상절리처럼 크지는 않지만, 작고 단단해 보인다. 주상절리에 걸린 폭포의 물줄기에 속이 다 시원하다.

부소천교를 건너면 널찍한 주차장이 나오고 벼룻길은 끝난다. 이제 왔던 길로 되짚어 돌아가야 한다. 여기서 한탄강을 건너 4코스 멍우리길을 따라 돌아가면 좋겠지만, 한탄강을 건널 방법이 없다. 내년쯤에 다리가 생긴다고 하니 그때 다시 와야겠다. 싸목싸목 왔던 길을 되짚어 ④비둘기낭폭포 주차장에 닿으면서 트레킹을 마무리한다.

코스 지도 COURSE MAP

코스 정보 COURSE DATA

길잡이

한탄강주상절리길은 1코스 구라이길, 2코스 가마소길, 3코스 벼룻길, 4코스 멍우리길 등 4개의 코스가 있다. 그중 벼룻길이 가장 좋다. 한탄강 최고 절경으로 꼽히는 비둘기낭폭포, 포천시에서 야심 차게 만든 한탄강 하늘다리, 부소천 주상절리 등을 두루 둘러본다. 아쉬운 건 왕복 코스로 다녀와야 한다는 점이다. 2022년 종착점인 부소천교 일대에서 한탄강을 건널 수 있는 다리가 생기면, 4코스 멍우리길로 돌아올 수 있다. 참고로 멍우리협곡 캠핑장 근처에 한탄강을 건너는 징검다리가 있어 3코스와 4코스를 연결해 주지만, 대개 강물이 불어 건널 수 없다.

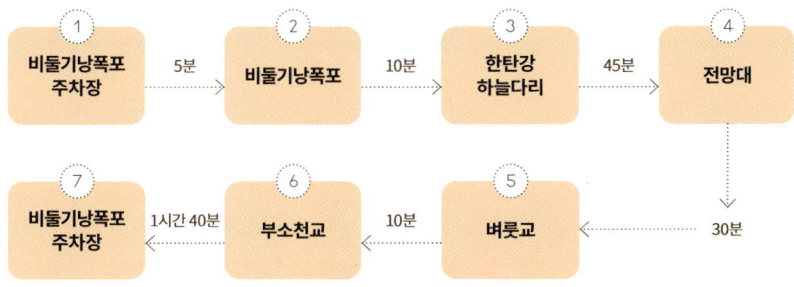

고도표

교통

자가용은 세종포천고속도로 신북IC로 나와 찾아간다. 비둘기낭폭포 가는 버스는 포천시청 앞에서 53번 버스가 1일 5회(06:50, 09:20, 13:10, 15:50, 18:10) 운행한다.

맛집

한탄강 하늘다리 아래 푸드 트럭에서 다양한 먹거리로 요기할 수 있다. 하늘다리 근처 원두막(전화 031-535-7740)은 쌈밥정식을 잘하는 집이다. 풍성한 쌈 채소와 반찬을 마음껏 리필해 먹을 수 있다. 냉골저수지 근처의 샘물매운탕(전화 031-533-6880)은 포천 토박이들이 즐겨 찾는 식당으로 민물 매운탕의 진수를 느낄 수 있다.

테마편 | 무장애 숲길

아이부터 노인까지

누구나 즐길 수 있는 길

서울 안산자락길
누구나 쉽게 걸을 수 있는 서울의 보물산

안산의 명소인 벚꽃광장은 왕벚나무 수백 그루가 만개해 장관을 이룬다.

코스 가이드 COURSE GUIDE

주소	서울시 서대문구 연희동·봉원동·현저동 일대
코스	홍제천 인공폭포 > 무악정 > 전망대 > 서대문구청
총 거리	7km
시간	3시간
난이도	쉬워요
좋을 때	4월(벚꽃), 사계절
원점 회귀	○

1. 숲속무대의 '치유의 숲길 숲속에서의 낮잠' 해먹에 앉아 하늘을 보고 있으면 마음이 편안해진다.
2. 안산자락길이 시작되는 만남의 장소.
3. 출발점은 홍제천 인공폭포에서 하는 게 좋다. 수려한 안산의 모습을 만날 수 있다

서울 서대문구에 자리 잡은 안산은 무악재를 사이에 두고 인왕산과 마주 보는 산이다. 예전 이름은 무악이다. 안산은 서울 내사산인 북악산·인왕산·낙산·남산 등에 가려 빛을 보지 못했지만, 서울의 숨은 보물 같은 존재다. 정상은 봉수대가 자리했을 만큼 조망이 일품이고, 산세는 부드럽고 수목이 다양하다. 특히 4월에는 벚꽃, 개나리, 진달래 등 봄꽃이 울긋불긋 꽃대궐을 이룬다. 안산 산허리를 데크로 두른 안산자락길은 보행 약자들도 안심하고 산책을 즐길 수 있다.

사대문 밖으로 밀려난 안산의 재발견

안산은 조선왕조의 한양 천도 과정에서 한때 주목받은 적이 있다. 무악주산론(毋岳主山論)이 그것이다. 하륜이 제시한 무악주산론은 무악을 주산으로 하자는 것인데, 그렇게 되면 지금의 연희동과 신촌 일대가 궁궐터가 된다. 하지만 조선의 경복궁은 정도전이 주장한 북악주산론(北岳主山論)에 따라 북악산 아래에 건설된다. 북악산, 인왕산, 남산, 낙산을 따라 도성을 쌓으면서 안산은 사대문 밖으로 밀려났다. 그러나 오늘날 안산은 서울의 유명한 산을 제치고 봄철 가장 걷기 좋은 길로 떠올랐다. 봄철 풍광이 워낙 빼어나고, 걷기 좋은 안산자락길 덕분이다.

안산자락길의 가장 큰 특징은 '순환형 무장애 숲길'이란 점이다. 기존 무장애 숲길이 짧은 구간 편도로 만들어진 것에 비하면 획기적이다. 안산자락길의 들머리는 독립공원, 서대문구청, 한성과학고, 봉원사, 연세대학교 등 다양하게 잡을 수 있어 접근성이 좋다. 추천하는 곳은 서대문구청에서 가까운 ①홍제천 인공폭포다. 서대문구청 앞에서 도로를 따라 조금 내려가면 홍연교 다리를 만난다. 다리를 건너 홍제천으로 내려가면 홍제천 인공폭포가 나온다. 제법 높은 암벽에서 폭포가 시원하게 쏟아진다. 암벽엔 진달래가 활짝 피었고, 안산 산비탈에는 벚꽃이 흐드러졌다.

인공폭포 앞에서 일반인이라면, 홍제천을 건너 물레방아를 지나 안산으로 들어가면 된다. 산비탈을 조금 오르면 안산 최고의 벚꽃 군락지가 펼쳐진다. 이곳이 ②벚꽃광장으로 밑동 굵고 거대한 왕벚나무들이 몰려 있는데, 꽃들도 풍성하다. 천천히 벚꽃 터널을 따르면 은은한 향기가 가득하고, 꽃술에는 잉잉거리는 왕벌들의 날갯짓이 분주하다. 지나는 사람들 얼굴에는 함박웃음이 피고, 꽃그늘 아래 가족이 둘러앉아 김밥을 나누어 먹는 모습이 정겹다. 그 풍경 속을 걷다 보면 살아 있다는 행복감에 가슴이 뭉클해진다.

보행 약자는 인공폭포에서 서대문구청으로 간다. 구청 뒤쪽 도로를 50m쯤 가면 왼쪽으로 벚꽃광장이 이어진다. 벚꽃광장을 구경하고, 도로를 따라 50m쯤 더 오르면 ③만남의 장소다. 여기서 데크를 따라 안산자락길이 시작된다. 원점 회귀 코스이기에 어느 방향을 선택해도 좋지만, 시계 반대 방향으로 도는 것이 힘이 덜 든다.

안산 최고의 명소 벚꽃광장

호젓한 데크 숲길은 발걸음을 가볍게 한다. 숲속무대를 지나면 위쪽으로 메타세쿼이어 군락지가 보인다. 그쪽으로 조금 오르면 넓은 데크 마당에 해먹들이 걸려 있다. '치유의 숲길 숲속에서의 낮잠'이란 안내판이 붙어 있다. 해먹에 누워 나무와 하늘을 올려보면 마음이 편안해진다. 내 안의 스트레스가 스르륵 사라지는 기분이다. 다시 길을 나서면 ④무악정 정자가 보인다. 일반인라면 잠시 자락길에서 벗어나 정상을 다녀오는 게 좋다. 정상 봉수대는 무악정 앞에서 올라간다. 15분쯤 오르면 마치 거대한 포탄을 세워놓은 듯한 봉수대를 만난다. 이곳의 본래 이름은 무악 동봉수대지(毋岳 東烽燧臺址)다. 조선시대 봉수 체계가 확립되었던 세종 24년(1438)에 무악산 동·서에 만든 봉수대 가운데 동쪽 봉수대 터다. 평안북도 강계에서 출발해 황해도와 경기도 내륙을 따라 고양 해포나루를 거쳐온 봉수를 남산에 최종적으로 연락하는 곳이었다. 그동안 터만 남아 있던 것을 1994년에 자연석을 사용해 현재의 모습으로 복원했다.

지금의 봉수대는 봉화를 올리지 못하지만, 이곳에서 바라보는 조망은 가히 압권이다. 북동쪽으로 인왕산이 우뚝하고 그 너머로 북한산 비봉능선이 하늘을 찌르고 있다. 서쪽으로는 한강이 휘어져 서해로 흘러가는 모습이 시원하고, 서울 시내가 손금 들여다보듯 훤하다.

4. 정상으로 오르는 길이 갈리는 무악정. 5. 울긋불긋 꽃대궐을 이룬 안산천약수터.

6. 안산 능선은 부드럽고 조망이 좋다. 오른쪽 뒤로 보이는 암봉이 정상이다.
7. 안산자락길 전망대. 인왕산이 우뚝하고 뒤로 북한산 비봉능선이 날개를 활짝 벌렸다.
8. 인왕산이 손을 뻗으며 닿을 것 같은 전망대.
9. 유모차를 끌고 산책하기 좋은 안산자락길.

발길 멈춘 곳이 모두 전망대

다시 무악정으로 내려와 길을 나서면 안산천약수터에 닿는다. 시원하게 약수 한 바가지를 들이켠다. 안산은 숲이 좋아 약수터도 많다. 산 곳곳에 무려 20개가 넘는 약수터가 있다. 구렁이 담 넘듯 슬슬 이어진 오르막을 따르면 능선에 올라붙는다. 뒤를 돌아보면 봉수대가 보인다.

능선에서는 건너편 옹골찬 인왕산을 바라보며 걷는다. ⑤능안정을 지나 조금 내려가면 전망대가 나온다. 전망대의 조망은 기대 이상이다. 인왕산과 북악산이 우뚝하고, 뒤로 북한산 비봉능선이 활짝 날개를 펴고 있다. 그 앞으로 빌딩과 아파트,

서대문형무소 등이 빽빽하게 자리 잡고 있다. 이어지는 내리막은 개나리와 진달래가 어우러진 꽃대궐이다.

산허리에 따르는 데크길은 발걸음이 멈춘 곳이 모두 전망대다. 서대문독립공원, 한성과학고등학교, 안산초등학교를 차례로 확인한다. 인왕산이 손을 뻗으면 닿을 듯한 ⑥안산자락길 전망대를 지나면 데크길의 종착점을 만나고 트레킹을 시작했던 ⑦서대문구청 방면으로 하산한다. 휠체어 충전기가 보이고 좀 더 걸어가면 출발했던 만남의 장소다. 한 바퀴를 돌았지만 크게 부담도 되지 않아 좋다. 다시 한 바퀴 돌고 싶은 마음이 샘솟는다.

코스 지도 COURSE MAP

코스 정보 COURSE DATA

길잡이

이정표가 잘 나와 있고, 길 잃을 염려도 없다. 들머리는 서대문구청으로 하는 걸 추천한다. 보행 약자는 서대문구청 뒤쪽의 만남의 장소에서 안산자락길에 접어든다. 일반인은 홍제천 인공폭포에서 홍제천을 건너 벚꽃광장으로 올라가는 길이 좋다. 특히 벚꽃이 만발할 때 환상적인 풍경을 만날 수 있다. 경사가 급한 구간이 곳곳에 있으니 보행 약자는 주의해야 한다.

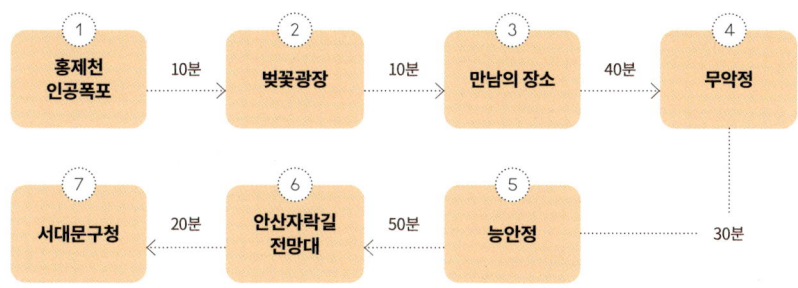

고도표

교통

자가용은 서대문구청 주차장 또는 서대문자연사박물관 주차장 등을 이용한다. 지하철 3호선 홍제역 4번 출구로 나와 홍제천 산책을 겸해 걸어가면 홍제천 인공폭포까지 20분쯤 걸린다. 3호선 독립문역 4번 출구로 나와 이진아도서관 또는 한성과학고 뒤편에서 안산자락길을 만날 수 있다.

맛집

서대문구청 일대에는 화교들이 운영하는 중국집이 많다. 아미산(전화 02-322-5617)과 일화성(전화 02-3141-3897)이 대표적인 곳으로 맛깔스러운 중국 요리들을 내온다.

칙칙폭폭~ 기차의 추억이 담긴 도심 공원
서울 경의선숲길

경의선 책거리의 책거리역. 옛 기차역의 정취를 살려 포토존으로 인기가 좋다.

코스 가이드 COURSE GUIDE

주소	서울시 마포구·용산구 일대
코스	효창공원앞역 > 공덕역 > 경의선책거리 > 가좌역
총 거리	6.3km
시간	2시간
난이도	매우 쉬워요
좋을 때	사계절
원점 회귀	×

1. 효창공원앞역을 나오면 경의선숲길이 시작된다.
2. 경의선숲길에는 대부분 포장도로가 깔려 휠체어와 유모차 통행이 쉽다.
3. 공덕역 건너편으로 다시 경의선숲길이 시작된다. 철길을 분수대로 만들었다.
4. 불쑥불쑥 예전 경의선을 알리는 이정표들이 나타난다.
5. 철길에서 노는 아이들 동상으로 한 아이가 폴짝 뛰어들어 함께 놀았다.
6. 이 동상이 있는 곳을 예전에는 '땡땡거리'라고 불렀다. 지금의 홍대 문화가 시작된 곳이다.
7. 경의선책거리의 문화공간. 책과 각종 전시를 볼 수 있다.

경의선숲길은 옛 경의선 폐철길을 활용해 만든 도심 공원이다. 용산구 효창동 효창공원앞역 앞에서 마포구 연남동 가좌역까지 6.3㎞, 철길처럼 길게 이어진다. 전 구간 산책하는 사람들, 유모차를 끈 엄마, 학교 가는 아이들, 애완동물과 함께 걷는 사람 등 이용자가 많다. 경의선숲길은 도시의 허파 역할을 톡톡히 하며, 서울시의 성공적인 도시재생 프로젝트로 꼽힌다.

효창공원앞역에서 출발

경의선숲길의 출발점은 지하철 6호선·경의중앙선 ①효창공원앞역이다. 종착점인 가좌역에서 거꾸로 걸어도 상관없다. 효창공원앞역 4번 출구로 나와 건널목을 건너면 경의선숲길이 시작된다. 입구에 안내판이 있고, 그 옆 벤치에 삼삼오오 앉은 동네 할머니와 할아버지들의 모습이 정겹다. 아이들이 킥보드를 타고, 개와 산책하는 사람, 유모차를 끈 엄마 등 평일에도 사람들로 북적북적하다.

경의선숲길로 들어서면 길은 대개 시멘트 포장도로다. 중간중간 흙길도 나오지만, 대세는 포장이라 유모차나 휠체어도 부담 없이 지날 수 있다. 중간중간 보이는 옛 철도의 흔적이 정겹다. 길 주변으로는 빌라와 아파트가 우뚝 서 있다. 경의선숲길이 도심의 허파 역할을 하고 있는 셈이다. 이 길이 없었으면 얼마나 삭막했을까.

작은 언덕을 넘으면 경의선숲길 관리사무소가 나온다. 도서관과 화장실 등을 이용할 수 있다. 관리사무소 앞을 지나면 거대한 ②공덕역이 나온다. 주변으로 거대한 건물들이 빽빽하다. 이런 곳에 경의선숲길이 지난다는 게 경이롭다. 길을 건너면 철길이 보이면서 다시 길이 이어진다. 철길을 분수대처럼 꾸민 게 재미있다.

③서강대역 쪽으로 접근할수록 개성적인 식당과 카페 등이 많아진다. 옛 건널목처럼 꾸민 곳이 경의선숲길의 하이라이트다. 기차 레일을 걷는 소녀와 레일에 귀 기울이는 소년 동상이 서 있다. 기차역에서 저런 놀이를 안 해본 사람이 있을까. 옛 추억을 물씬 불러일으킨다. 사진을 찍고 있는데, 갑자기 카메라 파인더 안으로 한 아이가 폴짝폴짝 뛰어들어왔다. 아이는 마치 동상의 아이들과 함께 노는 것 같다. 과거와 현재가 어우러지는 느낌이다.

홍대 문화가 시작된 '땡땡거리'

서강대역을 지나면 도보 전용 다리를 건넌다. 차가 씽씽 다니는 4차선 대로를 육교로 건너니 기분이 좋다. 이제 경의선숲길은 홍대 쪽으로 들어선다. 기타를 치는 청년 동상과 책을 읽는 여성 동상이 눈에 들어온다. 이곳 '와우산로 32길' 일대는 땡땡거리로 불렸다. 옛 철길 따라 기차가 지날 때면 건널목에서 차단기가 내려지고 '땡땡' 소리가 들린다고 해서 붙여진 이름이다. 땡땡거리에서 인디밴드가 활약한 클럽 문화가 시작됐으니, 홍대 문화에 지대한 영향을 끼쳤다.

땡땡거리를 지나면 유명한 ④'경의선 책거리'가 나온다. 이곳의 상징인 책거리역이 고가차도 아래에 있다. 1970년대 기차역 분위기가 나서 촬영 명소로 인기가 좋다. 책거리에서는 저자 강연과 책 전시 등을 즐길 수 있다.

젊은이들이 가득한 ⑤홍대입구역을 지나면 가좌역 방향으로 이어진다. 키 큰 은행나무들이 가득해 분위기가 좋다. 할머니, 학생들, 젊은이들, 개와 산책하는 사람 등등 걷는 사람들은 다양하지만, 그 모습이 모두 아름답다. 재미있는 안내판이 눈에 띈다. '경의선숲길에 나무를 심은 사람들'. 많은 사람의 이름이 적혀 있다. 그들 덕분에 이 길이 더욱 좋아졌다고 생각하니 감사의 마음이 든다. 연남교 아래를 지나면 ⑥가좌역을 만나면서 경의선숲길 걷기가 마무리된다.

코스 지도 COURSE MAP

코스 정보 COURSE DATA

길잡이

경의선숲길은 서울시의 공식적인 무장애 관광지는 아니지만, 보행 약자를 포함해 누구나 쉽게 이용할 수 있다. 계단이 거의 없고, 길바닥에 시멘트 도로가 깔려 휠체어와 유모차가 이동하기 쉽다. 코스는 효창공원앞역부터 가좌역까지 이어지며, 어느 쪽을 들머리로 해도 상관없다. '숲길' 이름이 붙었지만, 그늘이 많지는 않은 편이다. 여름철에는 뜨거운 자외선에 주의해야 한다. 책에서 소개하는 코스는 가좌역에서 끝나지만 더 걷고 싶다면, 홍제천을 따라 서대문구청 방향으로 걸어가도 좋다.

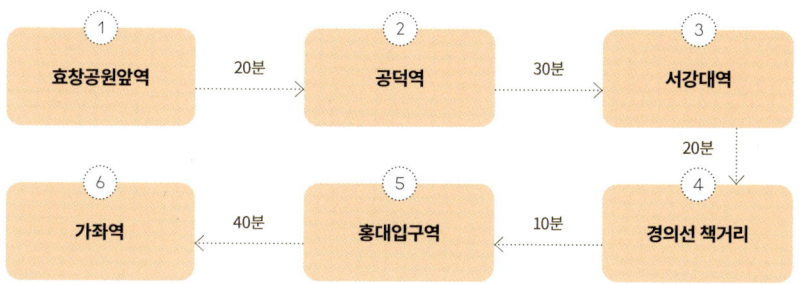

교통

지하철 6호선·경의중앙선 효창공원앞역 4번 출구로 나온다. 경의중앙선 가좌역은 1번 출구에서 이어진다.

맛집

연남동에 자리한 월광부산돼지국밥(전화 02-326-5800)은 부산에서 먹는 돼지국밥이 부럽지 않은 집이다. 돼지국밥을 시키면 밥을 조금만 준다. 고기가 워낙 많이 들어 있기 때문이다. 푸짐하게 내오는 수육도 일품이다.

험한 관악산도 쉽고 만만하게 걷자
서울 관악산 무장애 숲길

때죽나무꽃이 떨어져 데크길이 환하게 빛난다.

코스 가이드 COURSE GUIDE

주소	서울시 관악구 신림동 일대
코스	제2광장 화장실 > 잣나무쉼터 > 바위쉼터 > 전망쉼터
총 거리	1.3㎞(순환형 숲길 750m, 등반형 숲길 550m)
시간	50분
난이도	매우 쉬워요
좋을 때	사계절
원점 회귀	×

관악산에 무장애 숲길이 있다. 관악산을 많이 다녀본 사람도 잘 모르는 숲길이다. 무장애길은 장애인과 노약자 등 보행 약자가 부담 없이 산을 즐길 수 있게 만든 길이다. 서울의 대표적인 무장애길이 남산순환로다. 지금은 산책을 즐기는 일반인이 대다수지만, 시각장애인을 위해 특화된 산책로다. 관악산 무장애 숲길은 전 구간에 데크를 설치했고, 전망대에서 관악산과 시내 조망을 즐길 수 있다.

1. 제2광장 화장실이 관악산 무장애 숲길의 출발점이다. 2. 화장실 앞의 안내판을 보고 출발하는 게 좋다. 3. 무장애 숲길 안내소 앞에 전동휠체어 충전 시설이 있다. 4. 순환형 코스의 시작점이 되는 잣나무쉼터.

순환형 코스에서 가장 높은 지점인 도토리쉼터.

보행 약자를 위한 편의 시설을 꼼꼼하게 마련해

관악산 무장애 숲길은 ①제2광장 화장실에서 시작한다. 관악산유원지 입구로 들어왔으면, 관악산 호수공원 입구 갈림길에서 제2광장 이정표를 따르면 된다. 장애인이라면 관악산 무장애 숲길 주차장에 차를 댈 수 있다.

화장실에 왜 데크를 크게 깔았나 싶지만, 여기서 무장애 숲길이 시작된다. 간혹 정상으로 가는 산린이들이 이곳으로 들어와 길을 잃고 헤매기도 한다. 제2광장 화장실 앞쪽으로 관악산 무장애 숲길 안내판과 지도가 나와 있다. 안내판 옆에는 '2013년 대한민국 국토도시디자인대전'에서 관악산 무장애 숲길이 국토부장관상을 받았다는 안내판도 있다.

관악산 무장애 숲길은 보행 약자를 위한 시설을 꼼꼼하게 설치해 두었다. 전 구간 경사도가 장애인 시설 설치 기준인 8% 미만으로 했다. 휠체어 및 유모차도 편하게 오를 수 있는 경사도다. 점자 안내판, 난간 손잡이, 의자와 피크닉 테이블, 쉼터 등도 잘 마련했다.

화장실 뒤로 데크길은 울창한 숲으로 이어진다. 나이 지긋한 분들 많이 다닌다. 곧이어 무장애 숲길 안내소가 나온다. 안내소에서는 전동휠체어를 충전하는 시설이 있다. 안내소를 지나면 완만한 오르막이 이어지고 ②잣나무쉼터가 나온다. 이곳이 갈림길이다. 쉼터를 기점으로 순환형 숲길을 한 바퀴 돌 수 있다. 위쪽과 아래쪽 어느 정도 선택해도 상관없다. 위쪽 길을 택해 오르막을 오른다. 데크길은 급경사가 없어 좋다.

무장애 숲길의 종착점인 전망쉼터

사이쉼터4를 지나면 정자가 자리한 ③도토리쉼터를 만난다. 순환형 숲길에서 가장 높은 지점이다. 여기서 완만한 내리막을 걸으면 사이쉼터5를 지나 바위쉼터에 닿는다. ④바위쉼터는 순환형 숲길이 끝나고, 등반형 숲길이 시작되는 지점이다.
바위쉼터란 이름처럼 거대한 바위가 있다. 바위 생김새가 하트 형상이라 신기하다. 쉼터 주변에 때죽나무가 많고, 눈처럼 흰 꽃을 다닥다닥 매달고 있다. 은은하게 번지는 짙은 향기가 기분을 좋게 한다.
등반형 숲길로 들어선다. '등반'이라고 하지만, 데크길은 완만하게 지그재그를 그리면서 오르는 길이다. 4번과 5번째 모퉁이를 돌 때 조망이 열린다. 앞쪽으로 관악산의 품에 자리한 서울대학교 건물들이 펼쳐진다. 워낙 건물이 많아 작은 도시 같다. 마지막 모퉁이를 돌면 ⑤전망쉼터가 나온다. 조망 안내판이 있고, 북한산, 남산타워 등이 잘 보인다. 동네 아주머니와 아저씨들이 운동하고 있는 모습이 평화롭다.
전망쉼터에서 관악산 무장애 숲길은 마무리된다. 보행 약자라면 왔던 길을 되짚어 원점 회귀하고 일반인이라면 이어서 관악산 트레킹을 즐기면 된다. 전망쉼터를 나가면 왼쪽은 관악산계곡을 거쳐 제4야영장으로 이어진다. 오른쪽 길은 모자봉과 제2광장으로 이어진다.

8. 바위쉼터의 명물인 하트 바위.
9. 등반형 코스는 지그재그로 전망쉼터까지 오른다.
10. 무장애 숲길의 종착점인 전망쉼터.

⑧

⑨

⑩

테마편 419

코스 정보 COURSE DATA

길잡이

서울시가 지정한 무장애 관광코스에 속한다. 전 구간 데크길로 보행 약자를 위한 시설을 꼼꼼하게 갖췄다. 짧은 게 흠이다. 일반인이라면 무장애 숲길을 거쳐 관악산계곡 ▶ 제4야영장 ▶ 무너미고개 ▶ 안양예술공원 코스를 추천한다.

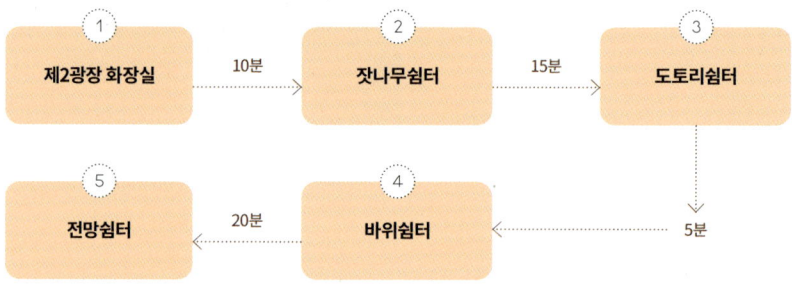

고도표

교통

자가용은 서울대학교 노상주차장 등에 세운다. 대중교통은 지하철 2호선 서울대입구역에서 5515번, 750A번 버스 등을 이용해 서울대학교 정류장에 내린다.

맛집

봉천동의 부림식당(전화 02-884-9359)은 냉동 삼겹살로 유명한 맛집이다. 봉이전(전화 02-874-5577)은 모둠전과 육전 등으로 뒤풀이하기 좋다.

코스 지도 COURSE MAP

호젓한 무장애 숲길을 걷는 시민들.

찬란한 한성백제를 만나다
서울 몽촌토성

체조경기장 근처 느티나무들의 눈부신 단풍.

코스 가이드 COURSE GUIDE

주소	서울시 송파구 오륜동 올림픽공원 일대
코스	몽촌토성역 > 한성백제박물관 > 몽촌토성 > 성내천
총 거리	7.6km
시간	2시간 30분
난이도	쉬워요
좋을 때	사계절
원점 회귀	×

몽촌토성은 야산의 지형을 최대한 활용하여 만든 한성백제시대의 중요한 성곽이다. 아이들과 함께 역사 공부하기에 좋고, 연인들의 데이트 코스로도 인기다. 하지만 몽촌토성이 서울시가 선정한 무장애 관광코스 중 하나임을 아는 사람은 많지 않다. 보행 약자들이 누구나 쉽게 접근해 느긋하게 산책하기 그만이다. 몽촌토성은 짧기에 걷기 길인 토성산성어울길 1코스를 따라 마천역까지 걷는 걸 추천한다.

1. 출발점인 올림픽공원의 세계평화의 문.
2. 초기 백제의 유적과 유물을 전시하는 한성백제박물관.
3. 몽촌토성은 시민뿐 아니라 보행 약자의 산책로로 인기가 좋다.
4. 박물관 안으로 들어서면 풍납토성 성벽을 만드는 과정이 전시되어 있다.

올림픽공원 세계평화의 문에서 출발

지하철 8호선 ①몽촌토성역 1번 출구로 나오면 올림픽공원 세계평화의 문을 만난다. 우리나라 전통 대문을 본 떠 만든 조형물로 4층 크기의 웅장한 스케일이 압도적이다. 올림픽공원은 우리나라 공원답지 않게 스케일이 크다. 면적은 무려 약 44만 평에 이른다. 그 안에 몽촌토성과 1986년 서울 아시안게임과 1988년 서울 올림픽을 치르기 위한 보조경기장이 자리한다. 현재 올림픽공원은 시민들의 휴식터로 체육행사뿐 아니라 문화예술·역사·교육·휴식 등 다양한 용도로 사용된다.

세계평화의 문을 들어서면 만국기가 게양된 올림픽 광장을 만난다. 광장에서 몽촌토성으로 가려면 왼쪽 길이지만, 오른쪽에 자리한 소마미술관과 한성백제박물관을 둘러보고 가는 게 좋다. 2004년 9월 개관한 소마미술관은 총 43만 평에 이르는 조각공원이 압권이다. 세계 66개국 유명 조각가 155명의 219점의 작품이 전시되어 있다. 다양한 조각들을 감상하다 보면 한성백제박물관에 이른다.

②한성백제박물관은 고대사 및 고고학 전문 박물관이다. 한성백제(기원전 18~475)는 백제 역사 678년 중 493년을 존속했으며 백제 역사상 가장 강성했던 시기로 평가된다. 오늘날 서울 지역인 한성(漢城)에 493년 동안 도읍을 뒀다. 이 시기에 한성백제는 중국·일본·가야를 하나로 잇는 동아시아 해상무역과 문화교류의 중심축을 형성한 것으로 추정된다. 또한 한성백제는 조선과 대한민국으로 이어지는 1,080년 서울 수도 역사의 시발점이다.

박물관 안의 로비에는 풍납토성 성벽을 만드는 과정이 전시되어 있다. 제1전시실은 '서울의 선사'를 주제로, 제2전시실은 박물관의 주요 전시실로 '왕도 한성'을 주제로, 제3전시실(삼국의 각축)은 '3국의 각축'을 주제로 한다. 옥상 전망대에서는 올림픽공원을 한눈에 내려다볼 수 있다.

한성백제박물관을 나와 물레방아 앞으로 몽촌토성으로 가는 길이 있다. 여기서 곧바로 몽촌토성 위로 올라갈 수 있지만, 일단 아랫길을 따라 곰말다리까지 가서 몽촌토성 위로 오르는 것이 좋다. 아랫길은 왼쪽으로 호수를 끼고 있는데, 여기가 몽촌해자다. 몽촌토성의 방어용으로 구축한 해자를 재현했다. 몽촌해자에는 인공폭포인 몽촌폭포, 음악분수 등을 설치해 산책을 더욱 즐겁게 해준다. 길에는 단풍나무와 벚나무 단풍과 수양버들이 어우러져 가을 정취를 물씬 풍긴다.

곰말다리에서 ③몽촌토성 위로 오른다. 몽촌토성은 대개 시계 반대 방향으로 걷는다. 본격적으로 걷기에 앞서 올림픽공원의 상징인 '나홀로 나무'를 만나보자. 몽촌토성을 만나는 지점에서 왼쪽 방향 잔디밭을 살펴보면, 드넓은 초원에 홀로 선 측백나무 한 그루를 찾을 수 있다. 이 나무가 홀로 서 있게 된 사연은 1985년 공원을 조성하면서 몽촌토성 내 30여 채 민가를 철거하는 과정에서 몇몇 나무만 남기고 모두 베어버렸기 때문이다. 나무는 홀로 서 있지만, 사진 촬영 명소로 입소문이 나면서 언제나 많은 사람이 찾아와 외롭지 않다.

한성백제의 주요 성곽, 몽촌토성

이제 시계 반대 방향으로 몽촌토성을 따른다. 몽촌토성은 야산의 지형을 최대한 활용하여 만든 한성백제시대의 중요한 성곽이다. 남한산에서 뻗어내린 최고 높이 44.8m인 타원형의 자연 구릉에 쌓았고, 낮거나 끊긴 부분에 판축 기법을 이용해 토사를 5~10㎝ 두께로 차곡차곡 올렸다. 성벽의 바깥쪽은 경사면을 깎고 다듬어서 급경사를 만들고 그 경사면에 목책을 설치해 방어하기 쉽게 만들었다.

몽촌토성의 성벽은 최고의 산책로다. 구불구불 자연스럽게 그리는 곡선을 따르는 맛이 쏠쏠하다. 바닥을 시멘트로 포장했기에 휠체어나 유모차도 다닐 수 있다. 소나무가 우거진 곳에 억새가 하얗게 피어 하늘거린다. 솔숲 안에는 묘지가 자리 잡

5. 올림픽공원의 상징인 '나홀로 나무'. 사진 촬영 명소로 많은 연인이 기념 사진을 찍는다.
6. 올림픽공원을 나오면 남한산을 바라보며 올림픽공원역으로 이어진다.
7. 생태하천으로 거듭한 만추의 성내천.

고 있다. 숙종 때 우의정을 지낸 충헌공 김구 묘역이다. 묘역 앞에는 신도비가 있다. 야생화 단지를 지나 성벽을 따르면 88호수를 만나면서 성곽에서 내려온다. 올림픽 체조경기장을 지나 올림픽공원을 빠져나오면 5호선 ④올림픽공원역을 만난다. 여기서 길은 ⑤성내천을 따른다. 성내천은 남한산에서 발원하여 송파구 마천동·오금동·풍납동을 거쳐 한강으로 흘러드는 하천이다. 1970~80년대에 하천 제방과 바닥을 콘크리트로 깔아 메말라 버렸다. 2005년 생태하천 조성사업을 통해 복원해 물이 흐르게 됐다. 덕분에 시민들은 도심 속에 허파 같은 공간을 얻었다.

성내천에는 산책하는 시민들, 자전거를 타는 사람들로 북적북적하다. 곱게 옷을 갈아입은 느티나무들의 물에 반영된 모습이 가을 풍경을 더욱 깊게 한다. 종점은 ⑥마천역이지만, 보행 약자는 성내천을 걷다 적당한 지점에서 트레킹을 마무리해도 좋다.

코스 지도 COURSE MAP

코스 정보 COURSE DATA

길잡이

몽촌토성은 서울시가 지정한 무장애 관광코스다. 보행 약자를 위한 시설이 잘 갖춰졌다. 보행 약자는 몽촌토성 일대를 한 바퀴 돌며 즐기면 된다. 좀 더 걷고 싶은 여행자는 본문에 소개한 토성산성어울길 1코스를 따라 걸으면 몽촌토성과 성내천 등 송파구의 명소를 두루 둘러볼 수 있다.

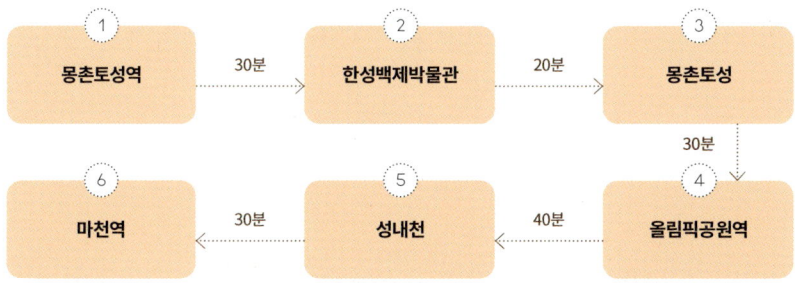

교통

지하철 8호선 몽촌토성역 1번 출구로 나오면 출발점인 올림픽공원 세계평화의 문이 보인다.

맛집

올림픽공원에서 가까운 안동국시소담(전화 02-415-1855)은 담백한 안동식 칼국수와 수육과 전 등 전통 음식을 내오는 집이다. 넓고 쾌적한 환경에서 음식을 즐길 수 있다.

분주한 도심을 벗어나
대자연을 마주하는

섬 트레킹

산에서 바다까지 트레킹에 최적화된 섬
인천 무의도
국사봉·호룡곡산

하나개해수욕장과 호룡곡산 등산로를 연결하는 무의도 해상관광탐방로.

코스 가이드 COURSE GUIDE

주소	인천시 중구 무의동
코스	큰무리선착장 > 국사봉 > 호룡곡산 > 하나개해수욕장
총 거리	7.6km
시간	4시간
난이도	조금 어려워요
좋을 때	사계절
원점 회귀	×

1. 국사봉 직전에 조망이 열리는 바위가 있다. 그 위에 서면 신록 가득한 국사봉의 품에 안긴 것 같다.
2. 국사봉으로 가는 호젓한 숲길.
3. 트레킹의 출발점인 큰무리선착장. 무의도 편의점 왼쪽으로 등산로가 나 있다.
4. 당산 곳곳에는 소사나무 군락지가 있다. 당산목인 소사나무에 오색 천을 둘렀다.
5. 전망대에서 본 실미도. 물이 빠지면 건너갈 수 있다.

무의도는 인천공항이 있는 영종도 남서쪽에 자리한 작은 섬이다. 과거에는 배를 타고 갔지만, 2019년 영종도와 연결되는 무의대교가 놓여 자동차로 갈 수 있는 섬이 됐다. 무의도는 국사봉(236m)과 호룡곡산(245.6m)이 옹골차게 들어차 예전부터 산꾼들에게 인기가 좋았다. 2019년 하나개해수욕장에 생긴 해상관광탐방로와 함께 코스를 엮으면 산과 바다를 함께 즐길 수 멋진 트레킹 코스가 완성된다.

큰무리선착장에서 출발

하늘에서 선녀가 내려와 춤을 추었다는 섬 무의도(舞衣島)는 면적 9.43㎢, 해안선 길이가 18.7㎞인 아담한 섬이다. 무의대교 개통으로 접근성이 좋아졌고, 하나개해수욕장과 실미도 등의 명소가 있어 관광객도 많이 찾는다.

트레킹 출발점은 ①큰무리선착장이다. 예전 잠진도에서 배를 타면 5분 만에 도착하던 그곳이다. 무의도 편의점 왼쪽으로 등산로가 나 있다. 무의도 편의점은 주인 아저씨가 갯벌에서 직접 잡은 싱싱한 낙지와 바지락 등을 판다.

'무의도 트레킹 둘레길'이라고 써진 커다란 안내판을 따라 급경사 계단을 오르면서 트레킹이 시작된다. 무의도는 섬을 한 바퀴 도는 둘레길을 만들고 있다. 산길을 걷다보면 중간중간 길이 갈리지만, 안내판을 따르면 길 찾기는 문제없다. 20분쯤 완만한 오르막을 따르면 작은 봉우리에 올라선다. 이곳에 당산이 자리한다.

②당산은 마을의 안녕과 풍어제를 지냈던 곳이다. 당산은 온통 소사나무들로 뒤덮여 있다. 오색 천을 두른 당산목도 거대한 소사나무다. 소사나무는 몸체가 미끈하고 울퉁불퉁한 서어나무처럼 생겼다. 한국 특산종으로 해안이나 섬에서 주로 자란다. 국사봉과 호룡곡산 일대는 소사나무가 숲을 이룬 덕분에 산행 내내 햇빛이 안 든다.

당산에서 내려오면 실미고개에 닿는다. 실미도로 가는 작은 도로가 지나는 고개다. 고개에서 다시 조금 오르면 작은 나무 데크 전망대를 만난다. 전망대에 서니 실미도가 살짝 보인다. 마침 물이 빠져 실미도로 건너가는 사람들이 보인다. 실미도는 북파 공작원을 훈련시켰던 곳으로 영화 '실미도'의 촬영지다.

전망대를 지나면 길은 널찍한 임도를 만나고, 거대한 헬기장에 닿는다. 여기서 너른 품을 가진 국사봉이 잘 보인다. 헬기장을 내려오면 실미도 방향으로 가는 작은 도로가 난 ③봉오리재에 닿는다. 봉오리재에 차를 세워두고, 돗자리 깔고 식사를 즐기는 사람들이 보인다.

바다 조망 일품인 호룡곡산

다시 산길로 들어서면 소사나무가 터널을 이룬다. 소사나무의 눈부신 연둣빛 신록에 몸을 물들이면서 30분쯤 가면 전망대를 거쳐 국사봉 정상에 닿는다. 정상은 너른 데크를 설치했고, 조망이 시원하게 열린다. ④'국사봉' 정상석 뒤로 잠진도와 무의도를 연결하는 무의대교가 보이고, 인천공항이 잘 보인다. 반대편으로는 가야 할 호룡곡산이 우뚝하다. 호룡곡산은 아득하게 보여 언제 저곳에 갈지 걱정이다. 그러나 눈보다 발이 가까운 법이다.

국사봉에서 시원한 조망을 즐기고 호룡곡산 방향으로 발걸음을 옮긴다. 위험 구간에 데크 계단이 설치되어 있어 큰 어려움 없이 내려올 수 있다. 국사봉과 호룡곡산

6. 호룡곡산 오름길에 나오는 조망터 쉼터. 무의도의 새끼 섬인 소무의도가 잘 보인다.
7. 국사봉 정상의 조망. 왼쪽으로 잠진도와 무의도를 이어주는 무의대교가 보인다.
8. 호룡곡산 정상의 장쾌한 조망. 국사봉이 바다로 뻗어 내린 모습이 일품이다.
9. 노을이 지는 무의도 해상관광탐방로.

을 이어주는 ⑤재빼기고개에는 작은 구름다리가 놓여 있다. 구름다리 아래로 많은 차가 하나개해수욕장으로 들어간다.

애써 올라간 고도를 다 까먹고 다시 시작하는 길은 팍팍하다. 마음을 비우고 심호흡하며 계단길을 천천히 오르다 보면, 시나브로 호흡이 안정된다. 조망대 쉼터에서는 무의도의 새끼 섬인 소무의도가 잘 보인다. 무의도와 다리로 연결됐고, 둘레길이 있어 산책하기 좋다.

20분쯤 꾸준히 발품을 팔면 대망의 ⑥호룡곡산 정상에 닿는다. 이곳 역시 널찍한 데크 전망대가 놓여 있다. 북동쪽으로 하나개해수욕장이 시원하게 펼쳐지고, 그 뒤로 국사봉을 비롯한 여러 봉우리가 바다를 향해 발을 뻗어 내려오는 모습이 일품이다.

정상에서 빼놓을 수 없는 즐거움은 주변 섬 조망이다. 조망 안내판을 참고해 멀리 둥둥 떠 있는 섬들을 찾아본다. 소무의도 오른쪽으로 손바닥만 한 해녀도가 보이고, 그 옆으로 평퍼짐한 큰 섬 영흥도가 나타난다. 날이 맑은 날에는 영흥도 오른쪽으로 대이작도, 소이작도, 선갑도, 문갑도, 굴업도 등이 파노라마처럼 펼쳐진다.

해안 절벽 따라 이어진 해상관광탐방로

하산은 하나개해수욕장 방향이 아니라 광명항 방향을 따른다. 급경사를 조금 내려오면 갈림길이 나온다. 여기서 하나개해수욕장 이정표를 따른다. 급경사를 조심조심 내려오면 갑자기 드넓은 바다가 나타난다. 해변에 닿으면 선물처럼 ⑦무의도 해상관광탐방로가 기다리고 있다. 탐방로는 등산로가 끝나는 작은 해변부터 하나개해수욕장까지 약 1km쯤 이어진다.

마침 바닷물이 가득해 탐방로를 걷다 보면 물 위를 걷는 느낌이다. 왼쪽은 망망대해이고, 오른쪽으로 볼 수 없었던 붉은색의 해안 절벽이 펼쳐진다. 파도는 붉은 절벽에 각양각색의 바위를 조각해 놨다. 사자바위, 두꺼비바위, 만물상, 부처바위 등을 알리는 안내판이 붙어 있지만, 밀물과 썰물 때의 형상이 달라 찾기가 쉽지 않다. 드넓은 백사장을 품은 ⑧하나개해수욕장에 닿으면서 트레킹이 마무리된다.

코스 정보 COURSE DATA

길잡이

큰무리선착장에서 출발해 국사봉과 호룡곡산을 종주하고, 해상관광탐방로를 거쳐 하나개해수욕장에 마침표를 찍는 코스가 무의도의 최고 트레킹 루트다. 만약 호룡곡산에서 곧바로 하나개해수욕장으로 내려왔다면, 해변 왼쪽에 자리한 해상관광탐방로를 꼭 둘러보자. 산행 후에 소무의도 둘레길을 걷고 싶다면, 호룡곡산에서 광명항으로 내려와야 한다. 소무의도 둘레길은 2.5㎞, 1시간쯤 걸린다.

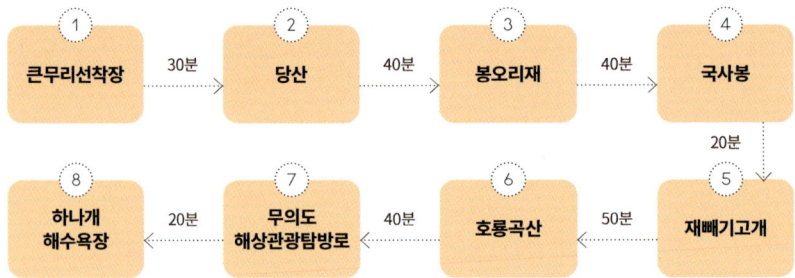

고도표

교통

자가용은 큰무리선착장 주변의 공터에 차를 세운다. 주말에는 차가 많이 몰리기 때문에 대중교통을 이용하는 게 좋다. 공항철도 인천공항1터미널역에서 자기부상 열차를 타고 용유역에 내린다. 무의 1번 마을버스는 용유역 ▶ 큰무리선착장 ▶ 하나개해수욕장 ▶ 광명항 구간을 09:20~17:20(주말 08:20~17:20), 1일 7회(주말 10회) 운행한다. 문의 예성교통 032-584-5624. 6-1번 마을버스는 용유역~하나개해수욕장 구간을 08:00~20:35, 1일 5회 다닌다. 배차 간격이 뜸하므로 버스 시간을 잘 맞춰야 한다.

코스 지도 COURSE MAP

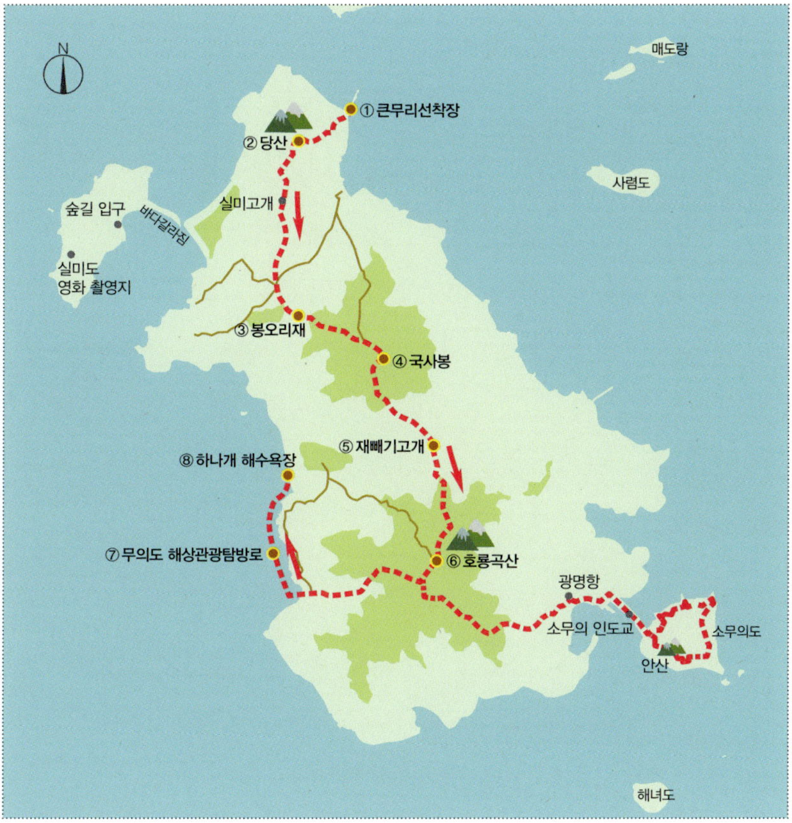

맛집

무의도 먹거리촌에 자리한 큰무리음식점(전화 032-751-7663)은 고등어 또는 박대를 내놓는 생선구이 정식을 잘한다. 함께 나오는 바지락탕도 일품이다. 국사봉식당(전화 010-5394-8821)은 활어회와 해물칼국수 등을 잘한다.

바다 열리는 기적의 섬에 놓인 '아트 산책로'
화성 제부도 제비꼬리길

제부도 최고 절경인 매바위 일몰.

코스 가이드 COURSE GUIDE

주소	경기도 화성시 서신면 제부리 일대
코스	제부도등대 > 조개의자 > 탑재산 정상 > 제부도등대
총 거리	2km
시간	1시간
난이도	쉬워요
좋을 때	사계절, 노을
원점 회귀	○

화성시 제부도는 매일 두어 번 바다가 열리는 모세의 기적이 일어나는 신비로운 섬이다. 4~5m 깊이의 바닷물이 빠지면, 약 2km에 달하는 길이 거짓말처럼 나타난다. 2016년 제부도 서쪽 해안에 제비꼬리길이 생기면서 제부도 전체가 세련되어졌다. 제비꼬리길은 '제부도 문화예술섬 프로젝트'로 탄생한 아트 산책로다. 서서의자, 둥지의자, 조개의자, 제부도 아트파크 등을 둘러보며 예술의 수혜를 듬뿍 받으며 서해의 수려한 풍광을 즐길 수 있다.

1. 빨간색인 제부도등대. 등대 앞 주차장에서 제비꼬리길이 시작된다.
2. 제비꼬리길에 들어서면 시원한 해상 데크가 이어진다.
3. 둥지의자 앞은 유리를 설치해 바다를 잘 볼 수 있게 했다.

빨간 제부도등대 앞에서 출발

제부도를 지도에서 보면 섬과 육지 사이에 긴 줄이 연결된 게 보인다. 줄은 물이 빠지면 드러나는 길이다. 줄 때문인지 제부도는 역삼각형 모양의 연처럼 보인다. 물이 차서 줄이 사라지면 제부도는 끈 떨어진 연처럼 바다 멀리 떠나버릴 것만 같다. 하지만 줄은 물에 잠겨서도 제부도를 놓지 않는다.

제부도로 들어가는 길은 언제나 설렌다. 바다는 저 멀리 사라졌고, 무심하게 갯벌이 드러나 있다. 제비꼬리길의 출발점은 제부도 북쪽 끝에 자리한 ①제부도등대 주차장이다. 주차장에 내리면 빨간 등대가 보이고, 해상 데크가 시작된다. 데크 앞에 제부꼬리길 안내도가 붙어 있다. 길의 형태가 꼬리처럼 길쭉하다. 그래서 제비꼬리길이란 이름이 붙었다.

해상 데크에 오르자 바다가 시원하게 펼쳐진다. 바다는 멀리서 반짝반짝 빛난다. 바다에 온통 시선이 뺏길 것 같지만, 데크 위의 아기자기한 조형물에 눈이 더 간다. 세련되게 쓴 제부도의 영문과 한글 글씨, 새 모양의 앙증맞은 조형물, 작고 아담한 의자들이 볼 만하다. 특히 의자가 개성적이다. 서서의자에 살짝 기대면 앞 통유리로 바다가 보인다. 통유리 앞에 자리한 둥지의자는 두 사람만 앉을 수 있다. ②조개의자는 큰 조개가 서로 등을 맞대고 있는 형상이다. 조각 안에는 나무의자를 놓았다. 세 개 의자 모두 아이디어가 좋고 예술성이 풍부하다.

조개의자 앞의 전망대에서 주변을 둘러보기 좋다. 뒤를 돌아보니, 한 연인이 둥지의 자에 앉아 있다. 두 사람만의 둥지처럼 아늑하게 보인다. 해상 데크가 끝나는 지점에 거대한 바위가 우뚝하다. 바위 앞에서 모퉁이를 돌면 제부해변이 나온다. 제비꼬리길은 여기서 ③탑재산으로 올라간다. 탑재산을 가기 전에 제부도 최고 절경으로 꼽히는 매바위를 보고 돌아오는 걸 추천한다. 매바위로 가는 길이 제부해안길이다.

제부도 최고 절경, 매바위 노을

해안길을 따르면 6개 컨테이너를 이리저리 설치한 제부도 아트파크가 나온다. 텅 빈 컨테이너는 바다와 어울려 독특한 느낌을 전달한다. 아트파크에서 조금 더 가면 3개의 날카로운 바위가 솟아 있는 매바위가 나온다. 높이 20m쯤 되는 매바위는 밀물에 잠기고, 썰물에 드러난다. 파도와 바람에 파여 바위 꼭대기가 매의 부리처럼 날카로워 매바위란 이름이 붙었다.

다시 데크로 돌아가 탑재산을 오른다. 계단을 조금 오르면 의자가 놓인 작은 사각형 전망대가 나오는데, 여기가 하늘둥지다. 하늘과 바다가 잘 보인다. 시나브로 서쪽으로 기운 해가 점점 바다의 농도를 진하게 한다. 하늘둥지를 지나면 능선길이 이어진다. 완만한 능선에는 소나무가 가득하다. 시원하게 솔향을 맡으며 10분쯤 가면, 돌탑이 놓인 탑재산 정상에 닿는다. 정상 전망대에서 육지와 제부도를 이어주는 길이 아스라이 보인다.

탑재산을 내려오면 우물터를 만나면서 다시 해안으로 내려온다. 출발했던 ④제부도등대 주차장이 코앞이다. 제부도는 매바위에서 일몰을 놓치면 섭섭하다. 차를 몰아 매바위로 갔다. 시나브로 해가 기울 시간이다. 하늘에 구름이 떠 있어 풍경이 드라마틱해진다. 구름 사이로 빛이 쏟아진다. 시나브로 기울어진 빛이 바다를 붉게 물들이는데, 길이 닫힐 시간이 가까웠다. 제부도에서는 물때를 맞출 수밖에 없다. 할 수 없이 차를 몰아 제부도를 빠져나간다. 깊고 붉은 노을이 부지런히 달려가는 차량의 백미러를 물들인다.

4. 제부해변 앞에 자리한 제부도 아트파크.
5. 탑재산은 호젓한 소나무 숲길이 이어진다.
6. 탑재산 오르는 길에 만나는 하늘둥지. 바다 조망이 일품이다.
7. 조개의자는 전망대가 있어 주변을 조망할 수 있다.
8. 하늘둥지에서 바라본 제부해변과 매바위.

코스 정보 COURSE DATA

길잡이

제부꼬리길은 짧다. 데크가 끝나는 지점에서 탑재산으로 오르는데, 힘들까봐 다시 데크로 돌아오는 사람이 많다. 탑재산 높이는 불과 67m다. 초반 다소 경사를 오르면 능선은 쉽다. 데크가 끝나는 삼거리에서 탑재산으로 곧장 오르지 말고, 매바위를 다녀오는 게 좋다. 매바위까지 약 1.5km, 30분쯤 걸린다. 제부도는 물때를 확인해야 한다. 화성시청 홈페이지(www.hscity.go.kr)에 잘 나와 있다.

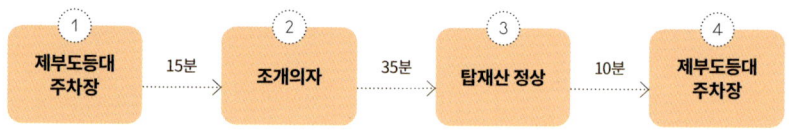

고도표

교통

자가용은 평택시흥고속도로 송산마도IC로 나와 찾아간다. 대중교통은 지하철 4호선 사당역 앞에서 1002번 제부여객 직행버스를 이용해 제부도 입구까지 간다. 제부도 입구 버스환승센터에서 제부도 순환 마을버스가 09:00~19:00, 1일 11회 운행한다. 시간은 물때에 따라 유동적이다.

맛집

제부도 가는 길에 만나는 사강시장은 바다가 가까워 해산물이 풍성하다. 활어보다 조개류가 많고, 겨울철에는 횟집마다 맛있는 영양굴밥을 내놓는데, 백합탕을 같이 준다. 굴밥은 간장에 쓱쓱 비벼 먹고, 솥단지에 물을 부어 누룽지까지 긁어 먹는 맛이 일품이다. 일력횟집(전화 031-357-8006)과 자갈치횟집(전화 031-357-4922)이 잘한다.

코스 지도 COURSE MAP

텅 빈 마음 위로하는 쓸쓸한 풍경들
인천 강화나들길 11코스
석모도 바람길

코스 가이드 COURSE GUIDE

주소	인천시 강화군 삼산면 일대
코스	석포리선착장 > 보문선착장 > 민머루해변 > 보문사주차장
총 거리	16km
시간	5시간
난이도	무난해요
좋을 때	사계절
원점 회귀	×

보문사 입구에서 바라본 서해의 모습. 갯고랑과 갯벌 너머로 주문도, 아차도 등이 펼쳐진다.

강화나들길 11코스는 석모도의 매력을 온몸으로 느끼는 길이다. 석모도는 강화도 서쪽에 바투 붙어 있는 섬으로 전국 3대 관음성지로 알려진 보문사가 유명하다. 11코스는 석포리선착장에서 출발해 제방을 따라 광활한 갯벌을 둘러보고, 석모도의 유일한 백사장인 민머루해변 등을 거쳐 보문사 앞에서 마무리된다. 걷기를 마치고 보문사에 들러 마애석불에 인사를 드리는 걸 잊지 말자. 마애석불이 바라보는 서해의 모습이 감동적이다.

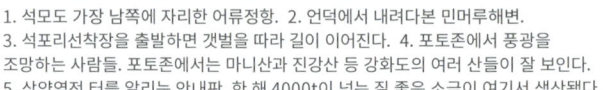

1. 석모도 가장 남쪽에 자리한 어류정항. 2. 언덕에서 내려다본 민머루해변.
3. 석포리선착장을 출발하면 갯벌을 따라 길이 이어진다. 4. 포토존에서 풍광을 조망하는 사람들. 포토존에서는 마니산과 진강산 등 강화도의 여러 산들이 잘 보인다.
5. 삼양염전 터를 알리는 안내판. 한 해 4000t이 넘는 질 좋은 소금이 여기서 생산됐다.

강화도와 주변 섬 구석구석 이어진 강화나들길

한반도의 상징적 배꼽인 강화도는 '역사의 땅, 눈물의 섬'이다. 육지와 섬 사이에 염하(鹽河)라는 천혜의 자연방어선과 드넓은 농토가 있어 전란의 시대에는 늘 피란지 역할을 했다. 또한 서울에 입성할 수 있는 수로라는 지정학적 위치 탓에 외세의 침략을 가장 먼저 받았다.

고려 시대 몽골의 침략에 맞섰던 격전지일 뿐만 아니라 병인양요, 신미양요 등 제국주의의 침공에 맞선 기념비적인 장소이기도 하다. 거기에 한일병합의 전초인 강화도조약을 맺은 치욕의 장소이고, 북녘 땅이 코앞인 분단의 현장이기도 하다. 이러한 뼈아픈 역사와 한강, 임진강, 예성강이 서해와 만나면서 빚어놓은 아름다운 자연을 구석구석 둘러보는 길이 강화나들길이다. 강화나들길은 본섬, 교동도, 석모도, 볼음도 등 강화도 일대 구석구석 총 20개의 코스가 나 있다.

'나들'이란 이름은 서해 바닷물이 나고 드는 땅, 고인돌을 만들었던 청동기 시대 사람들이 넘나들던 섬, 고구려·신라·백제인들이 드나들던 포구, 고려 왕족과 귀족들이 머무르다 떠난 도읍, 조선 왕족과 선비들이 유배를 왔다가 떠나던 곳이라는 뜻을 품고 있다. 앞으로도 많은 사람이 이 길을 따라 아름다운 강화를 나들이할 것이라는 희망도 담겨 있다.

석포리선착장에서 출발

강화나들길 11코스는 ①석포리선착장(나룻부리항)에서 출발한다. 강화도 외포항에서 배를 타고 석모도에 들어오면 바로 출발하는 셈이다. 하지만 2017년 6월 석모대교가 열려 이제는 버스나 자가용으로 석모도에 들어온다. 강화버스터미널에서 버스를 탔으면 석포리선착장에 내리면 된다.

선착장 앞의 시장 오른쪽 끝에 11코스를 알리는 안내판이 서 있다. 안내판 뒤에는 거무튀튀한 갯고랑과 갯벌이 펼쳐진다. 갯고랑은 강화도에서는 보기 힘들지만, 석모도에서는 쉽게 관찰할 수 있다.

제방길을 따르면 바다 건너 강화도가 잘 보인다. 석모도에서 본 강화도는 삐죽삐죽

곳곳에 크고 작은 산이 솟구친 육지로 보인다. 포토존의 안내판에서 산 이름을 확인할 수 있다. 왼쪽으로부터 진강산, 길상산, 초피산, 마니산 등이 솟구쳤다. 특히 가장 높은 마니산은 생김새가 예사롭지 않다. 무언가 웅장하고 범접할 수 없는 기품이 느껴진다.

포토존 앞의 바다에 넓은 암반이 드러나 있다. 바다에 이렇게 넓은 암반이 있는 것이 신기하다. 다시 길을 나서면 말라비틀어진 갈대와 칠면초들이 해안을 가득 메우고 있다. 가을에는 붉은 칠면초가 눈부시게 빛났겠지만, 겨울에는 쓸쓸함을 더한다. 마음이 쓸쓸한 사람은 이 황량한 풍경에 위안을 받으리라.

②보문선착장을 지나면 ③삼양염전 터를 만난다. 삼양염전은 1957년에 문을 열고 품질 좋은 소금을 연간 4,000t 이상 생산했다. 드넓은 염전은 풍광도 좋아 석모도의 명소로 꼽혔다. 특히 삼양염전 소금은 미네랄이 많아 쓰지 않고 달아서 인기가 좋았다고 한다. 하지만 경영 악화로 2006년 문을 닫았다. 염전 터에는 작은 염호가 남아 있고, 지금은 꽝꽝 얼어 있다.

보문사 마애석불좌상 앞에서 바라보는 노을

삼양염전 터를 지나면 석모도 가장 남단의 ④어류정항으로 들어선다. 어류정항은 알음알음 알고 오는 캠퍼들의 명소다. 최근에는 차박을 즐기는 사람들이 많다. 휴일이라 많은 캠퍼가 모여 겨울을 즐기고 있다.

길은 항구 안쪽의 마을에서 숲길로 들어선다. 그 입구에 '쉼이 있는 힐링 둘레길' 안내판이 서 있다. 그 길을 따라 작은 숲을 통과해 ⑤민머루해변에 닿는다. 석모도 유일의 해수욕장으로 길이 1km, 폭 50m의 모래사장이 있다. 모래사장 뒤로 끝없이 갯벌이 펼쳐진다.

민머루해변에서 작은 고개를 넘으면 장곶항이고, 장곶항에서 다시 언덕을 넘으면 제방길을 만난다. 제방길은 멀리 낙가산의 눈썹바위를 바라보면서 걷는다. 눈썹바위가 가까워지면 어느덧 ⑥보문사주차장에 닿는다. 여기가 11코스의 종착점이다. 길은 끝났지만, 발걸음은 보문사로 향한다.

6. 보문사 가는 길에 만난 풍경. 낡은 건물이 있는 풍경이 쓸쓸하다.
7. 보문사 입구에 선 안내판. 마애석불 그림이 흥미롭다.
8. 보문사 눈썹바위 아래 새겨진 마애석불좌상.
9. 마애석불좌상에서 바라본 서해의 노을.

보문사는 남해 보리암, 낙산사 홍련암과 함께 우리나라 3대 관음도량이다. 신라 선덕여왕 4년(635)에 금강산에서 내려온 회정대사가 창건했다고 전한다. 보문사의 자랑은 나한석굴이다. 보문사 창건설화인 바다에서 건져 올린 나한상을 모신 석굴사원이다. 석굴은 천연동굴을 이용하여 입구에 3개의 홍예문을 우아하게 만들었고, 안에 21개 감실을 만들어 나한상을 모셨다.

석굴법당 오른쪽으로 15분쯤 계단을 올라야 마애석불좌상을 만난다. 거대한 석불도 장관이지만, 여기서 펼쳐지는 서해의 모습이 장관이다. 시나브로 갯벌 가득한 바다를 물들이는 노을을 바라보며 강화나들길 11코스를 마무리한다.

코스 지도 COURSE MAP

코스 정보 COURSE DATA

길잡이

석모도는 가운데 해명산과 낙가산을 제외하고는 거의 평지다. 나들길도 거의 평지를 걷는다. 거리가 좀 멀지만, 쓸쓸한 풍경을 감상하며 느릿느릿 걷기에 좋다. 보문사주차장에서 끝나면, 보문사를 구경하고 마애석불 앞에서 일몰을 감상하자.

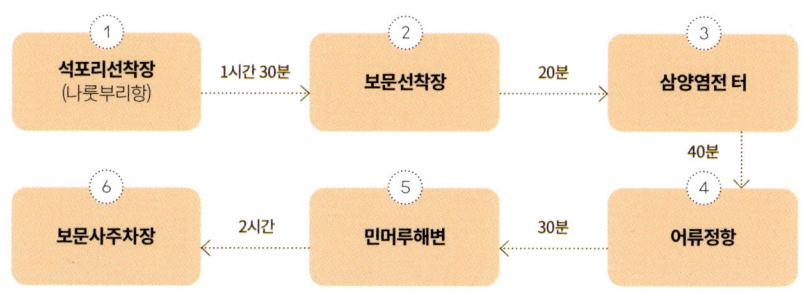

고도표

교통

자가용은 올림픽대로와 김포한강로를 이용하면 강화도를 거쳐 석모도에 닿을 수 있다. 지하철 2호선 신촌역, 홍대입구역, 합정역 등에서 3000번 버스를 타면 강화버스터미널에 간다. 강화버스터미널에서 석모도 보문사행 31A 버스가 07:55~20:35, 1일 5회, 31B 버스가 05:55~19:15, 1일 10회 다닌다. 'A'가 붙은 버스는 석모대교를 건넌 후 오른쪽인 석모리 방향으로 섬을 한 바퀴 돌고, 'B'가 붙은 버스는 석포리 방향으로 순환한다. 문의는 강화버스터미널(전화 032-933-2533).

맛집

강화읍에 자리한 마쯔(전화 032-933-2524)는 솜씨 좋은 일식당이다. 사시미 요리도 일품이지만, 점심 메뉴인 메밀국수, 우동정식 등도 알차게 나와 여행자를 즐겁게 한다.

지역별 인덱스

서울

서울 경의선숲길	408
서울 경희궁·서대문	300
서울 관악산 무장애 숲길	414
서울 도봉산 다락·포대능선	68
서울 도심 고궁나들길	320
서울 마포난지생명길 1코스	358
서울 망우산	52
서울 몽촌토성	422
서울 북한산성	238
서울 서촌	308
서울 성북동길	330
서울 수락산	138
서울 안산자락길	400
서울둘레길 2코스 용마·아차산	348
서울숲 남산길	60

경기

가평 연인산 용추계곡	128
가평 연인산 우정능선	76
가평 연인산·명지산	214
가평 유명산 유명계곡	112
가평 화악산 조무락골	120
가평 화야산 큰골계곡	44
가평·포천 운악산	188
고양 행주산성	248
광주 남한산성	154
군포 수리산	86

김포 문수산성	256
남양주 천마산	34
동두천 소요산	146
서울동물원 둘레길	162
안산 구봉도 낙조전망대	224
안성 죽주산성·비봉산	290
양주 칠봉산·천보산	172
양평 두물머리길 1코스 물래길	366
오산 독산성	274
의정부 사패산	230
이천 설봉산성·설봉산	282
이천 원적산 둘레길	374
파주·양주 감악산	180
포천 백운계곡	104
포천 백운산·국망봉	196
포천 산정호수 둘레길	382
포천 한탄강주상절리길 3코스 벼룻길	390
화성 제부도 제비꼬리길	440

서울·경기
서울·안양 관악산계곡·삼성천계곡	96

인천
강화도 마니산	206
인천 강화나들길 11코스 석모도 바람길	448
인천 강화산성	264
인천 무의도 국사봉·호룡곡산	432
인천둘레길 12코스 성창포길	338

난이도별 인덱스

매우 쉬워요 ★☆☆☆

서울 경의선숲길	2시간	408
서울 경희궁·서대문	1시간 40분	300
서울 관악산 무장애 숲길	50분	414
서울 도심 고궁나들길	3시간	320
포천 산정호수 둘레길	1시간 30분	382

쉬워요 ★★☆☆

가평 연인산 용추계곡	2시간	128
가평 화악산 조무락골	2시간 40분	120
가평 화야산 큰골계곡	2시간 30분	44
고양 행주산성	1시간 30분	248
서울 망우산	2시간	52
서울 몽촌토성	2시간 30분	422
서울 서촌	1시간 50분	308
서울 성북동길	1시간 40분	330
서울 안산자락길	3시간	400
서울동물원 둘레길	2시간	162
서울숲 남산길	3시간	60
안산 구봉도 낙조전망대	1시간 20분	224
안성 죽주산성·비봉산	2시간 30분	290
양평 두물머리길 1코스 물래길	2시간 10분	366
오산 독산성	1시간 20분	274
이천 설봉산성·설봉산	3시간	282
이천 원적산 둘레길	2시간	374
인천둘레길 12코스 성창포길	2시간 10분	338
포천 한탄강주상절리길 3코스 벼룻길	3시간 20분	390
화성 제부도 제비꼬리길	1시간	440

무난해요 ★★★★★

코스	시간	페이지
가평 유명산 유명계곡	2시간 50분	112
강화도 마니산	3시간	206
광주 남한산성	3시간 30분	154
김포 문수산성	2시간 40분	256
남양주 천마산	4시간	34
서울 마포난지생명길 1코스	4시간	358
서울 수락산	3시간 30분	138
서울·안양 관악산계곡·삼성천계곡	3시간	96
서울둘레길 2코스 용마·아차산	4시간 20분	348
양주 칠봉산·천보산	4시간	172
의정부 사패산	3시간 30분	230
인천 강화나들길 11코스 석모도 바람길	5시간	448
인천 강화산성	3시간 30분	264
포천 백운산 백운계곡	2시간 30분	104

조금 어려워요 ★★★★★

코스	시간	페이지
가평·포천 운악산	4시간 20분	188
가평 연인산 우정능선	6시간 20분	76
군포 수리산	5시간	86
동두천 소요산	3시간 30분	146
서울 도봉산 다락·포대능선	4시간	68
인천 무의도 국사봉·호룡곡산	3시간	432
파주·양주 감악산	4시간	180

매우 어려워요 ★★★★★

코스	시간	페이지
가평 연인산·명지산	7시간	214
서울 북한산성	7시간	238
포천 백운산·국망봉	7시간 30분	196

우리 산천에서 즐기는 아웃도어 여행의 모든 것

중앙books × 대한민국 가이드 시리즈

대한민국 섬 여행 가이드
걷고, 자전거 타고, 물놀이 하고,
캠핑하기 좋은 우리 섬 53곳

이준휘
최신개정판

대한민국 트레킹 가이드
등산보다 가볍게, 산책보다 신나게!
계절별·테마별 트레킹 코스 66개

진우석·이상은
최신개정판

대한민국 자전거길 가이드
언제든 달리고 싶은 우리나라 최고의
물길, 산길, 도심길 자전거 코스

이준휘

휴가만 손꼽아 기다리는 당신에게

최고의 야외 생활을 설계해 줄
중앙북스의 대한민국 가이드 시리즈를 소개합니다.

대한민국 자연휴양림 가이드   이준휘
숲으로 떠나는 평화로운 시간,
몸과 마음이 건강해지는 자연휴양림 여행법

대한민국 자동차 캠핑 가이드   허준성·여미현·표영도
캠핑카부터 차박까지
차에서 먹고 자고 머무는 여행의 모든 것

제주 오름 트레킹 가이드   이승태
오늘은 오름, 제주의 자연과 만나는   (신간)
생애 가장 건강한 휴가

서울·경기·인천 트레킹 가이드

초판 1쇄 2021년 7월 2일
초판 3쇄 2024년 6월 11일

지은이 | 진우석

발행인 | 박장희
대표이사 · 제작총괄 | 정철근
본부장 | 이정아
파트장 | 문주미

기획위원 | 박정호

마케팅 | 김주희, 박화인, 이현지, 한륜아
표지 디자인 | ALL designgroup, 변바희
본문 디자인 | 김성은, 김미연
지도 디자인 | 양재연

발행처 | 중앙일보에스(주)
주소 | (03909) 서울시 마포구 상암산로 48-6
등록 | 2008년 1월 25일 제2014-000178호
문의 | jbooks@joongang.co.kr
홈페이지 | jbooks.joins.com
네이버 포스트 | post.naver.com/joongangbooks
인스타그램 | @j__books

ⓒ 진우석, 2024

ISBN 978-89-278-1238-8 14980
ISBN 978-89-278-1136-7 (세트)

- 이 책은 저작권법에 따라 보호받는 저작물이므로 무단 전재와 무단 복제를 금하며
  책 내용의 전부 또는 일부를 이용하려면 반드시 저작권자와 중앙일보에스(주)의 서면 동의를 받아야 합니다.
- 책값은 뒤표지에 있습니다.
- 잘못된 책은 구입처에서 바꿔 드립니다.

중앙books 는 중앙일보에스(주)의 단행본 출판 브랜드입니다.